编委会

主　任　宋林飞　浦玉忠

副主任　芮国强

委　员　郑　焱　赵芝明　龚怀进　张　鑑
　　　　　朱庆葆　田晓明　顾正彪　梅　强

苏南现代化研究丛书
丛书主编：宋林飞

Process Evaluation of
Modernization Demonstration
Zone in Southern Jiangsu

苏南现代化建设示范区进展评估

宋林飞 /主编

社会科学文献出版社
SOCIAL SCIENCES ACADEMIC PRESS (CHINA)

总　序

宋林飞

未来四年，我国将全面建成小康社会，实现振兴中华的第一个百年目标。2020年以后，我国将全面进入基本实现现代化的新阶段，即再经过30年的奋斗，实现振兴中华的第二个百年目标。

当前，我们的中心任务是扬长补短，扶贫攻坚，突破资源环境的约束，推进可持续发展，全面建成小康社会。这是不是意味着，我们只需关注小康社会，四年后再关注现代化？不是的，我们现在必须关注现代化，因为小康社会本身就是现代化的一个阶段。

一　中国特色社会主义现代化包括三个阶段

第一阶段，初步现代化，即全面建成小康社会，迈入发达国家门槛；第二阶段，中度现代化，即基本实现现代化，进入中等发达国家行列；第三阶段，高度现代化，即进入最发达国家行列。小康社会是中国特色社会主义现代化的第一个阶段，全面建成小康社会是实现初步现代化。

实现中国现代化是中国共产党与全国人民的共同理想与目标。1964年12月21日，根据毛泽东的提议，周恩来在全国三届人大一次会议上宣布，我国今后的战略目标是："要在不太长的历史时期内，把我国建设成为一个具有现代农业、现代工业、现代国防和现代科学技术的社会主义强国，赶上和超过世界先进水平。"[1] 这是我们党第一次完整科学地提出"四个现

---

[1] 《周恩来选集》（下卷），人民出版社，1984，第439页。

代化",并将之确立为党的战略目标。

确立这个战略目标是完全正确的,但缺乏阶段性划分,时序也不可行。由于国内自然灾害、"文化大革命"干扰与国外封锁,要在20世纪末实现四个现代化,赶上发达国家水平,并不可能。改革开放初期,邓小平实事求是看待现代化,对于中国现代化进程做了阶段性的科学划分。

二 全面建成小康社会是实现初步现代化

邓小平使用"小康""小康之家""小康水平""小康社会"的概念,都是为了探讨符合中国国情的"四个现代化"。1979年3月21日,邓小平第一次提出了"中国式的四个现代化"的全新概念。他说:"我们定的目标是在20世纪末实现四个现代化。我们的概念与西方不同,我姑且用个新说法,叫做中国式的四个现代化。"[①] 不久他又将刚刚提出的"中国式的四个现代化"表述为"中国式的现代化""小康之家"。达到"小康"那样的水平,同西方来比,也还是落后的。显然,现在我们应将"小康"理解为"四个现代化的最低目标",中国人还不富裕,但日子好过,社会上存在的问题能比较顺利地解决。

小康社会是动态的、开放的发展目标。1980年12月25日,邓小平第一次对实现小康目标后的发展战略作了设想,他提出,经过20年的时间,我国现代化经济建设的发展达到小康水平后,还要"继续前进,逐步达到更高程度的现代化"。[②]

三 基本实现现代化目标是达到中等发达国家的水平

1984年4月18日,邓小平明确提出:我们的第一个目标就是到20世纪末达到小康水平,第二个目标就是要在30~50年达到或接近发达国家的水平。这样,我国经济发展目标的时限就由20世纪末延伸到21世纪中叶,目标定在"接近发达国家的水平"[③]。1987年2月18日,邓小平对21世纪中叶的发展目标作了一个调整,把以前提出的"接近发达国家的水平"改

[①] 《邓小平年谱(1975—1997)》(上),中央文献出版社,1998,第496页。
[②] 《邓小平文选》第2卷,人民出版社,1994,第356页。
[③] 《邓小平选集》第3卷,人民出版社,1993,第79页。

为"达到中等发达国家的水平"①。

党的十五大报告首次提出，21世纪初开始"进入和建设小康社会"；以后，"第一个十年实现国民生产总值比二〇〇〇年翻一番，使人民的小康生活更加宽裕，形成比较完善的社会主义市场经济体制；再经过十年的努力，到建党一百年时，使国民经济更加发展，各项制度更加完善；到二十一世纪中叶建国一百年时，基本实现现代化，建成富强民主文明的社会主义国家"。党的十六大、十七大、十八大都将基本实现现代化列为战略目标，并且明确为"第二个百年目标"，令人鼓舞。

四 实现高度现代化是中国特色社会主义现代化的最高目标

现代化国家与地区，是由联合国宣布的，使用"人类发展指数"（人均GDP、平均受教育年限、平均预期寿命）来测定。目前，从联合国公布的发达国家或地区来看，人均GDP达到1万多美元是发达国家的门槛；中等发达国家水平为3万美元左右；还有达到5万美元左右的最发达国家。为此，应设置"全面建设高度发达国家"的长远目标。

2015年，我在《全面建成小康社会》一书中提出"中国现代化三阶段说"。第一阶段，到2020年，人均GDP达到1万美元，人民生活比较富裕，实现初步现代化，即全面建成小康社会。第二阶段，到2050年，人均国民生产总值30年翻一番以上，为3万美元左右，达到中等发达国家水平，人民生活比较富有，基本实现现代化，即实现中度现代化。第三阶段，到2080年，人均国民生产总值30年翻一番，为5万美元以上，达到高度发达国家水平，人民生活普遍富有，实现高度现代化。②

中国特色社会主义现代化战略，是要在21世纪先后实现全面建成小康社会、基本实现现代化、实现高度现代化三大目标。中国崛起，已经成为世界经济的引擎，以后将继续拉动世界经济发展，以及全球政治社会秩序的构建，给中国与世界各国人民带来发展与繁荣。

当今世界，是不是所有的国家都欢迎中国作为一个新兴大国崛起？不，总有一些国家看到中国发展就不舒服，总要折腾与遏制，并且花样不

---

① 《十三大以来重要文献选编》（上），人民出版社，1991，第16页。
② 宋林飞：《全面建成小康社会》，江苏人民出版社，2015，第405页。

断翻新。树欲静而风不止。对此，我们必须保持清醒的头脑。

2014年1月22日，习近平总书记在美国《世界邮报》的专访中，谈到当今处理大国关系时说，我们都应该努力避免陷入"修昔底德陷阱"①。这表明，我们面临巨大的风险，应坚持积极避免的正确态度，努力防止中国现代化进程被打断。

我们相信，只要我们不动摇、不懈怠、不折腾，坚定不移地推进改革开放，坚定不移地走中国特色社会主义道路，就一定能够胜利实现振兴中华的宏伟蓝图和奋斗目标，早日把祖国建设成为"富强、民主、文明、和谐"的社会主义现代化国家。

五 区域率先符合现代化规律

基本实现现代化是否要等到我国全面建成小康社会以后才启动？不是的，我国基本实现现代化已经在路上。区域率先是世界现代化的一般规律。

由于区域发展的不平衡，我国东部沿海有条件的地区，应建设更高水平的小康社会，同时推进基本现代化进程。创新是世界现代化不断丰富和深化的原动力，创新者也成为现代化的率先者。经济、政治、文化、社会的现代化发展，总是首先在一定的区域取得进展和突破，继而影响或带动周边地区的现代化。

党的十六大明确提出，为完成党在新世纪新阶段的奋斗目标，有条件的地方可以发展得更快一些，在全面建设小康社会的基础上率先基本实现现代化。党的十八大也鼓励"有条件的地方在现代化建设中继续走在前列，为全国改革发展做出更大贡献"。有条件的地方率先迈开基本实现现代化的步伐，是我们党在准确把握社会主义现代化建设的一般规律与基本特征基础上做出的科学判断，是对全面小康理论的科学发展。率先基本实现现代化也是历史赋予先行地区的光荣使命。

过去与现在，我国先发地区在全面建成小康社会的进程中，率先迈上了基本现代化的新征程。2014年12月，习近平总书记在视察江苏时指出，

---

① 《习近平：中国崛起应避免陷"修昔底德陷阱"》，2014年1月24日，来源：环球网、中国青年网，http://news.youth.cn/sz/201401/t20140124_4581940.htm。

要紧紧围绕率先全面建成小康社会、率先基本实现现代化的光荣使命，努力建设经济强、百姓富、环境美、社会文明程度高的新江苏。①

六 苏南现代化建设示范区主要进展与评估

2013年4月，经国务院同意，国家发改委印发了《苏南现代化建设示范区规划》。该规划明确，到2020年，苏南人均地区生产总值达到18万元，这一预期目标达到中等发达国家的水平。目前，苏南现代化示范区已进入现代化国家与经济体的门槛。2014年，苏州市人均GDP为13.15万元，无锡市人均GDP为12.69万元，南京市人均GDP为10.77万元，常州市人均GDP为10.67万元，镇江市人均GDP为10.46万元，均超过了联合国公布的现代化国家与地区的人均GDP 1万多美元的最低水平。

近几年来，苏南现代化建设示范区各级党政部门学习与践行习近平总书记的系列重要讲话精神，根据《苏南现代化建设示范区规划》提出的要求，先行先试、高端引领、扬长补短，努力推进全面建成小康社会与基本现代化的进程，努力建设自主创新先导区、现代产业集聚区、城乡发展一体化先行区、开放合作引领区与富裕文明宜居区，朝着这些目标推进现代化建设，同时积极探索政府治理体系、治理能力现代化的路径，取得了重要进展。

2015年，江苏省发改委、江苏省经信委、江苏省住建厅、江苏省政府研究室、江苏省政府参事室与南京大学、苏州大学、江南大学、常州大学、江苏大学，联合组建了苏南现代化研究协同创新中心。这个中心由常州大学负责推进日常工作，第一项工作是开展苏南现代化示范区进展研究，出版"苏南现代化研究丛书"。现在与读者见面的，是第一辑六本书，包括两大内容。

第一，总结苏南现代化建设示范区初步形成的主要特色。一是南京市推进科技体制综合改革，先后出台了关于科技人才创业特别社区、众创空间、知识产权、战略性新兴产业创新中心等方面的法规与政策文件。建设科技创新创业平台，促进科技成果转化。二是无锡市推进"两型社会"建

---

① 《习近平：主动把握和积极适应经济发展新常态》，《新华每日电讯》2014年12月15日，第1版。

设。构建能源资源节约利用新机制，无锡市相继列入国家首批工业能耗在线监控试点城市、国家可再生能源建筑应用示范城市、国家光伏分布式能源示范区、全国绿色低碳交通运输体系区域性试点城市、全国国土资源节约集约模范市。三是常州市推进产城融合综合改革。开展市级产城融合示范区试点工作，培育产城融合发展的典型。推进以智能装备制造为重点的十大产业链建设，推进传统优势产业转型升级。四是苏州市推进城乡发展一体化。统筹城乡基本公共服务，初步形成广覆盖的公共服务体系，全市城乡低保、养老、医疗保障制度实现"三大并轨"，城乡居民养老保险和医疗保险覆盖率均保持在99%以上。五是镇江市推进生态文明建设，在全国率先推行固定资产投资项目碳排放影响评估制度，以县域为单位实施碳排放总量和强度的双控考核。2014年获得中国人居环境奖，成为全国第5家国家生态市、全国首批生态文明先行示范区。其中，每个特色都形成了一本书，分别由蒋伏心、刘焕明、芮国强、夏永祥、马志强教授主编。

第二，评估苏南现代化示范区建设的主要进展。2016年4~5月，经江苏省委主要领导同意，我组织部分省政府参事与学者，对苏南现代化示范区各市建设情况进行了一次调查。依据调查得来的苏南地区党政部门提供的有关资料，以及江苏省统计局、江苏省教育厅提供的有关数据，我们对苏南现代化示范区建设进展做了定性与定量评估。

测评1：苏南地区现代化指标达标率。我们对"苏南地区现代化建设指标体系（试行）"进行测评。2015年，在"经济现代化、城乡现代化、社会现代化、生态文明、政治文明"一级指标的44个三级指标中，苏南地区已经有29个三级指标达标，达标率为65.91%；7个指标实现程度在90%以上，接近达标；2个指标实现程度在80%~90%；6个指标实现程度在80%以下，差距较大。分市来看，苏州市、无锡市有26个指标已达标，达标率为59.09%；南京市和常州市有25个指标已达标，达标率为56.82%；镇江市有19个指标达标，达标率为43.18%。

测评2：苏南地区现代化建设综合得分。经对"苏南地区现代化建设指标体系（试行）"进行百分制测评，2015年苏南地区现代化综合得分为90.15。分类来看，2015年苏南地区经济现代化综合得分为86.54，城乡现代化综合得分为83.54，社会现代化综合得分为97.69，生态文明综合得分为85.23；政治文明的综合群众满意度达到90.15%。分市来看，现代化综合得分南京市为89.27，无锡市为89.25，常州市为88.37，苏州市为91.00，镇江市为87.38。

测评3：联合国人类发展指数（HDI）得分。经对人均GDP、平均受教育年限与预期寿命三大指数的综合测算，2015年苏南地区人类发展指数为0.935。其中，南京市为0.927，无锡市为0.943，常州市为0.928，苏州市为0.945，镇江市为0.923。联合国曾根据人类发展指数将世界各国分为四类：极高人类发展水平（0.900及以上）、高人类发展水平（0.800~0.899）、中等人类发展水平（0.500~0.799）、低人类发展水平（低于0.500）。2015年苏南地区总体人类发展指数为0.935，属于极高人类发展水平（0.900及以上），相当于2005年德国的发展水平（第22位）。2015年苏南五市人类发展指数分布在0.923~0.945，即相当于2005年卢森堡（0.944，第18位）、希腊、以色列、德国、香港地区、意大利、新西兰及新加坡（0.922，第25位）的发展水平。

我们测算使用的"预期寿命"数据是2010年人口普查数据，因此2015年苏南地区人类发展水平与2005年世界极高人类发展水平的国家与地区相比，实际差距没有10年。到2030年，苏南地区人类发展指数进行当年国际比较时，将有较大幅度进位，有望达到或者接近主要发达国家的水平。

苏南现代化建设示范区正在继续推进，生机勃勃，这一伟大而精彩的实践深深地吸引着我们。我们将组织专家进行继续追踪观察与调研，每年出版一辑多本著作，记录与分析苏南现代化建设示范区的进展与面临的挑战，探索现代化的重大理论与实践问题，为中国特色社会主义理论研究与创新做出一份贡献。

是为序。

2016年12月

目 录

第一编 苏南现代化建设示范区进展

第一章 自主创新先导区建设的进展 ·································· 3
第一节 深入实施创新驱动发展战略 ································ 3
第二节 建设具有全球影响力的产业科技创新中心 ············ 8
第三节 深化科技体制改革和机制创新 ···························· 11
第四节 培育科技人才创新创业生态 ································ 18
第五节 推动区域创新体系建设 ······································· 22

第二章 现代产业集聚区建设的进展 ······································ 25
第一节 加快创新型产业集群建设 ···································· 25
第二节 建设有国际竞争力的先进制造业基地 ·················· 30
第三节 强化产业转型升级载体建设 ································ 35
第四节 推进产业集约发展 ·· 39
第五节 深化产业结构调整 ·· 41
第六节 推动农业现代化建设 ·· 45

第三章 城乡发展一体化先行区建设的进展 ···························· 49
第一节 构建城乡一体化发展的空间布局 ························ 50
第二节 加强城乡基础设施统筹对接 ································ 54
第三节 推进城乡基本公共服务均等化 ···························· 61

第四节　实现城乡社会保障制度逐步接轨 …………………… 71
第五节　创新城乡一体化发展的体制机制 …………………… 75

第四章　开放合作引领区建设的进展 …………………………… 77
第一节　加快转变外贸发展方式 ……………………………… 77
第二节　持续优化利用外资结构 ……………………………… 86
第三节　进一步提升开放载体功能 …………………………… 91
第四节　稳步推进"走出去"战略 …………………………… 96

第五章　富裕文明宜居区建设的进展 ………………………… 104
第一节　不断优化城乡居民收入结构 ……………………… 104
第二节　加强公共服务体系建设 …………………………… 107
第三节　增加公共文化产品和服务供给 …………………… 113
第四节　培育引领地域特色文化 …………………………… 116
第五节　打造良好人居生态环境 …………………………… 118

第二编　苏南现代化建设示范区特色

第六章　南京：科技体制改革 ………………………………… 127
第一节　深化科技创新体系改革 …………………………… 127
第二节　完善自主创新平台载体建设 ……………………… 136
第三节　培育科技创新主体 ………………………………… 141
第四节　南京科技体制改革主要问题与对策 ……………… 145

第七章　无锡："两型社会"建设 ……………………………… 150
第一节　"两型社会"建设的基础 ………………………… 150
第二节　"两型社会"建设的进展 ………………………… 157
第三节　"两型社会"建设的基本做法 …………………… 166
第四节　"两型社会"建设的主要特色与展望 …………… 172

第八章　常州：产城融合探索 ………………………………… 180
第一节　以改革创新推进产城融合工作 …………………… 180

第二节　筑牢产城融合的基础 ………………………………… 185

　　第三节　全面提升产城融合的质量 …………………………… 193

　　第四节　常州产城融合面临的挑战和问题 …………………… 197

　　第五节　推进常州产城融合的对策 …………………………… 201

第九章　苏州：城乡发展一体化实践 ……………………………… 208

　　第一节　城乡发展一体化的三个阶段 ………………………… 208

　　第二节　科学统筹城乡发展 …………………………………… 210

　　第三节　协调推进城乡产业发展 ……………………………… 215

　　第四节　协调推进城乡社会事业与社会治理 ………………… 221

　　第五节　城乡发展一体化面临的问题和对策 ………………… 226

第十章　镇江：生态文明建设 ……………………………………… 232

　　第一节　生态文明建设的主要做法 …………………………… 232

　　第二节　加快绿色城镇化步伐 ………………………………… 241

　　第三节　加大污染综合治理力度 ……………………………… 245

　　第四节　推进生态文明建设面临的问题及对策 ……………… 250

第三编　苏南现代化建设示范区评估

第十一章　苏南现代化建设示范区主要进展评估 ………………… 257

　　第一节　自主创新先导区建设的主要进展评估 ……………… 257

　　第二节　现代产业集聚区建设的主要进展评估 ……………… 259

　　第三节　城乡发展一体化先行区建设的主要进展评估 ……… 261

　　第四节　开放合作引领区建设的主要进展评估 ……………… 262

　　第五节　富裕文明宜居区建设的主要进展评估 ……………… 263

　　第六节　政府治理现代化建设的主要进展评估 ……………… 264

第十二章　苏南现代化建设示范区的主要特色 …………………… 266

　　第一节　南京市推进科技体制综合改革的特色 ……………… 266

　　第二节　无锡市推进"两型社会"建设的特色 ……………… 267

　　第三节　常州市推进产城融合综合改革的特色 ……………… 267

第四节　苏州市推进城乡发展一体化的特色 ………………………… 268
第五节　镇江市推进生态文明建设的特色 …………………………… 269

第十三章　推进苏南现代化示范区建设的主要经验 ………………… 271
第一节　目标引领，推进规划实施 …………………………………… 271
第二节　增强动能，推进自主创新 …………………………………… 271
第三节　优化发展，推进产业转型 …………………………………… 272
第四节　先行先试，推进改革开放 …………………………………… 272
第五节　生态导向，推进绿色发展 …………………………………… 272
第六节　民生优先，推进共享发展 …………………………………… 273

第十四章　苏南地区现代化建设进程测评 …………………………… 274
第一节　测评一：苏南地区现代化指标达标率 ……………………… 274
第二节　测评二：苏南现代化建设示范区实现程度 ………………… 275
第三节　测评三：苏南地区人类发展指数及其国际比较 …………… 276

第十五章　推进苏南现代化建设示范区上新台阶 …………………… 281
第一节　苏南现代化示范区建设面临的短板与难点 ………………… 281
第二节　进一步推进苏南现代化建设示范区的建议 ………………… 282

附　表 ……………………………………………………………………… 286
附表1　苏南地区现代化建设指标体系（试行）……………………… 286
附表2　2015年苏南地区现代化建设进程测评 ……………………… 289
附表3　2015年南京现代化建设进程测评 …………………………… 291
附表4　2015年无锡现代化建设进程测评 …………………………… 294
附表5　2015年常州现代化建设进程测评 …………………………… 297
附表6　2015年苏州现代化建设进程测评 …………………………… 299
附表7　2015年镇江现代化建设进程测评 …………………………… 302
附表8　苏南地区人类发展指数基本指标及数值 …………………… 304

后　记 ……………………………………………………………………… 306

第一编　苏南现代化建设示范区进展

第一章
自主创新先导区建设的进展

创新是推动经济社会发展的重要力量。习近平同志指出，要着力实施创新驱动发展战略，抓住了创新，就抓住了牵动经济社会发展全局的"牛鼻子"。实施创新驱动发展战略，是应对发展环境变化、把握发展自主权、提高核心竞争力的必然选择，是加快转变经济发展方式、破解经济发展深层次矛盾和问题的必然选择，是更好引领我国经济新常态、保持我国经济持续健康发展的必然选择。2014年10月，国务院正式批复支持南京、苏州、无锡、常州、昆山、江阴、武进、镇江8个高新技术产业开发区和苏州工业园区建设苏南国家自主创新示范区。这是全国第一个以城市群为基本单元进行联合创新的实践。近年来，苏南各市牢牢把握机遇，坚持改革创新，瞄准"创新驱动发展引领区、深化科技体制改革试验区、区域创新一体化先行区"的战略定位，凝聚各方智慧和力量扎实推进示范区建设步伐，依靠创新驱动努力打造"新苏南模式"。

第一节 深入实施创新驱动发展战略

"十二五"以来，江苏把创新驱动确立为经济社会发展的核心战略，着力推动全省经济社会发展走上创新驱动、内生增长的轨道，使创新成为经济转型升级的主要驱动力。目前江苏已经成为我国创新活力最强、创新成果最多、创新氛围最浓的省份之一。数据显示，江苏区域创新能力连续7年居全国首位，苏南地区自主创新走在全省前列，不断增强科技进步对经济社会发展的支撑引领作用。2015年，苏南地区全社会研发投入占GDP

的比重达 2.8%，接近发达国家水平；创新能力增强，每万人发明专利拥有量达 20 件，高于全省平均水平 40%。①

一 高新技术产业竞争力显著提升

苏南地区积极探索以自主创新引领战略性新兴产业发展的新模式，南京高新区的软件产业、苏州工业园区的纳米产业、无锡高新区的传感网产业、常州高新区的太阳能光伏产业等已形成先发优势，产业创新链日益完善，成为转变发展方式与调整经济结构的重要引擎。江苏整合各类创新资源，布局建设纳米技术、医疗器械、智能装备、激光与光电、环保装备、通信与网络 6 个产业技术创新中心；超前部署碳纤维、石墨烯、未来网络、智能电网、北斗应用、机器人等前瞻性新兴产业，部分应用领域达到世界领先水平；大力推进未来网络试验设施、纳米真空互联实验站、国家超级计算（无锡）中心等重大基础设施建设，支撑产业转型升级；加快培育纳米、太阳能光伏、智能电网、医疗器械等 7 个国家创新型产业集群试点，着力推进苏州纳米技术、南京通信网络等"两部一省"科教结合产业创新基地加快发展。2015 年，苏南地区高新技术产业产值达 3.54 万亿元，占规模以上工业产值比重超过 45%（见表 1-1）。

表 1-1　2010~2015 年江苏高新技术产业情况

单位：亿元,%

年份	高新技术产业产值		高新技术产业产值占规模以上工业产值比重	
	江苏	苏南	江苏	苏南
2010	30354.84	21921.59	33.0	34.8
2011	38377.76	27480.53	35.6	37.6
2012	45041.50	31679.31	37.5	40.3
2013	51899.10	37973.82	38.7	44.3
2014	57277.28	38251.00	40.0	43.2
2015	61373.61	35405.76	40.1	45.1

数据来源：2011~2015 年《江苏统计年鉴》，江苏省及苏南五市国民经济和社会发展统计公报。

---

① 《中国区域创新能力评价报告 2015》，《科技日报》2015 年 12 月 7 日。

二 坚持高新区的主阵地作用

大力集聚创新资源，加快建设一流创新型园区和创新核心区，聚焦江宁高新园、独墅湖科教创新区、苏州科技城、无锡太湖国际科技园等创新核心区建设，围绕培育发展特色产业，集聚创新资源与要素，搭建重大创新平台。常州科教城连续三年荣膺"中国最佳创业园区"，科学研究与试验发展（R&D）经费支出占GDP比重达到2.65%，高新技术产业产值完成4975.62亿元，占规模以上工业产值比重达到43.4%，每万人发明专利拥有量达到18.78件，科技进步贡献率达到60%。立足各地比较优势和发展基础，布局"一区一战略产业"，培育创新型产业集群，加快形成各具特色、错位发展的纳米材料、物联网、光伏、机器人与智能装备、智能电网、医疗器械等一批具有国际竞争力的战略性新兴产业。2015年，苏南8个国家高新区和苏州工业园区营业总收入26670亿元、工业总产值22116亿元、净利润1178亿元、上缴税额1118亿元、出口创汇1028亿美元。

南京高新技术产业开发区成立于1988年，1991年被批准为国家高新技术产业开发区，园区面积为160平方公里，现有注册企业2375家，70%以上的企业拥有自主知识产权或自主品牌。南京高新技术产业开发区现已初步形成了软件及电子信息、北斗卫星导航应用、生物医药特色产业集群，2015年实现技工贸收入2477亿元、地区生产总值298亿元、公共财政预算收入49.45亿元。园区拥有高新技术企业120家，高新技术产业产值占规模以上工业产值比重为71.5%，R&D研发投入占比为5.3%。园区拥有国家"千人计划"特聘专家38人、江苏省"双创计划"人才37人、江苏省"双创团队"2个、南京领军型科技创业人才197人以及江苏省"产业教授""科技创业家""双创博士""333人才工程"等各类人才百余人。"十三五"期间，南京高新技术产业开发区将紧扣苏南国家自主创新示范区建设排头兵、江北新区科技创新中心这一定位，构建现代产业体系高效融合、创新要素高效配置、科技成果高效转化、服务价值高效体现的开放性区域创新体系。

1992年11月，苏州高新技术产业开发区被国务院批准为国家高新技术产业开发区，1997年被确定为首批向APEC成员开放的亚太科技工业园。作为中国首家ISO14000示范区，苏州高新技术产业开发区努力实现高新技术产业开发区环境与经济的可持续发展，提高高新技术产业开发区的环境管理水平和公众的环境意识，不断提高高新技术产业开发区的知名度和信誉，推进亚太科技工业园区的建设，为国家改革区域环境管理模式提供经验。

无锡高新技术产业开发区成立于1992年，1995年，在高新技术产业开发区基础上成立了无锡新区，目前区域面积为220平方公里，建成区面积为137.9平方公里左右。经过20多年的发展，现已成为无锡重要的经济增长极、对外开放窗口、科技创新基地和转型发展引擎。无锡新区以占全市不到5%的土地，创造了全市16%以上的地区生产总值和地方一般预算收入、22%的规模以上工业总产值、35%以上的高新技术产业产值、35%以上的到位外资和近一半的进出口总额。先后成为"国家火炬计划实施20周年先进开发区""全国首批中央海外高层次人才创新创业基地""国家生态工业示范园区""部省市共建国家创新型科技园区""部省共建知识产权试点园区"，连续六年蝉联"全省开发区科学发展综合评价第二位"。

常州高新技术产业开发区成立于1992年11月9日，2002年4月，在高新技术产业开发区的基础上设立了常州市新北区，总面积为439.16平方公里，人口为38.23万人。2015年，实现地区生产总值1050.1亿元，同比增长10.7%；完成公共财政预算收入98.16亿元，同比增长8.12%；完成协议注册外资2.7亿美元，实际到账外资为3.4亿美元；实现进出口总额106.5亿美元，其中出口额为76亿美元。

昆山高新技术产业开发区的前身是1994年国家科委批准设立的"昆山国家级星火技术密集区"，2006年，经江苏省政府批准，成为江苏昆山高新技术产业园区，2010年9月，经国务院批准成为国内首家设在县级市的国家级高新技术产业开发区。

江阴高新技术产业开发区前身为江阴经济开发区，成立于1992年，2002年，被江苏省委、省政府赋予国家级经济开发区的经济审批权和行政级别，2011年6月，经国务院正式批复同意，升级为国家高新技术产业开发区。江阴高新技术产业开发区是江阴城市发展的核心区域，面积为53平方公里，地处我国沿海、沿江的交汇点，在全国140多个国家高新区中具有十分重要的战略地位，同时是我国东部沿海地区唯一拥有长江岸线资源的国家高新区。

武进高新技术产业开发区紧邻常州科教城，1996年3月由江苏省政府批准设立，2012年8月，经国务院批准，升级为国家高新技术产业开发区，规划控制面积182平方公里。武进高新技术产业开发区拥有各级各类科技企业孵化器15家，其中国家级4家、省级4家；拥有获得认定的企业院士工作站5家、企业博士后科研工作站4家；拥有市级以上工程技术研究中心80家；拥有省级以上科技公共服务平台14家；引进了68名国家"千人计划"领军人才和62名江苏省"双创计划"人才。

镇江高新技术产业开发区前身是2006年5月份成立的江苏镇江润州工业园区，2012年9月，经江苏省政府批准，更名为江苏省镇江高新技术产业开发区。2014年11月4日，根据《国务院关于同意支持苏南建设国家自主创新示范区的批复》，镇江高新技术产业开发区升级为国家高新技术产业开发区，实行现行的国家高新区政策。

苏州工业园区是中国和新加坡两国政府间的重要合作项目，于1994年2月经国务院批准设立。2015年，共实现地区生产总值2070亿元，同比增长8%；完成公共财政预算收入257.2亿元，同比增长11.7%，税收占比达93.6%，各类税收总收入超670亿元；进出口总额为796亿美元；实际利用外资16亿美元、固定资产投资612亿元；R&D投入占GDP比重达3.35%；社会消费品零售总额为343亿元，同比增长10.5%；城镇居民人均可支配收入超5.6万元，增长7.5%，发展质效持续优化提升。

三 坚持强化企业的技术创新主体地位

推动创新资源向企业集聚，创新型企业集群进一步壮大。苏南地区深入实施科技企业"小升高"计划，加强培育科技中小企业，引导和支持中小企业开展技术、商业模式和管理创新；充分发挥苏南中小企业在技术创新、商业模式创新和管理创新方面的生力军作用，激发中小企业创新活力，推动面广量大的中小企业向高成长、新模式与新业态转型，加速成长为行业内有影响力的高新技术企业；实施"小巨人"企业培育计划，积极支持符合条件的科技企业上市融资，着力推动具有自主知识产权、市场前景好、诚信规范的高成长性科技企业上市融资，引导其与多层次资本市场有效对接、做优做强。截至2015年年底，苏南地区创新型领军企业达93家，占全省的66.4%；创新型企业和行业骨干企业牵头组建的国家和省级产业技术创新战略联盟达45个，占全省的2/3以上；高新技术企业数量超过7000家，占全省的3/4。

培育具有国际竞争力和带动效应的创新型领军企业，推进科技企业上市融资，苏南地区在境内上市或在"新三板"挂牌的企业达589家。提升企业研发机构建设水平。组织行业龙头企业争创国家级研发机构，在战略性基础材料、高端装备智能制造等领域布局建设一批企业重点实验室，苏南地区大中型工业企业研发机构建有率超过88%，新增企业国家重点实验室7家，总数达11家，占全省的78%。苏南地区围绕《中国制造2025江苏行动纲要》中的15个重点领域，以新机制、新模式组建一批跨领域、跨区域的制造业创新中心，突破一批基础研究和产业关键核心技术，加快重大技术成果转移和扩散。苏南地区着力优化劳动力、资本、土地、技术、管理等要素配置，激发创新创业活力，推动大众创业、万众创新，释放新需求，创造新供给，促进新技术、新产业、新业态蓬勃发展。

第二节　建设具有全球影响力的产业科技创新中心

苏南地区加快产业向高端环节攀升。布局建设纳米技术、医疗器械、智能装备、激光与光电、环保装备、通信与网络6个产业技术创新中心，打造产业创新的核心引擎。

一　坚持把产业结构调整作为主攻方向，构建产业技术创新体系

苏南地区实施重点研发计划，聚焦下一代通信与网络、超大规模集成电路、机器人及智能制造等优先领域，加强产业前瞻与共性关键技术部署，组织实施重点研发计划项目，初步在若干战略必争领域形成先发引领优势；加快重大科技成果转化和产业化，在新材料、生物技术与新医药、新能源、先进制造等优势主导产业领域，联合招标重大科技成果转化项目；加快推进产业结构向中高端攀升。南京着重强化未来网络试验设施、南京通信技术国家实验室等重大科研设施和南京大学-鼓楼高校国家大学科技园、东南大学国家大学科技园等各类创新载体建设。苏州积极推进省市区共建江苏纳米、医疗器械等产业技术创新中心。无锡在微电子、传感网、生物制药、装备制造等领域取得了一批具有国际国内先进水平的重大

科技成果。常州在机器人及智能装备、石墨烯、印刷电子、传感器、互联网+、大数据、云计算等新兴产业方面超前部署、错位突破，重点推进国家石墨烯产业创新中心、中科院遗传资源（南方）研发中心、常州印刷电子产业园等一批重大平台和项目建设。苏南地区各高新区特色凸显，产业发展亮点纷呈。

南京高新区重点发展以新一代通信、软件、智能电网为主的战略性新兴产业，建有江苏首创的软件园、中国未来网络谷（无线谷），智能电网、软件、未来网络、北斗应用等新兴产业快速发展。无线谷是科技部、教育部和江苏省政府共同支持建设的国家通信与网络产业创新基地，基地内建有国内第一家专门从事未来网络核心技术研发的科研机构——江苏省未来网络创新研究院。

苏州高新区大力发展以医疗器械为主的战略性新兴产业，医疗器械产业技术创新中心成功入选全省首批三家产业技术创新中心。目前，区内已集聚医疗器械企业近150家，产值以年均30%的增速持续跃升。

无锡高新区作为国务院批准建设的全国唯一的国家传感网创新示范区，紧紧围绕"技术研发、产业集聚、应用示范"的中心任务，加快推进传感网创新示范区建设，区内聚集物联网企业1000余家，其中30家物联网企业业务收入突破1亿元。区内企业和研发机构牵头或参与制定物联网国际标准9项、国家标准14项、行业标准25项，在国际传感网标准化工作组WG7中取得了系统架构项目组主编辑席位和国际标准2个联合主编辑席位。

常州高新区培育世界级光伏产业集群，形成以天合光能公司为龙头企业，协鑫光伏、有则科技、华美光伏、宝丰新能源等20多家生产配套企业集聚的"垂直一体化"产业平台，产业链完备度位居全国前列。其中，天合光能公司创造了 p 型多晶硅组件光电转换效率19.14%的新的世界纪录，2014年，该公司光伏组件销售量和盈利大幅增长，全年销售3.6GW左右，同比增长40%，实现销售收入超200亿元，同比增长50%，成为光伏组件出货量全球第一的公司，综合实力国内领先。

昆山高新区提前布局制订我国第一个小核酸产业基地规划，建设国际首个以小核酸技术为主题的科技园——昆山小核酸产业基地，初步探索了一条以点带面、突破发展的生物医药产业发展之路。目前，已建成专业公共服务平台和科技企业孵化平台4.3万平方米，购置各类公共仪器设备价值近2亿元，聚集了一系列制药产业链企业，形成了以昆山地区为核心的中国小核酸产业创新板块。

江阴高新区紧紧围绕打造"具有国际影响力的特钢新材料产业基地与创新中心和世界一流的特钢产业中心"的发展定位，着力构建完备的特钢创新产业链。集聚产业链企业及服务机构132家，其中高新技术企业42家、上市企业3家、超百亿元企业3家，获批科技部创新型产业集群试点。2014年，实现销售收入908亿元，同比增长12%。园区建有国家金属线材制品工程技术研究中心、江苏省特钢工程技术研究中心、贝卡尔特亚洲研发中心和兴澄特钢研究院等一批具有国际先进水平的核心研发机构。

武进高新技术产业开发区高举"石墨烯"发展大旗，积极打造"东方碳谷"城市新名片，取得显著成效。2011年5月，在西太湖科技产业园成立了全球首家石墨烯研究院——江南石墨烯研究院，石墨烯科技产业园涵盖了技术研发、企业孵化加速、产业化应用示范、综合配套服务等产业链各个环节。

镇江高新技术产业开发区加快培育特种船舶及海洋工程装备特色产业，着力打造亚洲最大的船用装备研发制造基地。目前，园区已建有国家火炬计划镇江特种船舶及海洋工程装备特色产业基地、省级船舶与海工配套产业产学研协同创新基地、省级船舶配套科技创业园等8大产业发展载体，拥有船用柴油机领域的全国首家国家级企业技术中心，支撑产业发展的科研力量雄厚。

苏州工业园区是引领全球纳米技术创新的策源地。近年来，园区将纳米技术应用产业确定为"一号产业"，创立了"研发—创新—产业化—规模化"的产业培育模式，集中资源、集中政策、集中力量，以超常规举措推动产业发展。园区被评为世界微纳领域具有代表性的八大产业区域之一，正逐步成为引领全球纳米技术创新的策源地。[①]

二 出台推进产业科技创新的配套政策

2016年8月，江苏省政府出台《关于加快推进产业科技创新中心和创新型省份建设的若干政策措施》，建立了覆盖企业初创、成长、发展等不

[①] 《苏南国家自主创新示范区建设开局良好》，《新华日报》2015年7月5日。

同阶段的政策支持体系，集聚资源、集中力量，加快培育和打造一批占据主导地位、具备先发优势的创新型领军企业。例如，对于新型研发机构，最高给予1亿元的财政支持；对于承担国家级平台建设任务或引进的研发总部，最高给予3000万元的支持。江苏建立了鼓励企业创新的普惠机制，为引导激励企业加大研发投入，江苏省财政根据税务部门提供的企业研发投入情况，给予5%~10%的普惠性财政奖励。

江苏省财政厅计划从2016年起，在三年内统筹安排省级各类资金和基金超过1000亿元，支持"一中心、一基地"建设。1000亿元的资金和基金主要涵盖财政科技专项、省级工业和信息产业转型升级引导资金、战略性新兴产业专项资金、人才专项资金、省级知识产权发展专项资金、省级高校科研专项资金、政府各类投资基金七大类。

专业技术岗位设置自主权被有序下放，科研院所、高等院校在核定的岗位总量内可以自主确定岗位结构比例和岗位标准，自主聘用人员，聘用结果报上级主管部门和人力资源社会保障部门备案。江苏建立政府人才管理服务权力清单和责任清单，清理和规范人才招聘、评价、流动等环节中的行政审批和收费事项；创新事业单位编制管理方式，对符合条件的公益二类事业单位实行备案制管理；改进事业单位岗位管理模式，建立动态调整机制；进一步释放高校院所管理自主权，推进科研院所、高等院校取消行政级别，允许高校院所自主确定岗位结构比例和岗位标准，自主聘用人员；允许高校院所拥有全部留存成果转化收益、不再上缴国库。

按照国家部署和试点要求，江苏积极开展投贷联动试点，鼓励符合条件的银行业金融机构在依法合规、风险可控的前提下，与创业投资、股权投资机构等实现投贷联动，降低银行的资金使用成本及风险，使银行有更高的积极性开发新的金融产品来服务科技型企业。

第三节　深化科技体制改革和机制创新

苏南各市把深化科技体制改革作为国家自主创新示范区建设最紧迫的任务，积极先行先试，加快形成有利于创新驱动发展的体制机制，最大限度地激发科技作为第一生产力的巨大潜能。

一 建设江苏省产业技术研究院

江苏省产业技术研究院充分发挥在全省科技体制改革中的"试验田"作用，按照社会化、市场化建设模式，遴选23家专业性研究所，发展会员单位172家，聚集各类创新人才4600多人；实施一所两制、合同科研、项目经理、股权激励等改革举措，逐步加大知识产权运营、科技成果转化、技术咨询服务、科技人才流动等科技体制机制改革探索力度，不断完善符合市场导向的产业技术创新机制，累计实现技术成果转移转化1000余项、合同科研金额近6亿元，初步构建了专业化、社团化、国际化的产业研发创新网络。

苏南通过一流研发平台、队伍的建设和创新机制的建立，打造了一批集聚全球重大基础研究成果的专业研究所，即实现从科学到技术转化的"专业苗圃"，使江苏省产业技术研究院成为重大产业技术的产出地，通过衍生企业、孵化企业和技术服务企业引领江苏的产业发展。

二 深入落实国家推广的中关村"6+4"政策

苏南深入落实科研项目经费管理改革、非上市股份转让、科技成果使用处置和收益管理、扩大税前加计扣除研发费用范围、股权和分红激励、职工教育经费税前扣除6条相关政策及其配套措施。苏南积极复制推广中关村先行先试的4条政策，包括：给予技术人员和管理人员的股权奖励，他们可在5年内分期缴纳个人所得税；有限合伙制创投企业投资于未上市中小高新技术企业2年以上的，可享受企业所得税优惠；对5年以上非独占许可使用权转让，参照技术转让给予所得税减免优惠；对中小高新技术企业向个人股东转增股本应缴纳的个人所得税，允许在5年内分期缴纳。江苏通过赋予国家高新区与省辖市同等的经济、社会、行政等管理权限，试行"园内事园内办结"，进一步提升了高新区的发展活力和创新效率。

苏南借鉴上海自贸区经验做法，探索建立负面清单管理模式，以改革工商登记制度为突破口，进一步深化行政审批制度改革，建立健全多部门协同服务机制，实行跨部门串并联组合审批，提高行政效率；探索建立适应需求的企业登记管理新制度，创新企业经营监管模式，加大知识产权保护力度。2015年，苏南国家自主创新示范区内的9986家企业享受科技税收减免达201亿元，同期上缴税收超过1800亿元。

三 积极开展区域创新试点

20多年来，苏州工业园区积极探索新型工业化、经济国际化、城市现代化互动并进发展之路，已成为我国对外开放重要窗口和中外经济技术互利合作的成功典范。2015年10月，经李克强总理签批，国务院印发《关于苏州工业园区开展开放创新综合试验总体方案的批复》，同意在苏州工业园区开展开放创新综合试验，原则同意《苏州工业园区开展开放创新综合试验总体方案》。苏州工业园区成为全国首个开展开放创新综合试验的区域。苏州工业园区加快实施创新驱动发展战略，主动对接自贸区并积极复制成功经验，探索建立开放型经济新体制，推动产业结构迈向中高端水平，提升在全球价值链中的地位，积极培育参与国际经济技术合作与竞争的新优势，加快建设开放引领、创新驱动、制度先进、经济繁荣、环境优美、人民幸福的国际先进现代化高科技产业新城区。

江苏省委、省政府专门出台意见支持苏州工业园区开展开放创新综合试验，明确赋予苏州工业园区省辖市社会事务行政管理权限等14项政策支持。开放创新各项改革任务稳步推进，首个国家级境外投资服务示范平台获批挂牌。各项金融创新政策落地，苏州金融资产交易中心开业，苏州股权交易中心获批筹建，初步构建了较为完善的区域金融体系。综合保税区贸易功能区封关运作，贸易多元化稳步推进；重点改革稳步推开。国资国企"解包还原"、监管专员、股份制改造等改革稳步推进；国家相对集中行政许可权改革试点获批，行政审批局挂牌，各项行政管理体制改革有序推进。"三证合一""一照一码"等商事制度改革积极实施。各类市场主体、注册资金分别增长65.2%和127.4%；新增注册外资28亿美元，增长82.7%。积极实施"走出去"战略，苏相合作经济开发区、苏滁现代产业园等合作项目稳步推进，园区服务辐射能力不断增强。

"创业中国"苏南创新创业示范工程被纳入"创业中国"行动首个区域性示范工程。苏州高新技术产业开发区实施国家科技服务业区域试点，推进大众创新创业；实施科技创业天使计划，制定《实施创客天堂行动发展众创空间的政策意见》，确定10项创新政策，营造良好的创新创业生态系统。

无锡高新技术产业开发区坚持走科技创新道路，实施科技领军人才创业计划。重点引进和集聚一批国际国内创业领军人才，并通过创业政策、创业载体、金融资本、科研资源、创业服务等综合催化作用，孵化一批在国内外具有知名度、核心竞争力的龙头企业，通过科技领军人才和创业企业完善和延伸产业链条，壮大物联网、生物医药、集成电路等战略性新兴产业，推动区域产业结构升级和转型发展。

南京深入推进国家科技体制综合改革试点城市建设，推动科教资源优势向创新优势转化。通过颁布实施《南京市紫金科技创业人才特别社区条例》，率先将支持科技人才创业和科技园区发展的政策上升到法律的高度，在更广范围推动科技人才创业和科创特区发展。

常州突出创新型园区建设，加快培育石墨烯、3D打印等一批先导性新兴产业，全力打造轨道交通、碳材料等十大产业链，着力推进中以、中德、中芬等一批国际创新园、国际技术转移中心和国际企业孵化器的建设，中以常州创新园成为我国首个中以两国政府合作共建的国际创新园。

四 深入实施知识产权战略

知识产权是一种战略资源，在经济社会发展中发挥着日益重要的作用。近年来，江苏把发展知识产权市场作为加快知识产权强省建设的重要任务，充分发挥市场配置资源的决定性作用，不断丰富知识产权市场载体和平台，着力构建"一中心、一网络、一基金"知识产权运营格局，积极推动知识产权价值实现，2015年，全省专利转化实施率超过70%。

南京正式颁布实施《关于加快建设知识产权强市的意见》，从知识产权密集型产业等17个方面提出了推进知识产权强市建设的目标；以《深入实施国家知识产权战略行动计划（2014~2020年）》为指南，制定了南京市知识产权"十三五"规划；修订印发了《南京市知识产权战略专项资金管理办法》；根据国家专利导航产业发展实验区建设工作相关要求，在全省率先出台了《南京市专利导航产业发展实验区实施办法》。南京启动南京高校技术（知识产权）运营交易平台，开展运营、评估、质押融资、交易等各种专利交易活动；依托市科技金融服务平台，借助《南京市科技银行创新发展实施办法》，与江苏银行等金融机构合作，推出中小企业知识产权质押贷款金融产品，完成知识产权质押融资2.1亿元；创新专利保险运营模式，与国家知识产权局签订了《专利保险推进工作委托合同书》并获得国家资助；启动实施知识产权密集型企业培育工程，成立市科技与专利行政执法支队和知识产权维权中心，加大知识产权侵权执法力度。

苏州全面启动知识产权强市建设，深入实施知识产权战略，不断强化知识产权创造、运用、保护和管理，全面提高企业和个人的知识产权意识和能力，有效发挥了知识产权在促进创新创造和经济转型升级方面的支撑作用。在专利方面，2015年，全市专利申请量达到9.87万件，其中发明专利申请量为4.32万件，同比增长5.87%。专利授权量达6.22万件，同比增长13.81%，其中发明专利授权量为10488件，同比增长99.24%。全市发明专利申请量、授权量均名列全国第四。截至2015年底，全市有效发明专利拥有量达到29104件，同比增长48.27%；每万人发明专利拥有量达到27.45件，比2014年多了8.89件。同时，专利质量明显提升，产生了一批高质量、高水平的专利。

2016年4月，《关于支持苏州工业园区知识产权工作发展的实施意见》正式印发。新政策一方面引导企业进一步提升知识产权创造质量、鼓励企业通过PCT途径进行海外专利布局，实施园区高价值专利培育计划示范工程项目，提升重点企业知识产权工作能力和水平，另一方面加大对中国专利奖获奖企业的奖励力度，鼓励企业引进和培育知识产权专业人才，重点支持国家专利导航试验区、国家中小微企业（苏州）培训基地、专利运营、企业微导航和知识产权投融资等工作。

无锡以加快推进知识产权强市、苏南自主创新示范区建设为主线，紧紧围绕全市科技创新目标任务，高标准建设国家知识产权示范城市，进一步建设知识产权支撑体系增强其服务经济社会发展的能力。全市专利申请量和授权量分别超过5.6万件和3.4万件，其中发明专利授权量达到5480件，每万人发明专利拥有量达25.47件，全市共获得第十七届中国专利奖5项，其中金奖1项。无锡建立并完善了知识产权联席会议制度，强化了基层知识产权机构建设，在省级以上开发区和园区普遍建立知识产权管理机构或设有专职管理人员。强化金融服务，进一步提高知识产权运用水平。不断完善专利权质押融资、专利保险政策措施，促进科技与金融紧密结合，推动专利权质押融资和专利保险常态化开展，走出一条引导知识产权与资本有效对接的成功路径，有效解决科技型中小企业知识产权成果转化过程中的融资难题，推动知识产权成果的转化运用，完善《无锡市专利质押贷款保证保险业务操作流程》。2015年，无锡共推荐申报21个专利权质押贷款贴息项目，有12个项目通过评审立项，获财政支持108.19万元。2013年9月，无锡整合建立了规模超过2亿元的市区合作科技型中小企业风险补偿资金池，以非变现知识产权质（扣）押等方式，由合作银行予以企业贷款支持。截至2015年年底，无锡科技型中小企业风险补偿贷款累计放款28.3亿元。

常州以建设高标准国家知识产权示范城市为抓手，全力推进知识产权战略实施。加大专利的创造、运用、管理、保护和服务，努力营造本地区良好的创新创业发展环境。2015年，常州专利申请量为38559件，发明申请量为13211件，专利授权量为21585件，发明专利授权量为2664件，发明专利拥有量为8812件，每万人发明专利拥有量为18.78件，PCT申请量为154件；获得第十七届中国专利奖的4项优秀奖，获得第九届江苏省专利项目奖的1项金奖、2项优秀奖；常州华达科捷等4家企业被国家局认定为国家知识产权优势企业；新认定市知识产权创新企业15家，累计达96家。

镇江深入贯彻实施知识产权战略，主动适应经济新常态下城市创新驱动发展的客观要求，扎实提升知识产权的综合运用保护能力和城市核心竞争力，在知识产权工作上不断创新，把知识产权作为创新驱动发展的主要动力，突出企业在自主创新中的核心地位，注重发挥知识产权创造、运用和保护对产业发展的支撑引领作用，持续引导企业实施江苏省企业知识产权战略计划重点项目。一些重点企业建立了完善的知识产权管理组织体系、信息管理平台、企业专利管理数据库，开展了专利预警分析、专利导航产业发展和知识产权资本运营等工作。2015年，全市全年专利申请量达24903件，专利授权量达14136件，均创历史新高，每万人发明专利拥有量达18.5件。

五 构建以科技金融风险补偿为特色的科技金融发展机制

加快建设苏南科技金融合作示范区，发挥金融创新对技术创新的助推作用，培育壮大创业投资和资本市场。苏南五市以体制创新为突破口先行先试，引导和推动银行、证券、保险、担保、再担保等金融资源向示范区集聚，促进科技与金融有效结合，探索符合科技创新规律、具有自身特色的科技金融发展路径。按照2012年江苏省政府印发的《省政府关于印发国家促进科技和金融结合江苏省试点实施方案的通知》的要求，苏南五市的试点各有重点，其中南京以建设国家科技体制综合改革试点城市为契机，重点在开展股权和分红激励试点、加强高校院所科技成果转化激励、建设区域性非公开科技企业柜台交易市场等方面寻求突破，建立健全适应技术研发、科技创业、创新成果转化和产业化等不同发展阶段要求的多元化、多层次科技创业投融资服务体系，努力形成"创有所扶、长有所促、成有所励"的科技创业投融资机制。

无锡以完善促进科技创新创业的新型金融服务体系为核心，积极建设集创业投资、投资管理、融资担保和小额贷款等服务功能为一体的科技金融发展平台，加快建立以股权投资为基础的投保贷合作机制，着力解决科技人才的创业融资瓶颈制约。

苏州依托国家高新区资源集聚优势，重点在强化科技型中小企业信贷支持、发展新型科技金融组织、建立科技企业信用体系、打造具有国际影响力的创业投资中心等方面加大工作力度，探索建立为科技型小微企业股权流转和融资服务的区域性产权交易中心，形成有利于技术产权流转的监管服务机制，依法合规开展产权交易，为股权转让、知识产权质押物流转、处置等提供服务，加快构建功能完善、要素齐全、服务配套的新型科技金融服务体系。

常州以建设国家创新型城市为目标，着力健全科技金融政策体系和科技金融服务体系，重点在创新财政科技投入方式、完善科技担保体系、推进科技保险、建设科技金融服务平台等方面采取有力措施，加快推进科技与金融结合。

镇江加快建设科技支行、科技小额贷款公司、风险投资机构等新型科技金融组织，建立健全科技贷款风险补偿机制，推进知识产权质押贷款、科技企业债券融资等工作。

建立科技金融风险补偿资金池。按照"政府引导、市场运作、风险共担"的原则，江苏省与苏南五市共建科技金融风险补偿资金池，计划3~5

年内规模达 100 亿元，以"首投""首贷""首保"为重点，引导社会资本和金融资本支持科技型中小微企业创新发展。加快发展天使投资。充分发挥江苏省天使投资引导资金作用，支持社会资金、民间资本等积极开展天使投资，培育专业化的天使投资机构和天使投资人，省级以上科技企业孵化器均设立天使投资（种子）资金，以支持种子期、初创期科技型小微企业首次投资为重点，推动天使投资与科技创业紧密结合，在江苏省天使投资引导资金累计引导支持的 233 家初创期科技企业中，93% 为示范区企业，创投机构管理资金规模超过 1700 亿元。① 各类金融工具支持苏南国家自主创新示范区建设的良性局面正在形成。

加快推进科技信贷。江苏加快发展科技支行、科技信贷业务部、科技保险支公司、科技小额贷款公司等，新建 10 家科技金融专营机构；完善"苏科贷"风险补偿流程，探索建立科技信贷考核机制，发放"苏科贷"贷款 100 亿元以上。加快推动科技保险。江苏开展科技保险风险补偿试点，鼓励地方设立科技保险保费补贴，推广科技型小微企业贷款履约保证保险等科技保险产品，科技保险投保额达 1500 亿元。

苏州着力推进科技金融创新，打造区域科技金融中心。深化科技金融省、市、县（区）上下联动，合力推进"科贷通"，撬动银行为 650 家企业发放 36.74 亿元科技信贷。出台《苏州市金融业支持企业自主创新行动计划》，积极建设苏州综合金融服务平台、地方企业征信平台、企业自主创新金融支持中心三大平台，利用 20 项综合金融工具充分调动金融机构同业合作、混合互补的积极性，提高全市自主创新能力。无锡开展科技金融创新试点，制订《无锡市关于加快推进海峡两岸金融与科技合作试验区建设的总体工作方案》，成功举办"无锡海峡两岸金融与科技合作恳谈会"等锡台两地金融交流活动。江苏省内首家地级市资产交易中心——无锡金融资产交易中心成立，为中小企业产权交易设立了新平台。

第四节　培育科技人才创新创业生态

坚持把人才作为竞争之本、创新之要，抓住和用好建设苏南人才管理

---

① 张雯、韩子睿等：《苏南转型发展的新动源》，《群众》2015 年第 11 期。

改革试验区的机遇，深入实施"双创"计划、"333 工程"、科技镇长团等品牌人才工程，构筑科技人才高地。

一 积极推进人才支持政策相互衔接、人才工作体系相互配套、人才资源市场相互贯通、人才发展平台相互支撑

江苏加快完善鼓励创新的利益导向机制，改进科研经费配置和考核评价方式，让科技人才通过创新获得合理回报、实现自身价值。加大股权激励力度，鼓励企业以股票期权、限制性股票等方式对科技人员给予股权激励，使企业科技收益与研发人员个人收益有机结合；引导高校院所、国有控股的院所转制企业建立健全科技成果转化激励机制，鼓励科技人员以自有知识产权作价入股企业或转让，加快科技成果转化，激发人才创新创造活力。

江苏加快建设苏南人才管理改革试验区，坚持人才优先发展，在用好、吸引、培养人才上下更大功夫，进一步激发人才创新创业活力。充分发挥人才创业特色，大力推动大众创业万众创新，努力把苏南打造成最富吸引力的"创业天堂"。苏南组织实施省高层次创业创新人才引进计划，引进培养高层次创新创业人才。2015 年年底，苏南已引进国家"千人计划"人才超过 500 人，其中创业类人才占全国的 27%，省"双创计划"人才 1810 人，占全省的 60%，形成了南京"321 人才计划"、无锡"东方硅谷人才计划"、苏州"姑苏人才计划"等国内知名引才品牌。加快众创空间建设。《江苏省推进众创空间建设工作方案》出台，将 155 家众创空间纳入省级以上备案，占全省的 75%，新建 13 家进行众创集聚区试点。苏南建设了江苏省创新创业"好创网"平台，建立了 2500 人的创业导师队伍，推动创业创新。苏南积极发展科技服务业，加快培育和建设苏州自主创新广场、南京麒麟生态科技城、无锡太湖国际科技园、常州科教城等科技服务示范区。2015 年，苏南五市科技服务业收入达3600 亿元，占全省的 72%。

二 各地科技人才创新创业的特色做法

南京持续优化人才引进培养政策体系，不断提升"321 计划"品牌绩效，加快创建国家人才管理改革试验区。推动中央"千人计划"、省"双

创计划"和市"321计划"等系列人才政策加快落实，对入选上述计划的人才给予50万~200万元的配套支持；支持企业引进高端人才团队，对入选省"双创团队计划"、市"高端人才团队引进计划"的企业，给予300万~800万元的人才经费资助和300万~3000万元的项目经费资助；支持各类人才申报高新区"三创"人才计划，经评审入选的，给予50万~100万元的支持。截至2015年，累计引进领军型科技创业人才3752名，培养科技创业家254名，吸引348名"千人计划"专家来南京创业。南京进一步改进科技和人才管理队伍，特别是创业创新载体运营团队建设，调整充实专业化、国际化力量，整体提升政策把握能力和操作执行效果；健全完善创新驱动发展的考核评价机制，将督察考评结果纳入干部政绩考核范围，并定期调查考核评价机制的实施效果，及时进行适应性优化调整；深入开展创业创新宣传教育，在支持创业创新的同时，更加宽容失误、失败，着力提升南京对海内外创业创新者的吸引力。

常州全力构建人才公共服务体系，不断完善科技人才流动机制，鼓励高等院校、科研机构和企业创新人才双向流动。"龙城英才计划"、《常州高新区领军人才创业项目政策兑现实施办法（修订）》和《常州高新区关于实施人才强企战略的意见》等政策相继实施。截至2015年，常州公共创新平台超过30家，建成"两站三中心"1159家（其中省级以上602家），孵化器、加速器面积累计超过800万平方米，在孵企业超过5800家，引进的领军型创新创业人才超过1400名；全市高技能人才达23.22万人，每万人劳动者中高技能人才为826人。此外，苏南首个由科技部科技人才交流开发服务中心、江苏省科技厅和常州市科技局合作共建的科技领军人才创新驱动中心（常州）正式成立。该中心将依托国家科技领军人才及其创新团队的知识优势和技术优势，满足地方机器人及智能装备、先进碳材料、生物医药等领域的企业和经济社会发展的重大科技需求，实现科技创新和产业发展的重大技术突破。

苏州探索人才改革创新，着力建设人才创新创业高地，深入实施"姑苏人才计划""海鸥计划"等人才计划，精心组织"苏州国际精英创业周"，持续大力引进创新创业领军人才和团队，使领军人才继续保持全国、全省的领先优势。全面比照上海全球科创中心人才新政，积极探索人才管理改革创新。2015年新增"千人计划"人才30人，累计187人。强力推进大众创业万众创新，出台《关于实施创客天堂行动发展众创空间的若干政策意见》，营造良好的创新创业生态系统。苏州进一步加强对本土科技型企业家的培育和培训，鼓励企业引进高端人才、提升发展理念，推动企业走以人才和智力为支撑的发展路径；加快现代职业教育体系建设，健全高技能人才培养培训机制，加强企业一线技能人才的培养，造就一支覆盖广泛、数量充足、梯次合理、技艺精湛的高技能人才队伍；加快推进金融、管理等各类人才队伍建设，建立分层分类的全市高层次人才开发管理体系，不断提升苏州人才政策体系的包容性和系统性；有效落实海外人才居住证制度和高层次人才享受生活待遇暂行办法，积极稳妥推进人才管理配套改革。

无锡一方面加快集聚高层次科技人才，先后实施"东方硅谷""太湖人才"计划，更大力度吸引海内外高层次人才。截至2015年，全市共有1259个高层次科技创业人才落户，集聚了2万人以上科技创新创业人才，其中国家"千人计划"79人，省"双创计划"368人。另一方面，推动苏南人才管理改革试验区建设，鼓励人力资源服务机构"走出去"与国外人力资源服务机构开展合作，在境外设立分支机构，积极参与国际人才竞争与合作，推进人才强企工程，推动开发区招商引资与招才引智"双招双引"工程。10名诺贝尔奖得主、11名外国院士与民营企业牵手合作，建立研究院12个，160多所院校与无锡各类企业建立产学研长期合作关系。此外，无锡充分利用职业教育优势，加快集聚高等教育资源，加大产业技术人才培养的力度，大力培养高技能人才。

镇江创新载体建设，人才引进与创新主体培育力度不断加大，对接国家"千人计划"、省"双创计划"等人才工程，深入实施市"331计划"，大力引进海内外创新创业领军人才（团队）。镇江重视"本土化"人才的培养使用，注重培养既懂科技又懂市场的科技企业家队伍，加快创新人才队伍建设；改革人才资金资助方式，由无偿"补"改为"补""投"结合，实行资助资金审批与管理监督相分离的管理体制，撬动社会资本支持人才创新创业；鼓励企业设立人才发展专项资金，加强高端人才引进和高技能人才培养；加大股权激励力度，积极落实股权激励和成果转化奖励政策试点，激发人才创新创业活力；促进人力资源服务业发展，加快建设人力资源服务业产业园，鼓励民间资本进入人力资源服务业；深化事业单位人事制度改革，加快建立符合事业单位特点和人才成长规律的人事管理制度，实现由固定用人向合同用人、由身份管理向岗位管理转变；充分运用市场化手段，积极打造高层次人才信息互通、学习培训、人力资源、金融支持、科技服务等政府公共服务平台；健全配套保障机制，为高层次人才提供社保、医疗、交通、住房、子女入学、配偶就业、出入境等综合优质服务。招才引智享受招商引资出国审批政策。2015年年底，全市累计新增工程技术研究中心等省级以上研发机构154家，引进国家"千人计划"人才81人、省"双创计划"人才250人、市"331计划"领军人才（团队）442个。

第五节 推动区域创新体系建设

苏南统筹整合创新资源，推动创新要素在城市、园区和城乡之间的合理流动、高效组合，构建协同有序、优势互补、科学高效的区域创新体系。

一 初步形成"五城九区多园"的一体化发展格局

统筹重大科技平台建设，启动建设全国首个未来网络小型试验网、纳米真空互联实验站、国家超级计算无锡中心等一批重大科技基础设施。统筹区域产业发展，立足各地比较优势和发展基础，围绕"一区一主导战略产业"统筹新兴产业空间布局，构建分工协作的产业链条，推动南京未来网络、无锡物联网、常州智能装备、苏州纳米技术、镇江战略新材料等形成先发引领优势。统筹创新空间布局，优化布局区域创新载体，推进南京、无锡、常州、苏州、镇江等国家创新型试点城市建设，提升8个国家高新区和苏州工业园区发展水平，建设形式多样的创新型园区，初步形成了"五城九区多园"的一体化发展格局。

2015年2月12日，江苏省委、省政府召开深入实施创新驱动发展战略暨建设苏南国家自主创新示范区工作会议，出台了《关于建设苏南国家自主创新示范区的实施意见》，对示范区建设进行了全面部署。江苏省政府成立了示范区建设工作领导小组，先后召开了3次会议，研究提出了示范区建设年度重点工作和支持措施。积极争取国家相关部委支持，成立了由科技部、国家发改委、教育部、工业和信息化部、财政部等11个国家部委组成的部际协调小组。《苏南国家自主创新示范区发展规划纲要（2015~2020年）》经部际协调小组审议通过后已由科技部正式印发。江苏省政府组织编制苏南国家自主创新示范区空间布局规划，加强苏南国家自主创新示范区"五城九区多园"的总体建设规划布局；启动《苏南国家自主创新示范区条例》编制工作，强化示范区建设法制保障；积极探索适合一体化的新政策、新机制和新模式。江苏省、苏南五市和国家高新区均成立了领导小组及"一站式服务中心"，形成了上下联动、统一高效的工作推进机制。

二 提升自主创新体系的开放水平

苏南地区抓住国家实施"一带一路"战略等机遇，充分利用国际国内两个市场、两种资源，优化发展环境，促进创新要素加速集聚。2015年，"中国以色列常州创新园"揭牌，这是目前中以两国政府唯一共同推进的中以科技园区。苏州工业园与以色列英飞尼迪资金管理集团合作建立的"中以智库"苏州有限公司，成为国内引进的首家全新模式的"知识产权银行"。中丹合作南京高新生态生命科学园、新加坡国立大学苏州研究院、苏州"中芬纳米创新中心"、麻省理工学院（MIT）国际技术转移中心、牛津大学（常州）ISIS国际技术转移中心等一批国际科技合作载体相继建成。苏南地区大力推进苏州纳米、常州西太湖医疗器械等国家级国际创新园建设，促进全球科技资源与苏南创新需求的有效对接。2015年年底，世界500强跨国企业有392家在苏投资，其中大部分集中在苏南地区。苏南地区共建有省级外资研发机构564家，占全省的91.6%。苏南地区支持企业开放配置全球创新资源，积极开展国际科技合作。

南京大力拓展开放发展新空间，启动实施新一轮加快开放型经济发展的系列举措，开展跨境贸易电子商务试点，南京龙潭跨境电子商务产业园跨境业务投入运行。南京综合保税区开始实质性运作，中新南京生态科技岛建设有序推进，空港口岸正式实施对部分外国人的144小时过境免签政策，南京港成为全国启运港退税政策扩大试点港，铁路口岸开通国际集装箱"中亚班列"。苏州深化境外投资管理体制改革，全面实行以备案为主、核准为辅的管理模式；采取扎实措施，切实加大对"走出去"企业的信息、金融、人才培养和风险预警等方面的服务保障；推进"走出去"企业与政策性金融机构合作；推进境外载体开发，埃塞俄比亚东方工业园被国家部委确认为国家级加工制造型境外经贸合作区。"一带一路"战略带动效应显现，苏州企业对"一带一路"沿线国家协议投资额达5.9亿美元。苏州积极争取对外开放新政策，学习对接上海自贸区，出台了《苏州市学习对接自由贸易试验区的改革开放举措及实施计划》，推出37条学习对接措施；在国务院明确的上海自贸区可复制可推广的35项改革措施中，苏州已借鉴复制29项。外资快速审批改革试点成效显著，纳入快速审批的事项申报资料已精简50%左右。苏州积极探索境外投资事中事后管理制度；大力争取常熟服装城、东方丝绸市场纳入商务部内外贸结合商品市场试点。无锡依托国家"一带一路"战略，加快对外交流合作步伐，不断完善境外投资政策促进、风险防控和服务保障体系。西港特区进展迅速，至2015年年底已有日、法、美等国的85家企业入驻，其中62家投产运营，从业人数达1.2万人。新吴区建设的中韩（无锡）科技金融服务合作区，为无锡和韩国产业界提供科技金融合作渠道。无锡加快推进中美（无锡）科技创新园建设，以MIT双年度会议为契机推动一批美国项目与无锡企业对接交流。常州积极推动企业"走出去"，江苏金昇股份成功收购德国埃马克、瑞士欧瑞康等国际知名企业，金昇乌兹别克斯坦纺织工业园、天合国际产业园等境外园区启动建设，中以、中德等合作园区建设加快推进。常州积极发展新型贸易方式，启动跨境贸易电商试点，新阳化工进口交易平台被认定为省级进口商品交易中心。镇江开放合作不断深化，先后建成中瑞生态产业园、海峡两岸（镇江）新材料产业合作示范区、海峡两岸（镇江）文创产业示范基地等对外开放与合作载体，镇江出口加工区升格为综合保税区。

第二章
现代产业集聚区建设的进展

产业集群化发展是加快推进新型工业化的有效途径。现代产业集群是以创新型企业和人才为主体,以知识或技术密集型产业和品牌产品为主要内容,以创新组织网络和商业模式等为依托,以有利于创新的制度和文化为环境的产业集群。苏南积极建设省级特色产业基地,鼓励和引导全省制造业向要素集中、结构完善、协作紧密、资源节约、竞争优势突出的产业集群方向发展,不断延伸、丰富产业链,扩大产业规模,打造地方产业品牌,进一步增强经济的活力和可持续发展动力。

第一节 加快创新型产业集群建设

苏南地方政府加强对创新型产业集群式发展的引导和扶持。首先,高度重视人才引进与培育工作,加大人才队伍支撑。2015年年底,苏南地区人才资源总量达600万人,年均增长5%左右,每万人口拥有人才数达1400人,专业技术人才总量达300万人,高层次人才占人才资源总量比例达到6%。近三年共引进高层次人才6万多名、创新创业团队1500多个,国家"千人计划"人才累计达442人,其中创业类189人,占全国的27%以上。

其次,着力增强区域科技创新能力。由南京、苏州、无锡、常州、昆山、江阴、武进、镇江8个高新技术产业开发区和苏州工业园区组成的国家自主创新示范区,初步形成了以江苏省产业技术研究院为核心、企业研发机构为主体、各类开发区和创新平台为载体的区域创新体系。截至2015年年底,苏南地区累计建成10个国家高新区、4个省级高新区,是全国高新区最为密集的区域；拥有高等院校 107 所、科研机构 330 多家、国家级大学科技园 12 个、国家重点实验室和工程技术中心 55 个、在校大学生 130 万人以上；研发投入占 GDP 比重达 2.75%，接近发达国家和地区水平，拥有科技型企业超过 5 万家，高新技术企业超过 7000 家，规模以上企业研发机构建有率超过 85%；当年专利授权量超过 16 万件，其中发明专利近 3 万件，每万人发明专利量达到 26.61 件。

一　苏州推进创新型产业集群建设情况

苏州加快构建以企业为主体的技术创新体系，打造一批创新水平高、成长性好、人才支撑作用强的创新型企业群体。苏州专门选出了高成长性高新技术企业、科技（拟）上市企业、科技成果转化企业和领军人才企业四类重点挂钩服务的中小科技企业，聚焦政策、强化服务。一是推动中小科技企业尽快做大做强。实施"雏鹰计划""瞪羚计划"，针对中小科技企业不同行业、不同规模、不同发展阶段的需求，实施针对性强的梯度培育发展计划，集中力量、集中资源，引导和支持中小科技企业做大做强。二是壮大高新技术企业群体。加强高新技术企业培育辅导，加大高新技术企业税收优惠政策的宣传、培训和落实力度，大幅度提高高新技术企业数量。三是加快培育创新型先锋企业。贯彻落实《关于培育发展创新先锋企业的指导意见》，采取"一企一策"的重点扶持方式，在新兴产业、高技术服务业中遴选出一定数量具有较大规模优势、较强创新实力、处在快速发展阶段的企业予以重点支持，使其成为推动科技创新的骨干力量。

苏州坚持推进产业集聚发展不动摇，推动建立各类专业化分工比较明确的工业开发区、园区及产业基地，各类开发区和产业基地建设富有特色。截至 2015 年，苏州已有省级以上各类专业园区基地、产业集群 90 个，如昆山装备制造产业集群、传感器产业集群、吴江丝绸纺织产业集群、电梯产业集群、张家港化工产业集群、常熟服装产业集群等；另外，还有市级特色产业基地 127 个、特色产业基地公共服务平台 83 个。昆山工业技术研究院、浙江大学昆山创新中心被认定为国家技术转移示范机构，小核酸基地获批国家创新型产业集群试点。电子信息、平板显示、高端装备等产业集群集聚发展，商贸物流、总部经济、服务外包等现代服务业不断壮大。

二 无锡推进创新型产业集群建设情况

无锡积极推进重点产业集群发展，依托传统优势行业，围绕其中的优势产品或产业环节，逐渐形成一批产业集群。在新一代信息技术产业领域，以集成应用为突破，以产品转型、创新驱动为抓手，加强产业细分，培育产业链创新骨干企业，引导创新资源聚集，推进应用示范项目，发展平台经济，促进智能传感、物联网等形成国内一流的产业集群。在高端装备制造业领域，加大重大整机项目引进，围绕整机企业打造高端装备产业集群。在节能环保领域，加大企业整合，引进龙头企业，以服务带设备，形成国内首屈一指的环保产业集群。在汽车零部件产业领域，按照整零结合的要求，形成新能源汽车产业集群。在电工产业领域，鼓励兼并重组，鼓励形成战略联盟，加大新产品研发，形成国内知名的高端电工产业集群。

2013年，无锡高新区智能传感系统创新型产业集群入选中国首批创新型产业集群试点。作为内地唯一的国家传感网创新示范区，无锡已基本形成包括信息感知、网络通信、处理应用、关键共性、基础支撑在内的物联网产业链条，智能传感系统创新型产业集群被认定为全国首批、江苏省唯一的创新型产业集群。无锡加快国家传感网创新示范区建设，产业集群已形成规模。到2015年年底，无锡全市各类物联网企业有2000多家，物联网产业营业收入为1688亿元，从业人员约为15万人，物联网产业规模年均增速超过30%。[①] 无锡（国家）智能交通产业园已启动运营，智慧健康、环保物联网、智慧体育和智能传感器等专业化产业园区建设顺利推进。无锡节能环保产业在主要领域优势明显。宜兴环保科技园负责全国40%左右常规水处理设备供应；在大气污染治理装备产品及技术方面，汽车尾气催化剂、催化净化器产销规模位居中国行业第一；一批技术领先节能产品具有较强竞争优势。无锡服务业集聚区发展迅速，2015年无锡拥有省级服务业集聚区近20家，其营业收入年增速为20%以上。无锡把"产业强市"作为推进供给侧结构性改革的重要抓手，明确提出以"智能化、绿色化、服务化、高端化"为导向，全力打造无锡现代产业发展新高地。

---

① 《无锡形成物联网产业发展产业集群》，《大公报》2016年10月29日。

江阴高新区努力将创新优势、技术优势有效转化为产业优势和市场优势，以扬子江科技金融总部园区、御龙湾科技创业社区、城南大学科教园区"三区"为支撑，以千亿级特钢新材料及金属制品科技产业园、百亿级汽车整车及关键零部件科技产业园、五百亿级传感网科技产业园、百亿级生物区医药科技产业园、百亿级高端智能装备科技产业园"五园"为主体，推进研发生产、创新创业、科技金融、商业商务等创新资源集聚整合，加快打造创新型产业集群，形成苏南国家自主创新示范区的创新核心区之一。

三　南京推进创新型产业集群建设情况

南京重点产业集聚趋势明显，形成了以软件谷、未来网络谷、液晶谷、智能电网谷、生物医药谷、生物农业谷"六谷"及南京卫星应用产业园、轨道交通装备产业园等"二十一园"为主要载体的战略性新兴产业发展格局，建成了3个国家级、6个省级新型工业化示范基地；大厂等四大片区中的工业布局调整有序推进，长江以南、绕城公路以内主城区工业生产企业基本实现"退城入园"；省级服务业集聚区达到20家，经营收入超100亿元的集聚区达到8家，金融城、长江航运物流服务中心等建设快速推进。

一个个创新企业集群已经形成。在南京软件谷，已集聚包括华为、中兴通讯、SAP、IBM、Opera等知名企业在内的近千家软件企业，集聚软件从业人员超过18.5万人。2015年，南京软件谷实现软件和信息服务业收入1650亿元，同比增长24.06%，占南京比重达40%，占江苏比重近20%。

南京着力优化创新创业环境，加快推动公共技术服务平台建设，着力推进创业大街建设，鼓励高校和科研院所将优势科技资源面向企业开放共享。截至2016年7月，南京累计建成创业创新载体710万平方米、众创空间127家、大学科技园31家、校企联盟超千家。为加快产业链关键环节创新，南京还针对新一代信息技术、智能制造、生物医药等战略性领域，整合企业、大学、研究机构的资源，组建了15个产业创新联盟，每年实施10项以上战略性新兴产业链关键技术突破项目。

南京还着力优化发展空间布局，推进错位集群发展。如制定南京产业布局指引，依托南京高新技术产业开发区重点发展软件与信息服务、生物医药和医疗器械、卫星应用产业；依托南京经济技术开发区重点发展新型显示、智能制造装备、生物医药和器械；依托江宁经济技术开发区重点发展智能电网、信息通信设备、航空航天装备。

四　常州推进创新型产业集群建设情况

常州形成了"一核两区三园多基地"的区域创新布局，"一核"就是常州科教城，"两区"是南、北两个国家级高新技术开发区，"三园"是江苏中关村科技产业园、西太湖科技产业园、华罗庚科技产业园，"多基地"是指全市的15个省级科技产业园。在"一核两区三园多基地"的带动下，常州紧密结合常州产业最有优势和竞争力的装备制造业、新材料和新能源产业，以及同样具有较好基础的生物医药、电子信息产业，抓创新型企业的培育，抓关键技术的攻关，抓人才引进，抓平台建设，培育了"十百千"创新型企业，形成了以10家左右创新型领军企业为龙头、100家左右科技型上市培育企业为骨干、1000家左右高新技术企业为主体的创新型企业集群。在装备制造领域，中科院、机械科学总院、哈工大等均在常州建立了基地；在新材料领域，成立了江南石墨烯研究院、北化常州研究院；在新能源领域，天合光能建设了企业国家重点实验室，依托常州大学建设了博士点和协同创新中心。常州支持企业开展重大项目建设，先后承担国家863项目、省重大科技成果产业化项目100多项。

常州围绕重点发展的战略性新兴产业，逐步培育十大产业链：轨道交通、汽车及零部件、农机和工程机械、太阳能光伏、碳材料、新医药、新光源、通用航空、智能电网、智能数控和机器人。常州不断加快高新技术产业发展，着力将智能装备制造和以碳材料为引领的新材料两大产业打造成国内领先、世界一流的特色产业集群。

常州大力发展高附加值创新型产业集群，大力集聚全球高端创新要素，培育具有国际竞争力的战略性新兴产业集群。常州前瞻性地部署机器人、碳材料、印刷电子、3D打印等产业；重点发展轨道交通、通用航空、汽车及零部件、太阳能、新材料、新医药、智能电网、农机和工程机械等产业；借势发展文化创意、新光源、大数据、云计算、物联网、移动互联等产业。

常州创新型城市的综合监测指标位居全国45个试点城市前列，连续14年荣获"全国科技进步先进市"称号，在2013年福布斯评选的"创新能力最强的25个中国大陆城市"中，常州市名列第9。

五 镇江推进创新型产业集群建设情况

镇江积极推进产业聚集，坚持分类指导、提升层次、创造特色，将省级以上开发区、省级现代服务业集聚区作为重中之重；按照"一园区、一主导产业、一平台"的思路，打造一批电子商务、金融服务、科技孵化、检验检测等公共服务平台与产业集群。

作为镇江范围内苏南国家自主创新示范区的核心区，镇江高新区正在争创国家创新型特色园区，依托国家火炬计划镇江特种船舶及海洋工程装备特色产业基地和国家火炬计划镇江光电子与通信元器件产业基地，创建国家创新型特色产业集群；加快"科技创新一条街"建设，相继建成江苏科技大学海洋装备研究院、专利运营展示交易中心、科技金融服务中心、技术交易所等平台。截至2016年6月，五洲创客中心暨镇江高新区大学科技园已签约80多个项目；睿泰数字产业园获批全国数字出版专业人才培训基地。

新创的国家级、省级重大科技创新载体平台，发挥了科技创新、资源集聚的作用。2016年，镇江申报江苏省前瞻性产业技术创新专项、重大科技成果转化专项等81个项目，比2015年同期增长20%。2016年4月，"中国镇江丹阳（眼镜）知识产权快速维权中心"获批设立，成为全国第9家经国家知识产权局批复的快速维权中心。江苏富达高新技术创业服务有限公司、丹阳市开发区科创园运营管理有限公司、扬中市新坝科创服务有限公司等3家单位被认定为国家级科技企业孵化器。镇江国家级孵化器达9个，实现了各辖市区的全覆盖。

第二节 建设有国际竞争力的先进制造业基地

为全面贯彻落实国务院批准的《苏南现代化建设示范区规划》以及江苏省委、省政府相关工作部署和要求，江苏省发改委印发了《推进苏南地区先进制造业发展实施方案（2013~2015年）》，推进苏南地区先进制造业发展。

一 推进新型工业化与经济国际化

依据《推进苏南地区先进制造业发展实施方案（2013~2015年）》，苏南地区贯彻落实国家和江苏省政府关于对外开放、市场改革、结构调整、科技创新等一系列重大决策部署，坚持推进新型工业化和经济国际化，持续促进产业结构调高调优调强，制造业规模实力、结构水平、综合效益都实现了显著提升。

苏南地区采取关键措施，助推先进制造业发展。一是坚持创新驱动，突破行业共性技术。二是深化"两化融合"，提升智能制造水平。深化信息技术应用，加快信息化工业化融合步伐，提升智能园区、智能产业、智能制造、智能产品发展水平。三是提升开放水平，融入更高层次的全球价值链。积极借鉴上海自贸区改革创新成果，接受金融、贸易等创新政策辐射带动，坚持高水平"引进来"与大步伐"走出去"相结合，提升苏南先进制造业参与国际分工合作的层次。四是加强品牌建设，提高"苏南制造业"美誉度。积极实施名牌、商标、技术标准和质量战略，加强企业基础管理工作和知识产权、品牌保护，把苏南地区建设成为品牌意识浓厚、产品质量优良、品牌效益明显的品牌质量高地。五是强化节能减排，增强可持续发展能力。坚持节约优先、环保优先，积极打造支持苏南工业可持续发展的生态环境。

2014年12月，江苏省发改委印发《关于推进首批省级先进制造业基地发展的通知》，公布了全省首批先进制造业基地共20家。其中，10家分布在苏南地区，分别是：南京市江宁区的3D打印先进制造业基地、南京市高淳区和六合经济开发区的节能环保设备先进制造业基地、南京市溧水经济开发区的新能源汽车先进制造业基地、苏州市高新区的轨道交通装备先进制造业基地、苏州市相城区的精密设备先进制造业基地、常熟市的智能成套装备先进制造业基地、无锡市惠山经济开发区的石墨烯先进制造业基地、无锡市无锡新区的集成电路设计应用先进制造业基地、常州市武进高新区的工业机器人先进制造业基地、镇江市丹徒区的汽车及零部件先进制造业基地。

二 实施产业高端行动

苏南地区积极实施企业制造装备升级计划和企业互联网化提升计划、

推进智能制造工程和高端装备创新工程;不断打造创新引擎,实施产业高端发展行动,加快前沿技术转化应用,打造走在全国前列的江苏版"中国制造"和"互联网+";实施制造业创新中心建设工程,建立由大中型企业、科研院所、高校等组成的产业创新共同体,在能源互联网、工程机械及战略新材料等重点领域,试点建设省级制造业创新中心,积极创建国家级制造业创新中心;不断推动制造业数字化、网络化、智能化,推进生产方式向柔性、智能、精细转变,提升企业互联网应用水平。2015年,苏南五市规模以上工业总产值达到78547.09亿元,其中制造业产值占比95%以上;工业增加值由2010年的1.3万亿元,增长到2015年的1.69万亿元,年均增长5%以上,工业增加值占全省的比重达到50.6%。

苏州发布了《中国制造2025苏州实施纲要》,提出要加快打造苏州工业经济升级版,构建苏州特色的新型工业化体系,到2025年,将苏州打造成全国领先、世界知名的先进制造业强市;到2035年,力争使苏州成为中国制造业强市"领头雁"之一。新一代电子信息产业、高端装备制造产业、新材料产业、软件和集成电路产业、新能源与节能环保产业、医疗器械和生物医药产业六大重点产业领域,引领苏州制造业向中高端迈进。

苏州大力推动制造业转型升级,重点发展新能源、新材料、节能环保、生物技术和新医药、高端装备、智能电网和物联网、新型平板显示、软件和集成电路等领域的制造业。2015年,全市新兴产业完成产值占规模以上工业产值比重为48.7%,比2013年提高了3.2个百分点。

苏州着力推进新型工业化,以促进制造业创新发展为主题,以提质增效为中心,以加快新一代信息技术与制造业深度融合为主线,持续优化产业结构,大力推进技术进步,不断创新模式业态,积极推行绿色发展,推动"苏州制造"向更高层次发展跨越,努力建设具有全球影响力的产业科技创新中心和具有国际竞争力的先进制造业基地。

无锡制定了《无锡市"十三五"制造业转型发展规划》,提出要推进产业向智能化、绿色化、服务化、高端化发展,全力构建以新兴产业为先导、先进制造业为主体、现代服务业为支撑的现代产业新体系,把无锡打造成为国内一流、具有国际影响力的制造强市,使无锡成为立足全球视野的领先技术开拓者、面向国内外市场的智能制造引领者、支撑区域发展的服务经济先行者、改善地区环境的绿色发展践行者。

无锡积极构建八大产业体系，加快发展新一代信息技术、高端装备、节能环保、生物医药、新能源和新能源机车、新材料、高端纺织及服装七大制造业，完善提升以科技服务、现代物流、电子商务为核心的生产性服务业，建立起规模、质量、效益相统一的先进制造业体系。

三 构建先进制造业体系

无锡全面实施十大工程。实施创新驱动工程，加大关键共性技术研究，增强企业话语权。实施项目引领工程，积极引进上下游关联产业、配套产业和支撑产业，形成竞争力强、特色明显的产业集群和产业配套体系。实施智能制造工程，在重点行业建设一批示范智能工厂，稳步提升全市企业智能制造水平。实施质量品牌工程，顺应国家供给侧结构性改革的要求，践行质量强市战略。实施绿色低碳工程，实施节能改造专项计划，推动建立绿色产业体系。实施集约集聚工程，围绕"一体两翼四沿"产业空间格局，打造一批产业特色鲜明、创新能力强、配套条件好、具有较强品牌影响力和市场竞争力的工业园区。实施企业培育工程，着力打造一批具有全球视野、创新能力强、带动作用大的行业领军企业，加快形成一批小型化、特色化经营企业和"小巨人"企业。实施人才支撑工程，探索高端人才与本地产业共生发展新路径，加强企业家队伍建设和高素质技能人才培育。实施服务型制造工程，鼓励制造企业延伸服务链条，提升企业定制化生产能力。实施开放合作工程，积极抢抓"一带一路"和长江经济带建设等战略机遇，全力推动对外经济贸易优化发展。

无锡全力推进智能制造发展，到2015年年底，全市拥有省示范智能车间18个。无锡积极推进两化深度融合，到2015年年底，全市拥有累计两化融合管理体系贯标试点企业9家、省级两化融合转型升级示范企业30家、两化融合试点企业219家，成为"国家级两化深度融合试验区"城市。

四 打造制造业升级版

南京发布了《中国制造2025南京市实施方案（2015~2017）》，从战略层面绘就了建设制造强市的宏伟蓝图。该方案提出了五大目标：创新能力显著提升、两化融合水平提高、产业结构持续优化、企业技改全面推进、绿色循环低碳发展。

南京顺应"互联网+"发展趋势，充分发挥南京科教人才优势和产业化比较优势，以产业高端化为导向，以重大关键技术突破及产业化为切入点，推动先进制造业高端化、国际化、智能化、绿色化发展，打造南京产业升级版。

围绕14个重点领域和主攻方向，南京推动制造业迈向新的台阶。南京围绕构建现代产业体系，加快产业升级，结合南京产业基础，瞄准新一代信息技术、高端装备制造、新材料、生物医药和医疗器械等七大类14个重点领域，明确主攻方向，集中力量突破一批关键技术和重大装备（产品）制造技术，加快产业化步伐，引领制造业向中高端迈进。14个重点领域为：新型显示、基础软件及工业软件、信息通信设备、云计算大数据及物联网、卫星应用、集成电路及专用设备、智能制造装备、先进轨道交通设备、航空航天设备、生物医药和医疗器械、新能源汽车、智能电网、新材料、节能环保。

南京加快发展智能制造。实施企业制造装备升级计划，加快自动化、数字化、网络化等先进制造系统、智能制造设备及大型成套技术装备的推广应用，重点推广工业机器人、数控机床、人机智能交互、自动识别、3D打印、分布式控制技术，每年启动10家智能工厂示范工程建设。完善"网+云+端"工业信息基础设施，实施企业互联网提升计划，创新基于互联网的智能化生产制造流程，鼓励发展个性化定制、众包设计、云制造等网络生产新模式，支持工业云和中小企业服务平台建设，加快推进生产型制造向服务型制造转变。

五　以智能制造为主攻方向

常州制定了《深化"三位一体"发展战略落实"中国制造2025"常州行动纲要》，从战略层面绘就了建设制造强市的宏伟蓝图。

常州聚焦五大重点领域、落实八大主要任务、实施六项重大工程，打造一流智能制造名城，以智能制造为突破口和主攻方向，形成强大的创新创造能力，掌握一批关键核心技术，形成一批优势产业和知名自主品牌。五大重点领域为：智能装备领域、新材料领域、新一代信息技术产业领域、新能源领域、生物医药及高性能医疗器械领域。五大重点领域包括20个细分行业，其中智能制造为建设制造强市的主攻方向。

围绕建设制造强市的目标，常州布局并实施六项重大工程，包括智能制造工程、工业强基工程、绿色制造工程、创新载体建设工程、质量品牌建设工程、生产性服务业提升工程。

常州为建设全国一流的智能制造名城，深入推进"三位一体"工业经济转型升级战略，重点推进汽车、轨道交通、输变电、现代农装、光伏、新材料等领域智能化发展；提升高精度复合数控金切机床、大型柔性数控加工中心、大型数控成型冲压设备等高档数控机床的制造水平；大力发展仪器仪表、传感器、智能控制器等智能控制基础部件制造业。

镇江出台了《中国制造2025镇江行动纲要》，到2020年，镇江要建成全国重要的高端装备制造和新材料产业基地。镇江明确提出建成制造业强市的具体"着力点"，即实施"八大"工程并结合镇江自身基础和优势，确立产业发展重点突破的九大领域。镇江围绕制造业转型升级这一核心任务，重点实施自主创新示范区建设工程、产业创新载体建设工程、高端品牌建设工程、"三集"园区建设工程、智能制造工程、绿色制造工程、军民融合工程、制造业国际化工程。同时，镇江紧密对接国家发展战略和产业布局，结合自身基础和优势，在新材料产业、智能制造装备、汽车及轨道交通装备、航空航天装备、新能源与节能环保装备、新一代信息技术产业、特种船舶与海洋工程装备、工程机械和农用机械装备、生物医药和大健康产业九大领域实现了突破。

镇江加快新型工业化步伐。在高端装备制造业领域，着力做大做强"海陆空"，北汽一期形成实际生产能力，加快建设润州船舶与海工配套产业园、镇江新区航空产业园。重点发展高性能合金材料、碳纤维及其复合材料等新材料产业，推动优势企业进入国家"工业强基工程"专项。培育新兴产业，如生物技术与新医药、新能源、智能电网、新一代信息技术等。提升传统产业，在工业制造和设计领域研究设立市级"工匠奖"；加强品牌和质量建设，支持企业争创国家质量奖；运用新技术、新工艺，改造提升化工、轻工、建材、造纸、纺织等传统产业，2015年，镇江实施100个重点技术改造项目，技术改造投入增长19%以上。

第三节 强化产业转型升级载体建设

载体建设是实现产业转型升级的基础。苏南在产业向园区集聚发展方面走在全国前列，形成了国家级经济技术开发区、高新区、综合保税区和省级经济开发区、高新区、工业园区互动发展的良好格局。现有省级以上开发区有56家（全省有131家），其中国家级开发区有23家，省级以上新型工业化产业示范基地有46家，其中国家级有14家，超过千亿元的工业开发区有22家。2015年，苏南地区新认定4家特色产业园区、1家省级生态工业园区，苏南与苏中、苏北结对建设7家共建园区，6家出口加工区升级为综合保税区。苏南地区大力开展特色产业园区建设，推动开发区产业集聚配套，围绕开发区产业特色，积极引进相关联和配套项目；创新和拓展开发区的功能，加快推进综合保税区、保税港区、出口加工区等海关特殊监管区域建设，加大对海关特殊监管区域的优化整合力度。

苏州拥有国家级开发区14家、省级开发区3家、综合保税区7家、保税区（保税港区）1家，已成为全国开放载体最为密集、功能最全、发展水平最高的地区。苏州在开展工业园区国家开放创新综合试验和建设昆山深化两岸产业合作试验区、打造开放创新高地方面优势明显。苏州工业园区全力推进苏南国家自主创新示范区建设。园区发挥中新合作平台的作用，以开展开放创新综合试验为抓手，推进电子信息、机械装备产业向高端化迈进，发展纳米技术、生物医药、云计算等新产业新模式新业态，推动人才、创新、科技、金融、产业等融合发展，逐渐成为国际知名、国内一流的高科技产业园区，苏南国家自主创新示范区的核心区和先导区。

昆山深化两岸产业合作试验区，成为两岸产业合作转型升级的先行先试区、两岸中小企业深度合作的重要载体、两岸交流合作模式创新的示范平台。昆山深化两岸产业合作试验区全面加强与台湾各总会和商协会的交流与合作，全力推动昆山在产业、金融、商贸、载体、品牌、展会、人才、投资8个方面的深度融合发展，开辟了昆台合作新思路。

太仓中德产业园通过聚焦中德合作，走专业化、特色化、品牌化、国际化之路，创造了中小产业园区特色发展的"样本"。截至2016年8月，太仓的德资企业已经超过200家，项目总投资为20多亿美元，注册资本近10亿美元，工业年产值近300多亿美元，太仓形成汽车配件、机械制造、精密电子等多个高科技产业链，成为德资在中国发展最好、密度最高、经济效益最明显的地区之一。

无锡优化完善科技创新载体建设。无锡高新区、江阴高新区被纳入苏南自主创新示范区进行建设，中关村软件园太湖分园营运良好，至2015年年底，全市共建成"三创"孵化器载体500多万平方米，拥有省级以上科技企业45家，其中国家级20家，累计入驻科技型企业5442家，入驻率达到75.8%。

无锡高新区坚持走产业强区的发展道路，统筹存量与增量两个方面，促进工业化与信息化、制造业与服务业深度融合。依托现有产业集聚优势，瞄准智能化、绿色化、服务化、高端化方向，不断推进微电子、新能源、生物医药、汽车零部件等重点支柱产业优化升级，做大做强支柱制造业。为了呼应"中国制造2025"和"江苏制造2025"，无锡高新区推动发展数字化、智能化制造模式，在不同行业建成一批智能工厂、智能车间、智能化生产线和智能产品标杆项目，促进传统产业产品升级、工艺升级、功能升级，提升制造业发展效率和效益；深度实施制造业企业总部化、基地化发展战略，对大型制造型企业逐一攻关，争取销售和税收落在新区；实施企业上市战略，重点瞄准中小板、创业板、新三板，加大挂牌上市工作力度，吸纳更多的社会资本流入新区，助推企业品牌化、规模化发展。

南京深化开发园区体制机制改革，放大开放效应，推动特色发展，建成了功能鲜明的三大产业园区（南京高新区、新港高新园、江宁高新园）。南京高新区形成生物医药、北斗应用、软件及信息服务等特色鲜明的产业集群，成为江北新区经济发展的主力军。新港高新园围绕新型显示、激光技术、固体照明、高端装备制造等领域，按"研究院＋平台＋产业化项目＋产业基金"四位一体的模式，形成有技术主导权的产业集群，成长为具有国际影响力的产业创新中心。江宁高新园力争建设为国家创新人才培养示范和海外高层次人才创新创业基地，在通信与网络、生命科学、智能电网及新能源等领域取得突破，打造现代化高科技产业新城。

常州现有省级以上开发区11家，其中国家级高新区2家、省级经济开发区7家、获批筹建省级高新区2家，建成了常州、武进2个综合保税区，拥有中国以色列常州创新园、武进高新区中德创新中心、武进绿建区中芬绿色科技产业园、常州高新区中荷航空产业园等一批国际合作园区。常州坚持国际化、特色化、生态化发展方向，推动开发园区转型升级创新发展。常州创新成果丰硕。全市开发区内共有省级以上孵化器37个，孵化面积为238.85万平方米；拥有高新技术企业823家；引进领军人才952人。

常州高新区成功创建国家生态示范园区，创意产业基地被商务部批准为"国家电子商务示范基地"，中科院遗传资源研发中心（南方）等重大创新载体奠基建设。武进高新区获批建设国家创新型特色园区，获"国家新型工业化产业示范基地"和"国家知识产权试点园区"等称号。常州出口加工区、武进出口加工区经国务院批复升格为常州综合保税区和武进综合保税区。江苏中关村科技产业园、常州西太湖科技产业园获批筹建省级高新区。

常州经济开发区形成以轨道交通装备为主导产业，智能电网、燃机发电、电机电器及绿色建材、玻纤材料、合金材料等新型材料产业为特色的产业发展体系。金坛经济开发区全力打造新能源、新材料、高端装备制造三大新兴产业。溧阳经济开发区形成以输变电、储能电池为特色的主导产业。武进经济开发区以先进碳材料、医疗器械产业为主导，着力发展健康产业和生态文化旅游产业。天宁经济开发区形成现代纺织服装业、电力装备业两大支柱产业，立足黑牡丹常州科技园、恒生科技园积极发展新兴都市产业。钟楼经济开发区以先进装备制造、新型复合材料、电子信息三大产业为发展主导，大力培育新能源等新兴产业。

常州创新载体建设加快。常州和武进两个国家高新区作为主阵地，联动发展一批科技产业园，常州科教城连续三年被评为"中国最佳创业园区"第二名。天合光伏科学与技术国家重点实验室、星宇车灯国家级企业技术中心、新誉风电装备技术研究院等一批国家和省级企业研发平台顺利投入运营。江苏省智能装备产业技术创新中心落户常州科教城，江南石墨烯研究院、北京化工大学碳纤维应用研究院、常州机器人与智能装备研究院及南京大学医药与生物技术研究院4家单位入选江苏省产研院专业所序列（全省23家），列全省第一。中以常州创新园、中芬绿色创新中心等跨国技术转移顺利进行。

镇江积极创新体制机制，深化科技管理体制改革，加快推动全市科技资源的整合与集成；推动丹阳、句容创建省级高新区，加快形成镇江苏南国家自主创新示范区"一区十四园"协同发展格局；推动镇江高新区创建国家创新型特色园区，使其在自主创新示范区建设中充分发挥龙头带动作用；成功推动了43家宁镇扬在地高校院所的科技合作对接会，共建成14个重大科技创新平台，形成一批校企合作项目，确保技术需求与科技成果对接。

镇江全力推进国家高新区建设，加快形成"一区多园"空间布局，加快推进镇江知识城、"科技创新一条街"等创新载体建设；积极发挥驻镇江高校特色专业优势，加强校地合作，加快镇江国家大学科技园、复旦大学（扬中）国家大学科技园等科技成果孵化基地建设；建设航空产业产学研联合创新平台、丹阳高性能合金材料研究院等一批具有全国影响力的产学研创新平台。

镇江新区已成为全球单厂规模最大的高档铜版纸生产基地、亚洲最大的造纸基地、中国最大的工程塑料粒子基地、中国最大的汽车发动机缸体生产基地，区内建有中国最大的有机硅单体生产企业和亚洲最大的草甘膦生产企业。

第四节 推进产业集约发展

产业集中集聚集约发展是现代产业的发展方向。苏南坚持土地利用"三集中"的方针，即"工业向园区集中，人口向城镇集中，住宅向社区集中"，以集中布局实现集约发展；对具体工业建设项目根据土地投资强度、容积率、建筑密度、行政办公及生活服务设施用地四项控制指标进行严格审核把关。工业建设不仅向空中发展，而且尽可能地向地下寻找发展空间，逐步探索和发展了地下、地表、地上空间立体开发利用的节约用地模式。

苏州按照"生态宜居、紧凑集约、低碳节能、智慧智能"的要求，提升城市规划设计水平、承载能力、建设水准；坚持形象提升与内涵建设并举，推进"退二进三""腾笼换鸟"，促进资源精细开发、深度整合、优化配置、高效利用，推动可持续发展；重视生态文明建设，实施水体整治、河道疏浚、扬尘治理、绿化美化等工程，创新城市管理，营造优美环境，积极创建国家生态文明示范园区。苏州在经济快速发展的同时，大力倡导绿色循环低碳理念，积极推进产业结构的生态化重组和低碳产业体系建设，着力构建生态经济、生态环境、生态人居、自然资源和能力保障五大体系。

苏州制定与实施低碳发展规划，加快产业低碳化发展、转变能源发展方式、引导低碳绿色消费、增强城市碳汇能力。在加快产业低碳化发展方面，在空间层面开展低碳空间布局优化工作，在行业层面开展产业结构优化和技术提升工作，同时在企业层面推广企业低碳化管理。在转变能源发展方式方面，通过优化传统能源、合理开发可再生能源、改善用能方式、加强能效管理，实现能源低碳化发展。在引导低碳绿色消费方面，大力打造低碳交通体系，加快推广绿色建筑，提升公众低碳意识、完善生活基础设施，在硬件与软件层面同步建设低碳社区。在增强城市碳汇能力方面，加强林业生态建设，保护农业和湿地碳汇，推进城市绿化建设。

苏州加快低碳发展和绿色发展，全市深入开展"万家节能低碳行动"，2015年万元地区生产总值能耗比2014年下降5.8%以上，新增三星级以上"能效之星"企业37家，"中国能效之星"企业数量保持全省领先。苏州不断加大对传统产业中低端落后产能、装备的淘汰力度，"十二五"期间共淘汰小火电装机容量32.5万千瓦、水泥466万吨、印染产能6.69亿米，超额完成了江苏省政府下达的淘汰落后产能任务。

无锡推动绿色节约循环发展，制定工业用地高效集约利用政策，实施"1236"节约集约用地战略，全市单位建设用地GDP产出保持全省第一；实施高效集约用地激励机制，12家高效利用土地项目园区共腾退低效用地3500多亩；推进园区循环化改造，90%以上工业园区实现资源循环化利用。到2015年年底，宜兴环保科技园承载了全国40%左右的常规水处理设备供应，拥有省级以上企业技术中心企业20家，拥有环保公共服务平台16家，其中江苏五洲已成为"国家中小企业公共服务示范平台"。无锡汽车尾气催化剂、催化净化器产销规模位居中国行业第一，生产企业数量占全省总数的2/3。

常州确立了构建循环型农业、工业、服务业体系的任务目标。在生产制造全过程推进"源头减量、过程控制、末端再生"的循环型生产方式，实现物质资源循环利用、能源梯级利用、水的循环利用和废弃物综合利用与安全处置。常州多管齐下，构建循环型工业体系；以市场化、产业化、社会化、国际化为方向，推动服务业实现循环发展。常州围绕循环型经济体系建设目标，重点突破，在四个方面开展工作。一是推进园区循环化改造；二是推进"城市矿产"试点建设；三是建立完善的餐厨废弃物回收利用体系；四是建立完善的再生资源回收体系。

南京坚持节约优先，不断降低生产、生活过程的资源能源消耗强度。实行最严格的节约集约用地制度，建立多部门相协同的耕地数量与质量同步建设体制。实施最严格水资源管理制度，实施海绵城市建设行动计划。南京大力发展循环经济。建设江宁经济技术开发区等国家环保服务业集聚区；开展工农业复合型循环发展示范区建设；对石化、钢铁、水泥、化工、有色金属冶炼等重点行业定期开展强制性清洁生产审核；推进江南、江北环保产业园项目建设，促进再生资源规模化、产业化发展。南京积极发展低碳经济。探索能源消费总量和碳排放总量双控机制；建立重点单位温室气体排放报告制度和第三方核查机制，编制温室气体排放清单，积极参与国内碳交易市场建设。南京倡导绿色低碳生活方式。大力开展低碳园区、低碳企业建设，不断提升江宁经济技术开发区等省级低碳试点园区建设水平。

镇江坚持全面实施优化空间布局、发展低碳产业、构建低碳生产模式、碳汇建设、低碳建筑、低碳能源、低碳交通、低碳能力建设、构建低碳生活方式低碳九大行动，细化和落实具体项目。并且镇江每年的具体目标任务都在增加，2013年是106项，2014年是120项，2015年是126项，2016年是146项。低碳九大行动是项目化推进的，实施效果比较显著，具体表现为碳排放量、碳排放强度以及碳排放总量的增速逐年降低，而且这种降低是处于经济不断发展的前提之下的。

第五节　深化产业结构调整

苏南地区着力推动产业结构向中高端迈进，加快构建以现代服务业为引领、新兴产业为亮点、先进制造业为支撑的现代产业体系。2015年，苏南五市高新技术产业产值达到35405.75亿元，占全省高新技术产业产值的57.7%，占苏南规模以上工业总产值的比重达到45.1%，比全省高5个百分点；战略性新兴产业年均增长15%以上；大企业大集团带动作用明显增强，超百亿元工业企业达到97家。

苏州提出以"新兴产业为第一方略"推动全市工业经济转型升级的决策，先后出台了一系列加快工业转型升级的政策规划，如《苏州市新兴产业倍增发展计划》《关于支持新兴产业重点企业加快发展的实施意见》《关于推进新型工业化进程的若干政策意见》《关于实施民营经济新一轮腾飞计划的意见》《关于打造苏州工业经济升级版的实施意见》《中国制造2025苏州实施纲要》等。随着这些文件中政策的实施，苏州工业在较长时间内取得了快速发展。2015年全市规模以上工业总产值达到3.06万亿元，从工业总产值规模上来说，苏州已成为仅次于上海的国内第二工业大市。

苏州坚持大力优化产业结构不动摇，引导和促进新兴产业的跨越发展，有力助推支柱产业提档升级。2015年年底，苏州规模以上新兴产业产值为1.49万亿元，占苏州比重达48.7%。2015年，苏州新兴产业产值同比增长2.2%，增速最快的产业是生物技术和新医药（含医疗器械）产业、软件和集成电路产业、新型平板显示产业、高端装备制造业。

2015年，无锡三大产业增减体现出产业结构调整成效。第一产业增加值为137.7亿元，下降0.1%，农产品产量小幅下降，畜禽产品产量、全年肉类总产量下降最为明显。第二产业增加值为4197.4亿元，上升5.0%，工业生产稳中略升，增速比2014年高2.8个百分点。第三产业增加值达4183.1亿元，增长尤为明显，上升9.6%。

无锡明确调结构主攻方向，加快转型升级步伐。确立并实施产业强市战略，加快打造以"四化"为引领，以新兴产业为先导、先进制造业为主体、现代服务业为支撑的现代产业发展新高地；加快构建以市场为导向、企业为主体、高校院所为支撑的产业科技创新体系，并制定出台促进现代产业发展的系列配套政策，不断增强科技创新驱动力。

无锡加快传统产业改造升级，深入实施"千企技改"工程。积极推动企业兼并重组，比如促使长电科技等一批企业成功实现跨国并购；全面深化质量强市建设，支持企业品牌创建、标准创新，承担和参与制修订国内外标准。无锡积极壮大新兴产业发展规模。2015年，无锡市新增高新技术企业353家，高新技术产业产值占规模以上工业总产值比重提高到41.5%，新兴产业产值增长10%。无锡不断推进现代服务业提档升级。加快发展生产性服务业，推动省级制造业服务化示范企业不断增加；大力发展旅游业，无锡游客满意度全省第一。

南京加快推进产业转型升级，主要表现在：一是创新型、服务型、枢纽型、开放型、生态型"五型经济"得到大力发展，高端产业支撑作用愈发明显，金融业、文化产业、旅游业成为国民经济支柱产业，战略性新兴产业占南京工业总产值比重超过石化、钢铁、建材等三大传统产业之和，软件与信息服务、新型显示、下一代信息网络、智能电网产业规模均达到千亿级以上，2016 年，南京现代农业发展水平达到 85%，三次产业比例优化为 2.4：40.3：57.3①；二是以新一代信息技术、智能电网、节能环保、高端装备制造、新能源等六类战略性产业为代表的先进制造业快速发展，在工业经济中的比重持续增加，力压石化、钢铁、建材等传统产业成为主导产业，2015 年规模超千亿元的新兴产业达到 4 个，超 500 亿元的新兴产业达到 3 个；三是服务业增加值占地区生产总值的比重逐年提高，南京成为现代服务业占主导的城市。先进制造业和现代服务业双轮驱动，成为南京增长的新动力，加快了经济转型步伐。此外，持续的产业结构调整，使南京在中高速增长中迈上了产业中高端，以服务经济为主的经济结构基本形成，主要创新指标达到创新型国家和地区中等以上水平。在制造业中，2016 年南京新兴产业实现主营业务收入 5900 亿元，其中新能源汽车增幅 70%，软件和信息服务业收入增长 20% 左右，智能装备制造、卫星应用、下一代信息网络等产业均超过 15%。在服务业中，金融业、文化产业、旅游业成为支柱产业，其中金融业增加值为 1000 亿元左右。2015 年，南京服务业增加值占比达到 57.3%，这一比例在长三角仅次于上海。②

常州出台了《常州市培育和发展战略性新兴产业三年行动计划（2013~2015 年）》《常州市加快发展现代服务业三年行动计划（2013~2015）》《常州市金融业发展三年行动计划（2013~2015）》，推进产业结构深度调整。常州分三个层次发展十大战略性新兴产业：重点发展以智能装备制造为主的高端装备制造、以碳材料为引领的新材料和以太阳能利用为代表的新能源等产业，培育发展生物技术和新医药、新一代信息技术和软件、智能电网和节能环保等产业，前瞻性发展物联网和云计算、新能源汽车和海洋工程装备等产业。在现代服务业方面，常州突破性地发展生产性服务业、文化创意产业、旅游业、商贸流通业、房地产业、居民服务业、新兴服务业七大重点领域。

常州产业结构进一步优化，2015 年第三产业增加值占地区生产总

---

① 南京市政府：《南京市国民经济和社会发展第十三个五年规划纲要》，2016。
② 《南京大力推进产业结构调整》，《南京日报》2016 年 9 月 21 日。

值的比重为49.5%，比2014年高1.5个百分点，第三产业占比首次超过第二产业，高出第二产业1.8个百分点。三次产业比例由2014年的2.8∶49.2∶48调整为2.8∶47.7∶49.5，第三产业对经济增长的贡献率由2014年的68.4%提高到68.7%，增加了0.3个百分点。

常州全面推动先进制造业和先进服务业发展。2015年，常州"三车四新三智能"十大产业链占规模以上工业总产值比重达到33.3%，整车、通用航空、碳材料等产业链实现重大突破，太阳能光伏、轨道交通等产业链具备全球竞争实力。常州构建循环型服务业体系。以推动服务业发展作为产业循环发展的重点，以市场化、产业化、社会化、国际化为方向，围绕生产性服务业、消费性服务业、民生性服务业三大重点领域，突破性地发展金融服务业、现代物流业、科技服务业、软件和信息服务业、商务服务业；提升旅游休闲业、文化创意产业、电子商务业发展水平；培育养老服务业、健康服务业等十大重点产业。

镇江产业转型升级步伐加快。三次产业结构由2010年的4.1∶56.4∶39.5调整为2015年的3.7∶49.8∶46.6，服务业增加值占地区生产总值比重较2010年提高7.1个百分点。新兴产业和高新技术产业快速增长，新兴产业销售收入占规模以上工业销售比重达到46.1%，比2010年提高16.6个百分点；高新技术产业产值占规模以上工业总产值比重达48.6%，居全省首位。

镇江以提高供给体系质量和效率为导向，大力推进产业升级。在高端装备制造业领域，着力做大做强"海陆空"，加快建设润州船舶与海工配套产业园、镇江新区航空产业园；重点发展高性能合金材料、碳纤维及其复合材料等新材料产业，推动优势企业进入国家"工业强基工程"专项；深入实施《中国制造2025镇江行动纲要》，在生物技术与新医药、新能源、智能电网、新一代信息技术等领域，实现重点突破，引导具备条件的企业进军3D打印及关联材料、石墨烯制备、集成电路等前沿产业，推动惠龙e通等互联网平台企业发展跨界融合，实现新兴产业销售收入增幅高于全省平均水平。

镇江提高现代服务业发展水平，积极推进旅游业发展。稳步推进丹阳"国家旅游产业创新发展实验市"、句容"省乡村旅游发展综合实验区"建设，鼓励茅山风景区和世业洲积极创建国家级旅游度假区、丹徒长山文化产业园创建省级旅游度假区，打造镇江旅游的特色品牌。

第六节　推动农业现代化建设

农业现代化是农业发展的根本方向，是全面建成小康社会、实现现代化的基础。"十二五"以来，面对国内外经济环境复杂、自然灾害较重的严峻挑战，苏南地区以党的十七大、十八大、十八届三中全会、十八届四中全会、十八届五中全会精神为指导，按照21世纪12个中央一号文件精神要求，全面落实各项强农惠农富农政策，紧紧围绕"加快率先基本实现农业现代化"的总体目标，在优化农业结构上开辟新途径，在转变农业发展方式上寻求新突破，全面推进农业现代化建设。

苏南地区率先推进苏南农业现代化。被监测的四家苏南示范区（太仓、昆山、无锡、苏州相城区）都迈入了基本实现农业现代化阶段，并处于江苏前10名以内。据2015年公布的江苏农业基本现代化进程监测，苏南五市分居前5位。[1] 苏南地区大力发展现代农业。2015年，苏南五市高效设施农业面积达231万亩；高标准农业比重达59.7%；农业综合机械化水平达86.3%。生物农业、智能农业、种源农业等高端农业发展加快。规模设施农业物联网技术应用面积占比为13%以上，农业信息化覆盖率为58%以上。

"十二五"期间，苏州加快现代农业体系建设，苏州的农业和农村呈现出五大特征。一是生态优美。围绕最佳宜居城市建设目标，进一步增加森林资源、优化空间布局、提高质量效益，基本建成一个山清水秀、绿树成荫、鸟语花香的"绿色苏州"。促进生态循环型、土地节约型农业全面发展，全面改善农产品质量、农业生产生活环境。二是生物集聚。广泛应用农业生物科技，通过高科技人才和高技术农业项目引进，加快形成高效低碳生态产业链，以高新技术创造出高附加值的农业产品，使苏州逐步成为生物农业的示范窗口和重要集聚区。三是产业融合。促进城乡生产要素有效流动，使资源配置趋于合理，全面增强优质农产品生产能力，大力发

---

[1] 农业部现代农业示范区建设工作领导小组办公室：《2013年国家现代农业示范区建设水平监测评价报告》，2014。

展农产品精深加工，持续推进农业现代服务业发展，实现第一、第二、第三产业融合发展，全面拓展农业发展新空间。四是营销现代化。大力发展农业专业组织，建立起现代农业营销模式，加强农产品物流体系、储备体系建设，提高农业市场化营销水平。五是文化休闲。坚持传统文化与现代文明相结合，将农业纳入文化、休闲、旅游、观光的发展大环境中，使苏州农业和农村再现"稻海麦浪、碧波鱼跃、水清岸绿、蔬果飘香"的独特风貌，既充分展示江南水乡优美的田园风光，又呈现出先进和谐的现代文明，塑造苏州"鱼米"新天堂。

苏州转型发展现代都市农业。坚持走"四化"同步的发展道路，加大现代农业园区建设力度，突出科技强农和农业信息化，加快农业基础设施改造提升，建成集中连片的高标准农田，加快农业向第二产业、第三产业融合协调发展的步伐，努力将苏州农业打造成服务城市、宜居生态、优质高效、科技创新、富裕农民和传承农耕文明的现代都市农业，使苏州率先实现农业现代化。

无锡以率先基本实现农业现代化为目标，加大政策支持力度，加快转变农业发展方式，有力推进全市现代农业建设。2012年，无锡被认定为国家现代农业示范区。2015年，全市实现农业产值255.6亿元、农业增加值158.38亿元，农村常住居民人均可支配收入达到24155元。根据农业部《2015年国家现代农业示范区建设水平监测评价报告》，无锡得分为82.3分，在全国153个示范区中位居第十，在地级市为主体的示范区中排名第一，已率先进入基本实现农业现代化阶段。

无锡优化农业产业结构，推动现代农业产业发展水平实现新提升。一是粮食安全保障有力。无锡大力推进规模化水稻生产基地、永久性蔬菜生产基地等保供基地建设。二是特色产业质效齐增。无锡大力发展精细蔬菜、精品园艺、特色渔业、健康牧业等特色优势产业；建成6个国家级"一村一品"专业示范村镇，有力地打响无锡地产农产品品牌。三是生物农业迅速发展。无锡扎实推进生物农业"一谷两园"建设，2015年生物农业年产值达到66.2亿元。四是休闲农业异军突起。宜兴被认定为全国休闲农业与乡村旅游示范县，阳山镇桃源村成为2013年中国最有魅力休闲乡村。

无锡创新农业经营机制，为现代农业发展增添新活力。大力培育新型农业经营主体，新型农业经营主体不断壮大。全市市级以上龙头企业达到116家，实现年销售收入537亿元，有力提升了全市农业产业化水平。农商协会平台作用突出。2014年组建成立的无锡农商协会，下设九大分会，拥有企业会员100名，主体综合素质和市场竞争能力得到有效提高。

"十二五"期间，南京重点落实强农惠农政策，推进农村综合改革，加快农业发展方式转变，深化拓展农业现代化工程，在生产规模化、装备现代化、功能多样化、产业园区化、农民组织化等五大方向上成效显著。

南京积极发展都市型生态高效农业。实施农业"1115"工程，提升农产品安全保障能力，全面提高农业标准化种植和养殖水平，加强农产品质量安全检验检测体系建设，确保本地区农产品质量检验合格率达到95%。推进农业产业化经营，发展壮大优质粮油、经济林果、特种水产、优质畜禽、优质蔬菜等农业主导产业。加强农业合作与开放，着力打造以果树、花卉、蔬菜、渔业等为特色产业的多功能现代农业园区，建设江苏白马现代农业产业园、江宁台湾农民创业园等现代农业园区。广泛推广农业集约化生产模式，逐步提升农业的科技、生态、经济、文化附加值。

常州大力培育新型农业经营主体，推动农业现代化水平实现新提升，推进国家现代农业示范区建设。2015年年底，处在流转状态的耕地面积为118.90万亩，占全市家庭承包经营耕地面积168.32万亩的70.64%。常州着力培育家庭农场、农民合作社等新型农业经营主体，推进家庭经营、合作经营、企业经营、集体经营共同发展。2015年，全市农民合作社达2554家，新增152家；全市经农经部门认定的家庭农场达2345家，新增228家，市级以上示范家庭农场达80家。常州为推进农民合作社规范化建设，出台了《关于开展农民合作社规范化建设活动的意见》，明确全市合作社规范化建设的目标和工作思路；开展农民合作社名录建设，推进合作社示范社四级联创工作。

镇江推进现代农业高效发展。重点发展优质粮油、特色园艺、特种养殖、高效林业、休闲农业五大特色产业，延伸产业链条、壮大产业规模、提升产业知名度。大力发展专业大户、家庭农场、合作社、龙头企业、社会化服务组织等新型经营主体。健全农业社会化服务体系，完善农业物流体系和农产品市场体系，扎实推进高标准农田建设，提高现代农业装备水平，不断提高农业现代化水平。深入推进句容国家现代农业示范区、镇江新区"中国-意大利农业创新示范园"等一批重点项目建设。加大精准扶贫力度,鼓励农民创业就业,提高农民财产性收入,落实强农惠农政策;着力加快城乡发展一体化步伐,调整优化镇村规划布局,打造美丽宜居镇村,提高农村基本公共服务水平,奋力开创镇江"三农"工作新局面。

第三章
城乡发展一体化先行区建设的进展

关于城乡关系，亚当·斯密在《国富论》中指出，乡村和城市的利得是共同的和相互的，遵循自然进程并保持一定比例的城乡关系才是良性的、合理的。① 马克思、恩格斯指出，城乡对立的消灭不仅是可能的，而且是工农业生产的实际要求，实现城乡融合是一个漫长的社会历史过程，需要大力发展社会生产力及伴随工业化与现代化的城市化。刘易斯·芒福德指出："城与乡，不能截然分开；城与乡，同等重要；城与乡，应当有机结合在一起。"② 这些论述为现代城乡一体化理论奠定了基础。总的来看，城乡一体化是城市与农村的经济活动、社会发展、空间布局与居民生活相互促进、逐步融合的过程，是城市与农村协同度、融合度逐步提高的过程。通过资源和生产要素的自由流动、相互协作、优势互补，以城带乡，以乡促城，实现城乡经济、社会、文化、生态协调发展。

习近平总书记强调，推进城乡发展一体化，是工业化、城镇化、农业现代化发展到一定阶段的必然要求，是国家现代化的重要标志。要继续推进新农村建设，使之与新型城镇化协调发展、互惠一体，形成双轮驱动。要坚持以改革为动力，不断破解城乡二元结构。③《国家新型城镇化规划（2014~2020年）》提出，完善城乡一体化体制机制，加快消除城乡二元结构的体制机制障碍，推进城乡要素平等交换和公共资源均衡配置，让广大

---

① 薛晴、霍有光：《城乡一体化的理论渊源及其嬗变轨迹考察》，《经济地理》2010年第11期。
② 刘易斯·芒福德：《城市发展史：起源、演变与前景》，倪文彦等译，中国建筑工业出版社，1989，第6页。
③ 《习近平在中共中央政治局第二十二次集体学习时强调　健全城乡发展一体化体制机制 让广大农民共享改革发展成果》，《人民日报》2015年5月2日。

农民平等参与现代化进程、共同分享现代化成果。近年来，苏南地区推进城乡发展一体化发展的措施十分有力，苏南地区正在加快形成功能互补、特色鲜明、优美宜居的现代城乡形态，这将成为苏南率先实现现代化的突出亮点。

第一节　构建城乡一体化发展的空间布局

苏南各市按照新型城镇化和城乡一体化发展要求，统筹安排生产、生活和生态空间，合理确定村庄发展规划，引导公共资源均衡配置，推动镇村布局、村庄建设、农业发展、乡村旅游、水系等规划有机衔接，完成了"多规融合"试点规划编制，使城乡全体居民共享经济社会发展成果。

一　强化规划引领

苏南各市在推进城乡一体化过程中，坚持城乡规划的刚性约束和执行力，提高了规划的科学性，保障了规划的权威性和严肃性。通过推进"多规合一"，做到规划"一张图""一盘棋"，把目标任务落实到具体地块上、落实到空间布局上。根据全国城镇化空间布局、江苏省生产力布局的总体框架和未来发展趋势，《江苏省新型城镇化与城乡发展一体化规划（2014~2020年）》提出，"重点推进宁镇扬大都市区同城化和苏锡常都市圈一体化，做强长江三角洲世界级城市群北翼核心区"。苏南各地在实施江苏省主体功能区规划和城镇体系规划的基础上，按照新形势、新要求，积极优化城镇规划体系，优化规划内容、空间布局、推进时序、发展目标，推进经济社会发展规划、国土利用规划、城镇建设规划和生态保护规划的有机统一，促进工业化、信息化、城镇化和农业现代化同步发展。

苏州从创新规划理念入手，统筹城镇功能布局，明确产业发展定位，尊重自然山水环境，保护历史人文资源，提高城市设计和建筑设计水平，塑造有城市个性的建筑文化、园林艺术和空间特色，保护传统特色镇村，提升城乡空间品质。《苏州市新型城镇化与城乡发展一体化规划（2014~2020)》提出了7个方面的目标：城乡发展一体化质量显著提升，产业空间创新能力进一步提升，城乡空间布局形态进一步优化，城乡基本公共服务均等化水平进一步提高，城乡可持续发展能力稳步提升，城乡发展一体化的体制机制不断完善，土地节约集约水平进一步提升。同时，为了保护传统特色村落，苏州还专门编制了《苏州三山岛传统村落保护发展规划（2013～2030）》《苏州太湖核雕文化旅游区及舟山村特色村庄规划》等村镇规划，推动农村地区的可持续发展。

南京在城市规划方面提出，加强对城市发展的前瞻性研究，坚持"适度超前"，注重"规划留白"，为远景发展留出余地和弹性，确立"精明增长"、"紧凑城市"和循环低碳等发展模式，调整城市用地结构，严格控制新增建设用地规模。南京市编制了《南京市江宁区汤山新城（街道）城乡总体规划（2013～2030）》《南京市六合区平山森林公园总体规划（2010～2030）》等镇村规划。同时，制定了《南京农村地区基本公共服务设施配套标准规划指引》，以指导和规范新市镇、新社区公共服务设施规划工作，提升农村地区公共服务水平，推进城乡基本公共服务实现均等化；制定了《南京市农村地区规划实施管理暂行规定》，以规范农村地区建设行为的规划管理工作，确保农村集体建设用地的建设活动能够得到依法审批，促进土地节约、集约利用水平和农村建设品质的提升。

无锡注重产业规划引领，实现中心老城区与太湖新城产业的差异化发展和融合发展，不断完善镇村规划，稳步推进村庄布点规划，实施城乡公共服务设施和基础设施规划及生态和文化保护规划。在《无锡市城市现代化和城乡发展一体化规划（2014～2020年）》中，无锡提出，有序推进农业转移人口市民化、优化完善城乡空间布局、提升城乡建设发展水平、提升城乡社会发展水平、增强城乡可持续发展能力，到2020年，实现城乡统筹规划优化覆盖率、城乡社区服务管理体制覆盖率、城乡集中式饮用水水源地水质达标率、行政村通宽带比例、农民工随迁子女接受义务教育比例、镇村公交通达率等城乡发展一体化的具体指标达到100%。

常州围绕"建立基于新型城乡规划体系的数据中心""建立城乡规划新技术应用协同创新中心""完善优化并联协同的在线行政服务平台""建立健全全方位城乡规划监测管控平台""完善拓展互联网公众参与互动服务平台""健全创新信息化平台开发运营管理体系""提升优化城乡规划系统平台云计算架构""构建优化安全高效基础设施云计算平台"八大任务，编制了《常州市城乡规划信息化"十三五"发展规划》，重点突破，认真谋划，为智慧城乡规划和智慧城市建设提供宽领域、大纵深、多维度信息化支撑保障服务。此外，常州还编制了《常州市空间发展战略规划》《常州历史文化名城保护规划（2013~2020）》，进一步寻求常州突破发展路径，释放常州新一轮发展的潜力和活力。

二 优化城镇布局

南京积极推进主体功能区建设，合理配置城镇、农业、生态三类空间，建设面向国际的中心城区、职住平衡的现代副城、产城融合的生态新城，统筹现代城市治理和美丽乡村发展；积极参与长江经济带建设，参与合作共建长三角世界级城市群，推进南京都市圈和宁镇扬一体化发展。南京市委、市政府出台的《关于进一步加强城市规划建设管理工作的实施意见》提出，按照长三角城市群发展规划对南京的特大城市定位，进一步完善"多心开敞、轴向组团、拥江发展"的城市空间布局，加快构建以主城为核心，以江北新区、东山（空港）、仙林（汤山）为重点的南京都市区格局，高标准建成河西现代化国际性城市新中心，大力开发南部新城，举全市之力把江北新区建设成南京发展新龙头，将南京打造成具有国际竞争力和区域影响力的中心城市。此外，南京还制订了城市更新行动计划和试点计划，推进城市成片连片更新，加快实施铁心桥—西善桥、鼓楼滨江、铁北、燕子矶等片区更新改造，完善配套公共服务，优化片区整体环境，增加公共开放空间，改善片区基础设施，对仍有利用价值的工业厂房进行功能更新，对老旧多层住宅小区进行功能更新和环境整治。

苏州出台了《苏州市新型城镇化与城乡发展一体化规划（2014~2020）》，提出了推进新型城镇化和城乡一体化发展"1450"的空间形态以及建设城乡一体新型社会的总体目标、重点任务与发展路径等。"1450"城镇化空间体系中的"1"指的是1个中心城市——苏州，"4"指的是4个副中心城市——昆山、太仓、常熟、张家港，"50"指的是50个中心镇。苏州以城市和小城镇为双基点，推进中心城市和县级市实施以创新驱动为主的城镇化和以小城镇为主的"就地城镇化"并举的城乡共生型新型城镇化战略；以主要交通干道为纽带，加强新城区、小城镇、新型农民居住区建设，推动城乡空间结构由点轴发展模式向网络化发展模式转变，形成"1450+新型农村社区"城乡网络空间结构,提升苏州市域城镇体系整体实力和城乡一体化发展水平。同时,苏州积极推进以优化建设用地空间布局保障发展、以优化农业用地结构布局保护耕地、以优化镇村居住用地布局保护权益的"三优三保"行动。当前,苏州的城乡网络空间结构和布局逐步优化,城镇化率已达到74.8%。

无锡按照全面增强区域性中心城市综合功能的要求,着力提升中心老城区功能,促进老城区和太湖新城联动发展,有序稳妥推进新城开发建设,提升中心城辐射能级,打造无锡行政、金融和文化中心。依托城市集中连片建设地区,统筹崇安、南长、北塘三城区,滨湖区,新区,以及惠山区的堰桥、长安、钱桥等街道,锡山区的东亭、东北塘等街道的发展,充分发挥城市轨道交通(1号线、2号线)的连通辐射作用,促进老城区与太湖新城互动,融合新区和惠山区、锡山区中心区域,着力发展高端产业,强化教育、金融支撑,集聚高端人才,增强中心城综合辐射能力。推动重点片区改造,注重整体品质优化,着力提升中心老城区商贸休闲与综合服务功能。完善老城区商贸中心,发展中山路-南长街、太湖大道两条现代服务功能轴;振兴中心城北地区,统筹推进惠山服务外包区、锡山通江商贸区、北塘总部经济园和崇安食品园等功能板块建设;加强公共设施和基础设施的有机衔接,有序推进中心老城区地下空间开发,拓展中心老城区发展空间。加快太湖新城与老城区融合发展。发挥无锡地铁辐射带动效应,优化公交线路,实现与地铁的无缝对接。

常州通过镇村布局规划,推动农民居住区逐步向城镇和市区(中心村)集中,进一步推进向中心镇赋权工作,优化镇内设机构设置,加快便民服务中心建设。

镇江通过实施《新型城镇化和城乡发展一体化规划》、《城镇体系规划》和《镇村布局规划》,优化城乡镇村布局和形态。

三 推进国家新型城镇化试点

2015年2月4日,国家发改委通知印发第一批《国家新型城镇化综合试点方案》,将江苏、安徽2省和宁波等62个城市(镇)列为国家新型城镇化综合试点地区。通过试点形成可复制、可推广的经验,加强部门间政策协同配合,推动新型城镇化相关政策和改革举措率先在试点地区落地,推进体制机制改革创新。

江苏作为国家新型城镇化综合试点省，承担12项试点任务。南京江北新区重点落实其中9项任务。根据江北新区总体规划，江北新区的城镇发展框架为"1+3+5"，即：一条城镇发展轴、三大辐射苏北与皖北的生产生活服务中心、五个新城镇功能组团。江北新区的城市功能与南京江南主城区并驾齐驱。江北新区的特色是滨江城市的布局和功能，这不仅体现在滨江岸线景观、国家绿水湾湿地公园等具体滨江项目上，而且体现在整个江北新区面朝长江建设滨江新城上。江北新区着力将竹镇、永宁、汤泉三镇街分别打造成民族小镇、枢纽小镇和温泉小镇，以此引领江北新市镇建设。

无锡则着力推动符合条件的重点镇（街道）强镇扩权、打造特色镇（街道），把重点镇和特色镇（街道）建设作为无锡新型城镇化和城乡一体化的重要载体，明确规划保留村庄，优化服务。以无锡市区、宜兴市和江阴市周庄镇作为试点地区，在建立农业转移人口市民化合理成本分担机制、建立多元化可持续的城镇化投融资机制、健全完善城乡发展一体化体制机制、创新城乡社会治理、强化生态文明制度建设和建立健全新型城镇化标准体系6个方面开展试点工作。

常州以金坛区儒林镇、新北区孟河镇作为国家新型城镇化试点乡镇，围绕突出产业特色、补齐城镇短板，从目标定位、重点任务、实施保障等方面进行了规划，使产城融合发展成为常州中小城市和特色镇新型城镇化建设的鲜明特色。如孟河镇作为常州产城融合综合改革试点的重要组成部分，围绕新型设市模式、多元化可持续城镇化投融资机制、产城融合、创业创新环境建设、公共服务提供机制等，推进新型城镇化综合试点工作。

第二节 加强城乡基础设施统筹对接

苏南各市坚持城乡重大基础设施建设统筹安排、对接延伸。通过规划体制、投融资体制、管理体制等多方面的政策创新，基本实现了城乡之间公共资源优化配置、生产要素自由流动、空间形态合理布局，进一步增强了城乡一体的基础设施配套功能和生态承载能力。

一 构建城乡基础设施一体化建设的政策体系

南京市政府出台了《关于加快推进农村公路提档升级工程的实施意见》，全面推进农村公路提档升级工程，有序推进"四好农村路"建设，决定从2013年起用6年时间完成2200公里农村公路、237座农路桥梁的提档升级任务，配套实施安保和绿化工程，让全市8个区、60个涉农镇街、829个涉农村社从中受益。同时，以保障镇村公交、校车以及城乡客运班车安全运营，服务农村经济发展和实现农村规划居住点通达为主要目标，积极推进镇村公交配套道路改建、县道公路三级达标以及农村公路危桥改造等项目建设，进一步提升农村公路安全条件、通畅水平、沿线环境，为率先基本实现现代化和建设"美丽乡村"提供重要支撑。2015年，南京出台了《关于印发南京市绿色循环低碳交通运输发展规划（2014~2020年）的通知》。2016年出台的《关于加快绿色循环低碳交通运输发展的实施意见》提出，通过完善公交配套道路和桥梁的建设，推进农村等外公路和现有农路危桥的升级改造，完善生命安全防护设施和绿化美化，全面提升农村公路"建、管、养、运"的能力和水平，有效促进村庄环境整治和美丽乡村建设，为市域城镇化发展提供先行推动力。

苏州强化城乡涉水事务的统筹规划和统一管理，加强供水、排水、污水处理、再生水利用和城市雨水资源化利用的行业管理和技术指导。完善公共供水监测体系和网络，形成企业自检、政府监管、公众监督相结合的水质监管体系，保障城乡供水安全，使老新村、老街坊、农村老旧供水设施和二次供水改造得到稳步推进。完善城镇污水收集和处理系统，加大对农村生活污水收集和处理的力度。从2015年起，苏州全面推进农村生活污水治理三年行动计划，按照城乡一体和生态建设的要求，每年完成不少于1000个村庄10万农户和30个撤并乡镇的污水治理任务，力争通过三年努力，实现重点村、特色村全覆盖，充分发挥城镇污水处理厂的辐射效应和规模效应，将条件允许的村优先接管至城镇污水处理系统集中处理，为不具备接管条件的农村建设污水处理设施，力争农村生活污水处理率超过80%。同时，充分考虑当地农民的生活生产习惯和生态特点，将村庄环境综合整治和绿化景观布置结合起来，做到投资经济合理、运行稳定可靠、维护简单方便，彰显江南水乡的田园风光。

无锡2016年出台了《深化村庄生活污水治理工作实施意见》（以下简称《意见》），以市、县（区）为主体，围绕城乡发展一体化和生态文明建设目标，编制农村村庄生活污水治理专项规划和行动计划，使村庄生活污水治理与生态保护修复和环境景观建设相结合，坚持城乡统筹、生态为本，实现村庄生活污水治理与农村生态环境改善协同发展；充分考虑不同村庄的自然地理因素、布局形态规模、基础设施条件、经济社会发展水平、资源利用和生态要求等特点，一村一策，因地制宜地采用经济适用、高效便利的污水处理技术和设施；坚持把太湖一级保护区和入湖河道两侧村庄以及规模较大村庄的生活污水治理作为重点，抓好重点村、特色村等规划发展村庄和被撤并乡镇集镇区所在地村庄的生活污水治理，有序推进村庄生活污水治理全覆盖；统筹实施村庄生活污水处理设施的规模化建设和专业化管护，在加强村庄生活污水处理设施建设的同时，落实污水处理设施的专业化管护，建立健全长效管理机制和督察考核机制，建管并重，确保各类污水处理设施运行正常、出水达标。《意见》提出，到2017年，全市农村村庄生活污水治理覆盖率要达到60%。无锡生活饮用水远程监测系统已建成并运行，全市有近百个饮用水监测点，实现城乡生活饮用水水质24小时在线监测。

常州自2014年出台《农村公路提档升级工程实施意见》起，就全面实施以保障镇村公交、校车以及城乡客运班车等安全通行为主要目标，同时兼顾规划布点村庄道路通达、农村经济节点覆盖等要求，以单车道通村公路（乡道）拓宽改造为双车道四级公路以及县、乡道危桥改造为重点领域的提档升级工程。2016年3月，常州又下发了《常州市推进"四好农村路"建设的实施意见》，全面部署"四好农村路"创建三年活动（2016~2018年），以促进全市农村公路建管养运协调可持续发展，提出到2018年实现全市农村公路"建好、管好、护好、运营好"的总体目标，所有辖市（区）建成省级"四好农村路"达标县，全市乡村双车道公路比例提升至38%，通行政村双车道公路覆盖率保持100%，新改建农村公路一次交工验收合格率达到98%。同时，明确了常州市交通运输局、辖市（区）人民政府、乡镇人民政府、公路管理机构各自具体承担的职责和管养范围。此外，针对农村地区的环境问题，常州启动了全国首创的"生态常州"互动平台，鼓励公众参与；坚持"连片整治、整体打造"的总思路，武进、金坛和溧阳为此还分别编制了 2013~2017 年的农村环境综合整治规划，常州市环保局还专门制订了《农村分散式生活污水处理设施委托运营暂行办法》，明确了分散式生活污水处理设施运行费用在自来水费中的污水处理费列支，创新了农村环境污染防治设施运行维护机制，保证治污设施的长期高效运行。

二 实施城乡一体的基础设施工程

南京与扬州、镇江合作，于 2015 年实现宁镇扬公交一卡通，市民共享同城待遇，推进南京都市圈和宁镇扬同城化。镇江综合交通客运枢纽投入运营，高速交通路网初步形成，扬溧高速、宁常高速、宁杭高速、沪宁城际铁路建成通车，初步构建了以中心城为纽带、以各县（市）域城镇为基础的城乡一体化交通网络，80% 以上的农村道路进行了硬质化，实现了村村通，行政村客运班车通达率达 100%，镇村公交覆盖率达 70%，句容、扬中和镇江新区实现镇村公交全覆盖；农村基础设施建设全面推进，给排水、供气、垃圾和污水处理等逐步实现城乡对接。仅 2013~2014 年，南京市已实施农村公路提档升级建设里程 782 公里，改建农村公路桥梁 63 座，争取省市建养补助资金 8.7 亿元。宽阔的柏油马路、齐刷刷的路灯、路边茂密的绿植在江宁黄龙岘、浦口汤泉、溧水白马、高淳固城湖等处都能看到。

苏州城乡基础设施已基本实现一体化。城乡之间基础设施，尤其是信息通信、市政、环保等基础设施条件的差距，以及城乡之间交通基础设施和公用设施衔接不畅等问题在一定程度上是影响我国公共服务均等化，以及劳动、资本、公共资源等资源要素空间配置效率的重要因素之一。苏州市政府通过规划体制、投融资体制、管理体制等多方面的政策创新，积极促进城乡基础设施"共建、共享、共用"。苏州在推进城乡一体化建设的过程中，高度重视环境保护职能向农村延伸、环境治理基础设施向农村拓展、环境监测监管向农村覆盖，在有效控制和治理农村生活污染和农业面源污染方面取得了很好的效果。此外，苏州各地因地制宜，各显特色。常熟市在统一规划、统一建设、统一运行、统一管理的"四个统一"基础上，首推农村分散式污水处理 PPP 模式，将农村生活污水处理设施建设和运营管理进行打包，通过政府采购组建项目公司，由项目公司全过程、一体化负责融资、设计建设和运营维护。农村地区通过实施河道清淤、村道硬化、污水管网完善等具体环境治理工程，将原本墙面斑驳、河道淤塞、道路窄小不平的村庄，改造成拥有柏油马路、河道驳岸景观、村民健身公园的现代绿色生态村，使村民的生产生活环境得到极大改善。

常州不断完善农村基础设施建设，着力实施农村道路提档升级工程。在融合地域经济发展和人文特色的基础上，在江苏省开了"三类三型"（三类即"惠民客运类""安保达标类""提档升级类"，三型即"红色文化型""花博艺术型""农家风情型"）乡村道样板路建设的先河。其中，"三类"着重于农村客运线路建设，"三型"着重于农村旅游公路创建。一是基础设施升级。"十二五"期间，常州改建农村公路675公里，改造农村危桥311座，提前三年完成江苏省提档升级规划项目实施任务。农村公路全面达到县到乡通二级公路、乡到乡通三级公路、乡到村通四级公路的标准。二是安保能力提升。"十二五"期间，常州完成871公里县道安保工程标准化改造，全市县道安保工程达标里程为1245公里，达标率为95.8%，超出苏锡常地区达标率15.8%。三是建立管养。2012年，常州完成了"一桥一档"建档立制工作，做到了全市县、乡、村道上的农村公路桥梁全覆盖，每年根据桥梁定期检查的结果及时更新桥梁数据库，危桥总数逐年下降。全市县道优良路率遗漏92%，乡村道好路率为78%，居全省前三名。同时深入实施农村公路安全生命防护工程。2015年，常州公路处作为江苏省唯一的公路管理机构，被评为全国农村公路管理养护年活动先进单位。

无锡统筹推进城乡公共服务"六大体系"建设，电力、路桥、供水等基础设施基本实现城乡大接轨、大贯通，农村义务教育学校装备条件全部达到省级Ⅱ类标准，镇文化站、村文化室实现全覆盖，农村医疗卫生条件持续改善，农村民生保障水平明显提升。此外，无锡在农村公路建设中引入高速公路、国省干线公路建设质量管理的理念，要求所有县道达到二级以上高等级路面、乡道达三级以上、村道达四级以上，农路等级高于全省标准。2014年，无锡经省级认定的等级农村公路超过6900公里，其中高等级公路比例达到30%，农村公路网密度为165.43公里/百平方公里，达到中等发达国家水平。

镇江开展农村环境整治，推动农村环境质量改善。2015年，有6986

个村庄完成环境整治。丹徒区世业镇农村污水管网实现全覆盖。句容下蜀镇建成美丽宜居镇，戴庄村被评为"中国最美休闲乡村"。丹阳陈山村等10个自然村建成美丽宜居村庄。句容实施农村清水工程，投资4.9亿元在9个镇（管委会）建设了污水处理厂，共铺设镇村污水管网460公里，基本形成覆盖全市镇村的污水收集系统。同时，句容投资15亿元，完成了南部、中东部和北部片区1497公里区域供水支管网进村入户改造工程，实现区域供水村级全覆盖，从根本上解决了农村饮用水问题。句容市还以生态村的创建作为改善农村环境的切入点，2011~2015年，全市8个镇（管委会），80个行政村完成了农村环境连片整治工作。

三 美丽乡村建设卓有成效

苏南美丽乡村建设示范工作稳步推进，农民居住条件进一步改善。2015年，苏南有49个村庄获得省级专项资金9980万元。

南京按照空间优化形态美、绿色发展生产美、创业富民生活美、村社宜居生态美、乡风文明和谐美"五美"要求，围绕提升规划、建设、经营、管理水平的目标，进一步做优南京美丽乡村品牌，突出风貌展示带和精品片区建设，加强道路建设、景观整理、农田整理和水系整理，加强风貌展示带和自然村落的融合连接；突出为民惠民，加强农村基础设施和公共服务设施配套完善，注重乡土文化传承、产业转型、增收富民，提升乡村文明水平、农业发展水平、农民生活水平；突出业态融合，创新"美丽乡村+"建设模式，大力发展美丽经济，鼓励和引导金融资本、工商资本进入，拓展美丽乡村休闲度假、养老养生、农耕体验、文化教育等功能，积极培育多元新型业态，推动三次产业融合发展，为加快建设"强富美高"新农村提供有力支撑。同时，南京有计划、有步骤地推进全域美丽乡村建设，市级美丽乡村示范村已达到100个，江宁、高淳两大示范片区基本建成，完善的村庄环境长效管护机制已经建立，浦口、六合、溧水三个示范片区建设稳步推进，郊区规划布点村布局进一步优化，郊区农村初步展现出"都市美丽乡村、农民幸福家园"新风貌。

无锡推进美丽乡村提档升级。无锡美丽乡村建设紧密结合地域特色，尊重山水自然和人文历史，展现了乡土文明、生态文明、城市现代文明融合发展的独特魅力，重点推进"一村一策、一村一品、一村一景、一村一业"。经过多年努力，无锡已形成一批在国内享有较高知名度的美丽乡村。如惠山区阳山镇桃源村被评为"2013年中国最有魅力休闲乡村"，锡山区东港镇山联村等5个村被评为农业部"美丽乡村创建试点乡村"，宜兴张渚镇南门村等6个村、善卷村等5个村分别被评为"江苏最具魅力休闲乡村"和"江苏最美乡村"。无锡农村居住集中度已达到48%，农村环境明显改善，9079个村庄环境整治全面完成，规划布点村庄全部达到江苏省二星级康居乡村标准，323个村庄达到江苏省三星级康居乡村标准，7个村庄入选"江苏省最美乡村"，江阴华西村、宜兴张阳村等5个村庄入围"全国美丽乡村"试点。

苏州美丽乡村建设工作点面兼顾、层次清楚，各级财政的投入力度不断加大，美丽乡村建设全面推进。苏州美丽乡村建设工作主要分为美丽村庄示范点创建、星级康居乡村提升和生活污水治理三个层面。2013年，以美丽村庄示范点建设为突破口，苏州选择了71个有一定条件和基础的村开展美丽村庄建设试点。2014年，苏州全面实施"百村示范千村整治提升"三年行动计划，在三年内力争创建100个有产业特色的美丽村庄示范点（含2013年开展试点的71个），提升1000个基础设施配套的星级康居乡村。2015年，为切实解决农村污水处理设施标准不高的问题，苏州出台了《关于切实加强全市农村生活污水治理工作的意见》，以每年不少于1000个村庄10万农户的速度推进农村生活污水治理。苏州市级财政重点支持美丽村庄示范点建设，对于2013年开展试点的71个示范村庄，市级财政根据打造标准，分档次奖补5240万元，加上其他项目支持，市级扶持资金共计近7000万元。2015年，苏州创建美丽村庄示范点10个、三星级康居乡村100个。截至2016年2月，苏州累计创建美丽村庄示范点86个、三星级康居乡村374个，大大改善了农村人居环境，提高了农民的生活质量。

常州美丽乡村建设以城乡发展一体化为主线，以农村产业发展为基础，着力推进农村经济建设与生态文明同步发展，特别突出地域特色，体现乡风民俗，依托原有村的产业特点，改善村容村貌，传递文明新风。从布局形态、建筑组群、历史人文、自然禀赋、产业特色等方面完成了相应"一对一"的规划设计，项目建设包含村内公共服务设施、内部道路交通设施、基础设施、环境卫生设施、环境及卫生整治等方面内容，目前已取得了一定成效。如常州梅林村就抓住原有乡村梅花特色和古戏楼文化，通过打造村庄绿色景观水路，升级村内文体设施，打造旅游亮点，方便农户开展农家乐，同时充分整合党建文化、廉政文化、人口文化，提升村民整体素质。常州已完成9094个自然村环境整治任务，创建二星级康居乡村1055个、三星级127个，打造了一批有产业特色、生态特色、人文特色的村庄，共实施重点建设项目54个，投入建设资金2亿元。同时，常州积极利用"美丽乡村"的现有基础设施，如文化广场、健身广场、慢行步道等，开展各项文体活动，丰富村民的精神文化生活，促进精神文明与物质文明的同步发展。

镇江于2014年启动了美丽宜居镇村建设工作。镇江提出乡村旅游应有特色，在美丽乡村建设中，保护农村居住、生产、生态、文化等"特色"，让现代化的农村保持更多田园风光、乡村风情和乡土风韵。与此同时，镇江市加强农村文化建设，培育文明乡风、优良家风、新乡贤文化；推进村庄环境综合整治与设施建设，落实"六整治六提升""三整治一保障"要求，开展村庄河道、沟渠的生态化治理，因地制宜开展乡村污水处理设施，鼓励生态施工；加强和改善农村社会治理，完善治安防控体系，治理不良风气，建设平安和谐文明乡村。截至2016年2月，已成功打造以句容市后白镇为代表的2个美丽宜居镇和丹阳市黄连山村等20个美丽宜居村，其中丹阳市延陵镇九里村、柳茹村，镇江新区姚桥镇儒里村、华山村被列入住建部中国传统村落名录。

第三节　推进城乡基本公共服务均等化

苏南各市在加大财政投入的同时，在政策体制上积极探索，注重城乡基本公共服务的制度对接、资源共享，使城乡居民所享受的基本公共服务水平差距逐步缩小，基本建成城乡一体的公共服务体系。

一　着力推进城乡出行基本公共服务均等化

苏南加快构建便捷直达的国际客运、更加快速多样的城际客运、更具吸引力的城市公交和更加普惠的城乡客运，实现"行有所乘、幸福出行"，大力提升货运服务能力，改善城乡居民物流服务体验。构建适应新型城镇化发展的公众出行服务体系，率先实现镇村公交全覆盖，不断推进农村公路提档升级，将基本公共交通服务扩大到行政村。

南京积极创建公交都市，构建以轨道交通为骨干、地面公交为主体、公共自行车和轮渡为延伸、出租车为个性化补充的城市公共交通体系，取得了突破性发展。截至 2016 年 7 月，全市共有 6 条地铁线、8600 多辆公交车、67 条公交专用道，4 万多辆公共自行车，地铁、公交车等公共交通机动化出行分担率达到 59%，公共交通基本满意率达到 95.2%。南京市交通部门不断加大地下与地上交通的无缝对接，目前已建成 20 余座换乘设施，特别是城市外围的换乘设施，解决了副城和城市外围市民进城换乘的困难，在一定程度上减少了主城私家车的流量，同时，通过规划布局公交场站，加强了地面公交和轨道交通的有效衔接，使市民出行更加便捷。在换乘设施上，南京继续建设浦口城西路换乘枢纽和马群换乘中心，开工建设高淳区苏皖交通枢纽中心，完善地铁 3 号线、4 号线、10 号线站点配套设施。另外优先提升公交出行准点率，创新运营模式满足个性需求。准点、便捷是市民选择公共交通出行的首要因素，公交专用道则是保障公交车优先通行的重要手段。近年来，南京加快推进公交专用道建设，截至 2016 年 7 月，已建成 67 条公交专用道，车道总里程达 292.8 公里，逐步实现主城区公交专用道的成环成网，提高了公交车行驶速度和准点率。2016 年，南京还计划新建 30 公里公交专用道。

常州通过实施城乡基础设施建设工程，更好地保障了民生，完善了路网，方便了居民出行。2014 年，常州 68 路公交车与宜兴 225 路公交车在漕桥实现了无缝对接；溧阳 10 路公交车与宜兴新辟 390 路公交车实现对接，极大地方便了常州、无锡两市边际农村群众的出行，常州在实现"村村通公交"镇村公交通达的基础上，实现了与其他市通达多条毗邻公交的目标。常州的公交发展水平在全国同等城市中处于领先地位，至 2015 年年末，市区共有公交线路 263 条、公交车辆 2587 辆，日均营运里程达 38 万公里，日均客运量为 100 万余人次，城市居民公共交通出行分担率达28.9%，位居全省前列，市区公交 300 米和 500 米半径公交站点覆盖率在全国 319 个主要城市中位居第四，全市 650 个行政村实现"村村通公交"。常州市域已基本实现城乡客运一体化全覆盖，市－镇－村三级公交网络已全面形成，市民出行质量显著提高，常州先后获评"全国优先发展城市公共交通示范城市"、"交通畅通工程 A 类一等管理水平"和"国际推动公共交通贡献大奖"。同时,常州解决了市民"最后一公里"出行问题,基本实现了短途班车公交化、城市公交网络化、镇村公交便捷化,全市行政村镇村公交100%全覆盖,交通公共服务均等化水平全省领先,群众出行满意度明显提升,逐步实现城市交通与对乡村交通的无缝衔接。此外,常州结合美丽乡村建设,推进农村公路提档升级,强化农路管养,促进城乡交通服务均等化。截至2016年10月,常州乡村道四级公路双车道比重为39.8%,营运镇村公交配套道路全面改造为双车道四级公路及以上技术等级;全市农村公路三级及以上等级公路比重为37.6%,县道二级及以上等级公路比重为66.3%,行政村、农村物流点、现代农业园以及规模化农村旅游等节点的对外出行条件得到有效改善,全面实现二级公路通达。

苏州则突显城乡公共交通的民生导向,优化交通换乘系统,构筑顺畅高效的公共交通体系,逐步构建了分工合理、互相衔接、互相补充的综合交通换乘系统,引导市民网络化出行,形成多层次、一体化的城市综合交通网络体系,提升交通运行效率。苏州对轨道交通1号线、2号线沿线的公交站点进行了优化调整,轨道交通1号线沿线优化调整公交站点37对,新增21对,轨道交通2号线沿线优化调整公交站点21对。为配合轨道交通1号线、2号线运营,完成新辟线路10条,优化调整线路24条。2014年以来,与轨道交通1号线、2号线相衔接的线路占苏州市区公交线路总数的50%以上。同时,开行公交夜线和延长线路运营时间,使每个轨道交通站末班车均有公交线路与之衔接,轨道交通线路客流量稳步提升。同时,苏州开通的社区巴士,是在优化原有线网、完善新兴区域布网的同时,发展短线、接驳轨交的一个新重点,目的是使居民的出行末端得到疏通,即市民从居住小区到公交站台的最后一段距离有公交连接,为居民换乘轨交或常规公交提供便利;另外,对居民日常生活中常去的地方,如超市、医院、大型公交换乘枢纽等也进行串联。苏州市区社区巴士线总数目前已达到13条,社区巴士年客运量达到400万人次,日均客运量超过1万人次,其中约3700人次通过社区巴士换乘轨道交通线路。同时,苏州进一步倡导大公交理念,持续深入推进城乡公交一体化发展。深入全市农村乡镇腹地的"镇村公交线路"有276条,占全市公交线路总量近四成,全市城乡客运一体化覆盖率达100%。

镇江全力推进城乡客运一体化建设,重点对城乡公交进行公司化改造与现代企业管理，因地制宜地制定公交运营模式，被江苏省交通运输厅运输管理局评为"城乡客运一体化发展水平5A级"城市。镇江农村公路里程为6600多公里，实行"片区公交+大循环公交"运营模式，343条线路承担1.8亿人次的运量，镇村公交通达率为100%，旅客满意率为96.3%。城乡客运的发展离不开政策的支持，镇江调整城乡客运结构，鼓励实施规范的公司化改造和现代企业管理，大力推进主体整合。如扬中成立了统一经营主体——扬中市公共交通运输有限公司，负责统筹城乡客运资源，推进城市、市镇及镇村公交的一体化发展；句容则采取分层经营模式，由城乡公交公司、镇村公交公司和长运公司分别负责不同层次的城乡客运。镇江已初步形成城市公交、市镇和镇村公交三级城乡道路客运网络，惠及城乡居民近144万人。镇江市区居民公交出行分担率达23.5%。根据不同区域不同情况，镇江探索出片区公交、大循环公交两种城乡客运一体化运营组织模式。片区公交模式主要以多个乡镇片区为单位，采取公司化经营方式。句容市、丹阳市、丹徒市和大港新区均采取该种模式。与片区公交专注乡镇运营的模式不同，大循环公交模式则以县区为单位，在满足乘客出行需求的基础上，由公交公司统一配置运输资源，对城市、市镇和镇村公交的三级城乡客运网络采取一体化运作和管理。扬中即采取该种模式，统一布设、优化三级城乡客运网络，统一调度车辆、组织运输，共用场站设施等运输资源，在促进三级城乡客运网络衔接的同时，加快镇村公交和城乡客运一体化的发展速度。镇江市还重点针对镇村公交通达率、补贴资金到位率等指标，推行实时监测和长效管理机制；积极探索毗邻公交发展政策、运营组织和跨区财政补贴办法，试点发展毗邻公交。同时，镇江推进城乡道路客运节点体系建设，重点解决道路班车、城市公交、市镇班车及镇村公交之间有机衔接和旅客换乘问题。

二 进一步推进户籍制度改革

从2015年7月1日起，江苏省实施省辖市范围内本地居民户口通迁制度，积极为就地转移的农业人口到城镇落户创造条件。目前，苏南五市均已制定出台流动人口居住证制度实施办法，建立以居住证制度为载体，与居住年限等条件挂钩的基本公共服务提供机制。苏南五市居住证持有人可以在公安、计生、教育、人社、卫生和园林等多个部门享受到本市户籍居民同等或基本同等的待遇。

南京全面推进户籍制度改革。2015年，南京全市实现户籍通迁，江宁区、江北区户口与主城区通迁，居民迁户口到主城区，不再有购房面积超过60平方米才能落户等条件，新政策没有购房面积限制，只要在主城区有房产就可以实现户籍迁移。南京实行流动人口居住证制度，制定以就业年限、居住年限和城镇社会保险参加年限为基准的积分制落户政策，逐步推进居住证持有人享有与城镇居民相同的基本公共服务。同时，取消在宁高校应届毕业本科生落户限制，改进落户办理手续。

苏州稳步实施户籍制度改革，先后出台《关于鼓励农民进城进镇落户的若干意见》和《苏州市户籍居民城乡一体化户口迁移管理规定》；积极推行流动人口积分落户制度，按照《苏州市流动人口积分管理办法》《苏州市流动人口积分户籍准入实施细则》，进一步推进流动人口积分落户工作，通过建立以合法稳定就业、合法稳定住所、连续居住年限等为主要指标的积分落户制度，积极解决在苏州已长期居住、务工、经商人员的落户问题。这一办法将使苏州近700万流动人口享受相应的户籍准入、子女入学、入医等公共服务待遇，推进农业转移人口随迁子女平等接受教育。苏州将随迁子女接受义务教育纳入教育现代化建设和财政保障范围，逐步纳入输入地普惠性学前教育和免费中等职业教育招生范围；采取政府购买服务等方式，保障未能在公办学校就学的随迁子女享受在民办学校接受义务教育的权利；完善随迁子女异地中高考制度和招生制度，推动各地不断完善随迁子女接受义务教育后在流入地参加升学考试的实施办法；计划到2020年，实现随迁子女与户籍学生在流入地接受义务教育、参加升学考试等方面享受同等待遇的比例达到100%。苏州落实完善流动人口居住证制度。深入实施《苏州市居住证管理暂行办法》，做好居住证发放工作，依托居住证制度，进一步建立健全与居住年限等条件相挂钩的流动人口基本公共服务配套保障体系，赋予居住证持有人充分享受劳动就业、基本公共教育、基本医疗卫生服务、计划生育服务、公共文化服务、证照办理服务等权利。苏州进一步做好全市人口基础信息库的大数据分析应用，并加快推进全市人口基础信息库与苏州市公共信用库、空间地理库等公共基础数据平台的融合应用，不断完善人口数据支撑体系，提高人口数据综合利用效率，为制定人口发展战略和政策提供信息支持，为人口服务和管理提供支撑。

无锡自2014年起着力推进新一轮户籍制度改革,实现大市范围户口登记、迁移规定"城乡一体化"。无锡市区、江阴、宜兴之间的户口迁移作为市内户口迁移,实行网上户口迁移一站式办理和服务,无锡市区范围内全面实行统一户籍准入规定,实现江阴、宜兴两市户籍准入规定与市区对接入轨,有效推动锡、澄、宜三地经济社会发展"一体化",在全省、全国率先实现了大市范围内户籍准入登记、迁移规定"一体化"。这一户籍制度改革举措荣获"2014中国全面小康十大民生决策"称号。同时,探索建立无户口人员落户机制。2015年,无锡市政府印发实施了《关于进一步推进户籍制度改革的意见》,在市域范围内实现户籍通迁。推进居住证制度,持有江苏省居住证的220余万名新市民在无锡依法享有社保、救助、教育、医疗、计生、证件办理等11大类25项公共服务。一是实行城乡一体、全市统一的户口登记制度。在全面取消农业户口与非农业户口性质区分、统一登记居民户口的基础上,进一步优化完善以合法稳定住所和合法稳定就业为基本条件的城乡一体、全市统一的户籍迁移、准入登记相关制度。二是建立居住证制度。年满16周岁因务工、经商等拟在无锡市居住六个月以上的流动人口,可在申报居住登记的同时申领江苏省居住证,市公安局具体负责落实居住证制发工作,市各相关职能部门要以居住证为载体,建立健全与居住年限等条件相挂钩的保障基本公共服务配套的政策,逐步赋予居住证持有证人与户籍人口同等的权利。以居住证为载体,建立以合法稳定就业、合法稳定住所、参加城镇社会保险年限、连续居住年限等为主要指标的积分落户制度,积极解决在无锡市已长期居住、务工、经商人员的落户问题。三是健全人口信息管理制度。建立健全实际居住人口登记制度,加强和完善人口统计调查,全面、准确掌握人口规模、人员结构、地区分布等情况。由市公安局、信电局牵头建设和完善以公民身份号码为唯一标识、以人口基础信息为基准的全市人口基础信息库,进一步强化信息的社会化采集,通过多种技术手段实现跨部门、跨地区信息整合和共享,实现无锡全部户籍人口和流动人口的劳动就业、教育、收入、社保、房产、信用、卫生计生、税务、婚姻、民族等人口信息互联共享,为人口服务管理提供信息支撑。四是统筹推动城镇基本公共服务由主要对本地户籍人口提供向对常住人口提供转变。将随迁子女义务教育纳入全市各级政府教育发展规划和财政保障范畴，逐步完善并落实随迁子女在流入地接受中等职业教育免学费和普惠性学前教育的政策，以及接受义务教育后参加升学考试的实施办法。计划到2020年，实现符合条件的随迁子女接受义务教育覆盖率达到100%。

常州进一步调整了户口迁移政策，全面放开建制镇落户限制，确定全市落户条件，放宽户口迁移政策，优化户籍服务举措；创新人口服务管理，对建立城乡统一的户口登记制度、深化流动人口居住证制度、完善人口信息管理等再次进行明确，增加了建立全市人口基础信息库、实现人口信息互联共享等内容；切实保障农业转移人口和其他常住人口合法权益，保障农业转移人口随迁子女平等接受教育，加强农业转移人口就业、医疗、计生、养老、住房保障等配套措施，全方位解决进城落户人口的后顾之忧。一是放开建制镇落户限制。二是确定全市落户条件。三是放宽户口迁移政策。四是优化户籍服务举措。五是深化流动人口居住证制度。六是完善人口信息管理制度。这些制度有利于进一步促进农业劳动力转移就业，有效保障农民工合法权益，对促进农民工社会融合和有序推进有条件有意愿的农民工市民化发挥更加积极的作用。

镇江全面实施"两放开、两放宽"及购房、租房落户政策。按照《关于加快推进农业转移人口城镇化的意见》要求，放开镇江市农村向城镇、城镇向城镇户口迁移条件，实行全市范围内本地居民户口通迁制度，加快人口向城镇集聚；放开各类人才落户条件，优化"人才特区"政策；放宽外来务工经商人员在城镇落户条件，加快集聚吸纳外来人口在镇江市落户；放宽外来投资经商人员在城镇落户条件。同时，严格执行禁止城镇居民在农村购置宅基地的政策，严格控制城镇居民将户口迁往农村地区，严格防止出现"逆城镇化"现象。积极策应镇江市房地产去库存工作，实施购房、租房落户政策，非本市户籍居民在本市市区购买商业、办公用房面积超过30平方米的，其本人、配偶及其未婚子女可办理城镇地区户籍，在本市市区租赁（或以租代售）成套商品住房、安置房、二手房超过一年，缴纳社会保险超过一年，且办理居住证超过一年的承租户，其本人及其同户人员可在房屋所在地落户。优先解决存量的要求，重点解决进城时间长、就业能力强、可以适应城镇产业转型升级和市场竞争环境的人员的落户问题。同时，镇江市不断创新人口管理模式。年满16周岁，因务工、经商等原因拟在本市居住6个月以上的流动人口，可申领居住证。未满16周岁或在本市求学、培训、就医、探亲、旅游、出差的流动人口，可自愿申领居住证。符合本市户籍准入规定条件的居住证持有人，可以申请登记为本市常住户口。镇江以居住证为载体，建立健全与居住年限等条件相挂钩的基本公共服务提供机制。居住证持有人享有与当地户籍人口同等的劳动就业、基本公共教育、基本医疗卫生服务、计划生育服务、公共文化服务、证照办理服务等权利。

三　建设城乡一体的就业服务平台

就业城乡一体化的发展过程是城乡就业从统筹到一体化融合的过程，也是伴随市场经济体制机制改革的不断深入、政府职能逐步转变而实现的就业体制机制改革不断深化的过程。苏南五市围绕加快推进城乡经济社会一体化的总体目标，推出一系列城乡一体化的新举措。通过建立和健全就业城乡一体化组织管理体系，统筹规划城乡就业服务和管理工作，实现了就业规划城乡同步；通过推进就业政策向农村的延伸拓展，实现了就业政策城乡普惠平等，初步实现了城乡居民就业服务的均等化目标。苏南五市以城乡发展一体化为方向，从完善促进就业政策体系、健全公共就业服务平台、加大就业援助力度、强化职业技能培训、优化城乡就业环境等方面，全方位推进城乡一体化公共就业服务体系建设。

南京按照"统筹城乡发展、建设美丽乡村"要求，紧扣"农民收入倍增计划"，在促进农民就业创业方面不断创新思路，不断提升农村劳动力转移就业的质量，拓宽转移渠道，提升就业质量，着力培育农民创业主体、实体、载体和联合体，大力推动农民初始创业、特色创业、集群创业，努力构建农民增收长效机制，促进农民持续快速增收。这些做法取得了明显效果，走出了一条有南京特色的农民增收之路。一是统一就业失业管理等制度，提供无差别就业服务。2009年，南京出台了《南京市就业和失业登记管理暂行办法》，2010年，又出台了《关于进一步完善农村公共就业服务四项制度的通知》，在全市推行城乡无差别的公共就业服务制度，只要是在法定劳动年龄内、有劳动能力且有就业要求的本市常住户籍劳动者，以及进入本市就业的非本市户籍劳动者，都可以进行就业和失业登记，领取就业失业登记证。这意味着城乡劳动者可以享受同等的职业介绍、技能培训等公共就业服务，享受职介补贴、培训补贴等各项促进就业的优惠政策。二是加强执法监管，维护农村劳动力合法权益。人社、住建、公安、法院、工会等部门和组织协调配合，在建筑企业积极推行农民劳动合同、工资"月薪"、劳动保障权益告示牌、计酬手册和工资保障金"五大"制度，并成立建设领域"双清"工作投诉中心，集中受理建设领域拖欠工资案件，及时化解矛盾纠纷。三是开展职业技能培训，提升就业能力和质量。南京市开展了职业培训需求调查，摸清了本地区劳动力的数量、年龄、文化素质、就业需求、培训意愿等具体情况，与职业介绍部门建立了信息通报制度，及时了解市场用工信息，与企业加强联系，依托企业将用工需求转化为先培训后上岗，并根据国民经济发展和产业结构调整情况，在2011年政府购买培训工种的基础上新增了食品检验工、饮料制作工、拖拉机检测工、聚丙烯生产工等18个企业急需的招标项目。全市共开展农村劳动力参加职业培训的有4.96万人次，农村劳动力参加职业指导培训的1.64万人次，农村劳动力参加技能培训的有2.35万人次，外来农村劳动力参加技能提升培训的有0.77万人次。

　　苏州着力推进就业城乡一体化建设，公共就业管理和服务由城镇向农村延伸，人力资源市场由城乡分割向城乡统一转变。苏州在探索中提出了"就业规划城乡同步、就业政策城乡普惠、就业管理城乡平等和就业服务城乡均等"的一体化理念。正是在这些理念的指引下，苏州构建了就业城乡一体化改革发展的大格局，通过大力推进政府综合配套改革，建立和完善了全市城乡一体化就业体制机制，实现了由统筹城乡就业向就业城乡一体化的稳步发展。苏州以创新理念为引领，把就业城乡一体化工作的重心放在了农村的就业管理和服务上；结合农村自然风貌和文化特点提出以富民增收为目标的农村生态就业创业发展理念，开展"一镇一品"和"一村一品"创建活动；通过农村劳务合作社实体化建设，重点做好农村失地农民、大龄农村劳动力等农村就业困难群体的就业创业扶持和服务。在服务体系建设布局方面，苏州注重公共就业服务的便捷性，提出了"15分钟公共就业服务圈"。在用工管理服务中，为方便用人单位，苏州提出了"三合一"手续办理和"一站式"服务。在推动城乡公共就业服务体系建设方面，苏州提出了"新三化"建设要求和"六到位"的建设标准，开展了"三个创建"（创建充分就业社区、充分就业行政村、农村劳动力充分转移乡镇）活动。在公共就业创业管理和服务质量方面，苏州注重精细化管理，提出就业援助"一对一"、创业帮扶"一帮一"、职业指导"一带一"的精细化服务理念，将就业普惠服务与就业个性化服务有机结合起来。通过示范引领，有效提升了城乡基层平台公共就业创业管理和服务的质量和效率。在服务体系建设方面，苏州从体制上整合和优化了市、县、乡三级政府就业的职能和权责，积极探索"区镇合一"管理体制，促进了基层平台健全发展。在公共就业创业服务体系的基础上，通过大力发展人力资源服务业和推进农村劳务合作组织实体化建设等方式，构建了城乡一体化公共就业创业服务体系。在市场就业机制建立和完善方面，苏州更加注重政府作用的发挥。通过完善购买服务、政策调控等手段，充分利用市场机制激发市场主体和社会组织参与城乡就业服务。[1]

无锡坚持以城乡一体化为方向，着力推进城乡就业和社会保障协调发展，形成了城乡一体的公共就业服务体系。无锡健全城乡一体的政府促进就业责任体系，把促进充分就业作为保障和改善民生的头等大事，将促进城乡就业等重要就业目标列入民办实事项目，充分发挥市、区两级政府在就业工作中的领导小组作用。"十二五"期间，无锡用于促进就业创业的资金达到24.6亿元，失业保险基金用于促进就业支出达17.9亿元。无锡完善城乡一体化的就业政策框架，出台了新形势下就业创业新政，包括促进本地农村劳动力就业、高校毕业生就业和加强困难人员就业援助等政策，全面消除就业创业政策城乡差异，全市发放失业保险政策全面并轨。"十二五"期间，无锡发放的各项失业保险待遇资金达到19.3亿元，失业人员月人均失业保障待遇达到1086元。无锡搭建城乡一体的创业服务平台，建成覆盖城乡的"四级"公共创业服务平台，落实"一站式"创业服务，打造"15分钟公共就业服务网"，共有2个社区获评国家级充分就业示范社区。无锡深化城乡一体的就业培训，出台职业培训补贴资金直补企业、个人办法，为失业人员、农民工、高校毕业生、创业者等群体提供培训，形成了以职业资格证书、职业技能竞赛、技能人才评价激励为引导的职业培训工作机制。无锡构建城乡一体的就业服务机制，在江苏省内率先实现就业服务制度、标准、机构"三统一"。

---

[1] 《苏州就业城乡一体化发展实践的启示》，《中国劳动保障报》2015年11月19日。

镇江不断推进就业服务体系建设。2011年以来,镇江先后投入约3.5亿元保障经费,率先建成"15分钟公共就业服务圈",成功创建首批国家级创业先进城市,三个辖市成功创建成为省级创业型示范市,初步形成了城乡一体、普惠共享、功能完善、服务规范、管理高效的就业服务体系,基本实现城乡公共就业服务均等化。2011~2014年,全市城镇累计新增就业人数35.88万人,城镇登记失业率一直保持全省较低水平,农村劳动力累计转移率达76.8%,位列全省第三。镇江推进城乡统筹试点示范,在平等就业的基础上实现新突破,不断完善城乡一体就业扶持政策;主动适应推进新型城镇化的需求,完善就业和失业登记制度,促进就业扶持政策向农村延伸,向农民覆盖,把有就业能力和就业愿望的农村富余劳动力纳入就业失业登记范围,使其享受与城镇居民同等的就业服务,特别是实现扶持就业创业的"四补一贴"政策在全市同城同策同标准。2011~2014年,全市核拨就业资金8.36亿元,惠及城乡劳动者30多万人次。同时,镇江加强城乡困难群体就业服务。按照"一批服务对象,一套解决方案,一抓到底落实"的思路,建立城乡就业困难人员"出现一人、登记一人、援助一人"的长效机制,积极组织开展春风行动、就业援助月、就业社区行等系列活动,先后通过开发公益性岗位托底安置就业困难群体3500多人次,全市已连续108个月保持零就业家庭"动态为零"。

常州建立了城乡一体的人力资源市场,全市已有23个镇(街道)、580多个行政村创建成农村劳动力充分转移的镇和村。

第四节 实现城乡社会保障制度逐步接轨

苏南各市加大财政资金投向农村地区的力度,实施社会保障制度改革,在城乡社会保障对接并轨上寻求突破,基本形成了城乡一体的养老、医疗保障体系,基本实现了农民老有所养。养老服务设施建设加快推进,截至2015年年底,苏南各县(市、区)城市社区居家养老服务中心实现全覆盖,农村覆盖率达到95.8%;所有县(市、区)都已建成社区居家养老服务信息平台;苏南地区各类养老床位数达到26.2万张,每千名老人拥有各类养老床位数达到46.25张,农村五保供养服务机构全面完成"三有三能六达标"改造升级。

一 建立城乡一体的社会养老保障制度

养老保障问题,是关乎社会稳定和经济发展的重大社会问题。南京通过实行三方筹资、自然增长等机制激励农民参保,打通新农保与企业保险相互转移接续通道,并在全市所有村及涉农社区建立村级保障站,将保障平台放到农民家门口。从 2012 年起,凡具有南京市户籍,年满 16 周岁(不含在校学生),没有条件参加企业职工基本养老保险的城乡居民,均可在户籍地自愿参加城乡居民养老保险。参保人员年满 60 周岁后,可按月领取养老金。养老金待遇由基础养老金和个人账户养老金构成,终身支付。对于连续缴费超过 15 年的城乡居民,从第 16 年起,每超过一年,基础养老金加拨 1%。城乡居民社会养老保险由个人缴费和政府补贴构成,政府对参保和养老金领取都实行补助。

苏州已形成以职工、居民养老保险为主体的、不分城乡的养老保险制度。即只要是企业职工,无论在乡镇企业上班,还是外来农民工,都参加职工养老保险。农民无论是务工、经商、务农,均可选择以个人身份(灵活就业人员)参加职工养老保险。同时,无论是苏州的城镇老居民,还是原来的农村居民,都参加统一的居民养老保险,职工养老保险和居民养老保险已完全打破城乡、工农、群体界限,真正实现了城乡一体化。参保人员达到城镇职工养老保险规定的法定退休年龄后,可申请办理城乡养老保险制度衔接手续。城镇职工养老保险缴费年限只要满 15 年(含延长缴费至 15 年),就可从城乡居民养老保险转入城镇职工养老保险并享受相应的待遇;如不满 15 年,可从城镇职工养老保险转入城乡居民养老保险。困扰各地的城乡养老保障转移衔接问题,在苏州已得到了较好的解决。此外,为解决农保待遇偏低的问题,在尚无国家相关政策的情况下,苏州创造性地建立了居民(农民)补充养老保险,补充养老保险享受财政补贴,由个人一次性缴清,实行完全积累制。随着城镇化的快速推进,苏州按照"土地换保障"的办法,将劳动年龄段(男 16~60 周岁、女 16~55 周岁)被征地农民,纳入城镇企业职工基本养老保险,采用折算参保年限办法,鼓励农户将集体土地承包经营权、宅基地及住房,置换成城镇社会保障。同时规定,原参加本市农村养老保险的农村居民,按规定换算缴费年限后纳入城镇社会保障。苏州城乡居民养老保险覆盖率均保持在 99% 以上。

无锡逐步建立了被征地农民基本生活保障、居民养老保险等养老保障制度，形成了以"企保""地保""居保"为主体，统筹覆盖城乡的养老保障体系。截至 2015 年 12 月，全市参加各类养老保险的人数达到 426.82 万人，其中，纳入企业职工基本养老保险范围（含退休）的有 307.14 万人，纳入居民养老保险范围（含征地）的有 112.52 万人，城乡基本养老保险覆盖率稳定在 98% 以上。无锡稳步提高养老保障待遇，企业职工养老保障从 2010 年的人均 1479 元/月调整到人均 2261 元/月，市区居民养老保险基础养老金由 2010 年的 200 元调整为 355 元，增加幅度达 77.5%，被征地农民政府保养金从 2010 年的 420 元提高到 710 元。城乡居民养老保险制度进一步完善，居民养老保险制度有了新发展，征地保障办法得到平稳实施。养老保险覆盖面不断扩大，基金结余稳步增加，养老制度碎片化、基金规模不一、城乡待遇差距明显等问题得到了有效解决。

常州城乡居民已全部纳入统一的城乡居民养老保险体系；被征地农民基本社会保障覆盖率达 100%；以辖市、区为单位，实现城乡居民社会养老保险全面接轨。全市基础养老金标准不断提高，新农合人均筹资标准达 480 元，参保居民基本实现全覆盖。

二 建立城乡统一的社会基本医疗保障制度

南京出台的《关于进一步加强基层卫生人才队伍建设的实施意见》明确提出，通过 5 年左右的努力，以稳定优化乡村医生队伍和健全全科医生制度为重点，使城乡每万居民有 3 名以上的全科医生、每个基层医疗机构至少有 5 名经过规范化培训的全科医生，同时将通过加大财政补助等多种政策，改善乡村医生的工作条件和执业待遇，提升乡村医生医技能力，保障城乡居民享受均等化和更高水平的基本医疗服务。乡村医生每年接受免费培训不少于 2 次，累计培训时间不少于 2 周；乡村医生每 1~3 年免费到二级医疗卫生机构或有条件的中心街镇卫生院脱产进修，进修时间原则上不少于 1 个月。同时，逐步提高乡村医生的待遇水平。从 2016 年起，乡村医生市级财政补助标准从每服务人口 3 元/年提高到 5 元/年。各有关区对乡村医生实行基本药物制度的定额补助标准为每月不低于 1600 元。为了加强村卫生室建设，将建立完善的村卫生室公共卫生绩效评价机制，新增的基本公共卫生服务补助资金继续重点向乡村医生倾斜，在完成核定工作任务、工作质量考核达标情况下足额发放。同时，继续推进村卫生室标准化建设，及时更新村卫生室设施设备，从 2016 年起，各有关区要按照每个卫生室不低于 1 万元的标准落实日常运行经费，并将其纳入财政预算。

苏州实现覆盖范围、保障项目、待遇标准、医疗救助和管理制度在城乡的"五统一"，逐步完成新型农村合作医疗保险制度向社会基本医疗保险制度的衔接。苏州城乡居民医疗保险覆盖率均保持在 99% 以上。城乡社区卫生服务普及率达 100%，村卫生服务室已全部普及，并且有 90% 的行政村建成省级卫生村。

无锡基本形成了"三纵三横"、覆盖城乡全体居民的医疗保障体系框架，"三纵"即职工医保、居民医保和新农合三项基本医疗保险制度，"三横"即主体层（三项基本医疗保险制度）、保底层（城乡医疗救助和社会慈善捐助等）和补充层（补充医疗保险、大病保险和商业健康保险）。力争实现人人享有基本医疗保障。2011 年，无锡市区率先在全省将居民医保和新农合进行整合，实施城乡一体的居民基本医疗保险制度，2013 年 9 月起，市区又实施了城乡居民大病保险制度，覆盖所有参保职工和居民，实现职工基本医疗保险、居民基本医疗保险参保率均保持在 99% 以上。提高参保人员保障水平。目前职工医疗保险政策范围内住院医疗费用统筹基金支付比例为 85% 左右；居民医保政策范围内住院医疗费用基金支付比例为 75% 左右。稳步推进职工医疗保险市级统筹。无锡市于 2012 年 1 月 1 日起正式实施职工基本医疗保险市级统筹。为适应城乡一体发展需要，锡澄宜地区全面推进社会保障"一卡通"建设，全部实现区域内参保人员医疗费用直接划卡结算，基本实现职工、居民异地就医联网结算。

三　建立城乡一体的最低生活保障体系

苏州城乡低保实现"并轨"。苏州早在 2011 年就实施城乡最低生活保障标准全面实施并轨，全市 6.93 万城镇、农村低保对象享受相同标准的最低生活保障待遇。

无锡城乡最低生活保障标准实行城乡一体的动态调整机制，按照不低于当地上年度城市居民人均可支配收入 20% 的比例确定。从 2015 年 4 月 1 日起，无锡调整市区城镇居民最低生活保障标准，保障线由原 660 元提高到 700 元，农村最低生活保障按城镇居民最低生活保障标准执行。

镇江在2013年实现城乡低保金一体化发放。2016年7月1日起，镇江的城乡低保标准统一提高到每人每月625元。

南京从2015年7月1日起实施城乡低保一个标准，低保全城同标，统一提高到人均700元/月，打破了城乡二元壁垒，保障了民生底线公平。让城乡困难群众平等参与现代化进程，共同分享现代化成果，是新型社会救助体系的应有之义。2016年，南京又将城乡低保补助标准提高到人均750元/月。

常州实行最低生活保障金城乡一体化发放，低保标准统一提标。从2016年7月起，溧阳市、金坛区由原每月590元统一提高到每月670元；武进区由原每月620元提高到每月730元；新北区、天宁区、钟楼区由原每月670元统一提高到每月730元。

第五节 创新城乡一体化发展的体制机制

南京制定了《关于全面深化农村综合改革、加快城乡一体化发展的若干意见》《关于南京市农村综合改革（2014~2015）目标任务分解方案》，旨在以农村改革的新突破，带动"三农"工作的新发展，尤其是农村产权制度改革、建立农村产权交易市场、深化农村金融制度改革等。2015年，南京又出台了《南京市深化农村产权制度改革实施方案》，明确了推进土地承包经营权、集体建设用地（含宅基地）使用权等确权登记等6项具体的改革内容及时间节点，提出将围绕明晰所有权、放活经营权、落实处置权、保障收益权的思路，以"还权赋能"为核心，构建归属清晰、权责明确、保护严格、流转顺畅的现代农村产权体系，为农村经济发展、增加农民收入提供制度保障。

苏州结合自身实际建立起与城乡一体化发展相适应的一整套体制机制。从外来人口落户政策的创新探索，到基本公共服务供给保障机制的确立；从整体推进建设覆盖城乡的基础设施，到逐步探索形成完善的城乡一体化的投融资机制；从规范建立农村产权交易机制，到深入推进农村集体资产股权固化和"政经分离"改革试点等。2014年，苏州建立了农村产权交易中心，深入推进农村集体资产股权固化和"政经分离"改革试点。截至2015年，全市社区股份合作社股权固化改革试点村（社区）累计达到

777个,"政经分离"改革试点村(社区)累计达到158个,新增农村"三大合作"经济组织123家,累计由2013年的4168家提高到2015年的4535家。

无锡着力推进土地确权登记。在江阴、宜兴、锡山区和惠山区4个涉农地区稳妥推进农村土地承包经营权颁证试点和工程两置换(置换承包地、置换农村住宅),全市已累计有40个镇(街)287个村开展了确权登记颁证试点,占应确权村数的70%,涉及耕地面积63.6万亩、农户24.5万户。无锡制定出台了《关于引导农村土地经营权规范有序流转的实施意见》,严格规范确权后的土地流转行为、完善适度规模经营机制、加大监管工作力度。无锡加快农村集体产权制度改革。到2015年年底,全市已有65%的村完成了集体经济改制任务,近70%的农民持有了集体经济股权。同时,加快"政社分设"试点工作。在滨湖区、锡山区、新吴区等地区按照机构、职责、管理和财务"四分开"的要求,开展"政社分设"试点工作,理顺了村(居)委与集体经济股份合作社的关系。

常州全面开展农村土地确权登记颁证工作,完成权属调查、审核公示、签订承包合同的村分别达407个、239个、134个,分别占应确权村的79%、46.4%、26%。金坛区基本完成土地确权基础工作,首批农民已领到权属证书。新型农业经营主体成为现代农业建设的生力军,经农经部门认定的家庭农场数达2300家,农民合作社达2554家,市级以上农业龙头企业共91家。农村集体产权制度改革全面推进,60%的村完成了社区股份合作制改革,农业企业上市实现零的突破。武进区全国农村改革试验区建设扎实推进,区级农村产权交易所和14个镇级交易站挂牌运行,土地承包经营权抵押贷款开始发放,土地承包经营权流转管理启动实施,农产品目标保险两大实验项目、农村宅基地管理改革稳步推进。

镇江农村土地承包经营权确权登记颁证进展顺利。截至2016年8月,全市46个乡镇、433个村、11668个组开展了确权登记,涉及承包地136万亩,其中78%的村完成了测量制图,68%的村完成了审核公示,京口区、润州区进入登记发证阶段,扬中作为全省试点县已全面完成颁证工作。产权交易市场建设有序展开,丹阳的市、镇两级市场平稳运行,句容市农村产权交易中心正式挂牌。

第四章
开放合作引领区建设的进展

苏南地区对外贸易及利用外资的结构和质量继续走在全国前列，2013~2015年，苏南五市境外中方投资协议额年均增长25.01%，超过年均增长20%的目标；受到国际市场需求萎缩和进口原材料价格大幅下行的影响，进出口增速下降，2015年，苏南五市累计进出口额为4651.6亿美元。苏南地区的对外开放载体功能进一步提升，"走出去"步伐明显加快。

第一节 加快转变外贸发展方式

2013~2015年，苏南地区外贸保持平稳发展，略有下降。2013年以来，苏南地区进出口占全省的比重始终维持在85%以上。2015年，苏南五市进出口总额为4651.6亿美元，同比下降3.5%，其中出口额为2833.2亿美元，已进入增速换档的新阶段。在保持与美日欧三大主体市场经贸往来稳定的同时，不断扩大与"一带一路"沿线国家的经贸往来。

一 外贸保持平稳发展

苏州在"十二五"期间，外贸规模突破3000亿美元大关，进出口、出口分别保持全国大中城市第四位和第三位。2015年苏州市实现外贸进出口总额3053.5亿美元，出口1814.6亿美元。其中，对美国出口比2014年增长2.9%，对日本出口下降8.1%，对欧盟出口下降1.9%，三大主体市场出口额为932.2亿美元，占全市出口的比重为51.4%，保持稳定；对新加坡、越南、印度和巴基斯坦等"一带一路"沿线国家分别实现进出口总额64.8亿美元、46.5亿美元、46.4亿美元和4.1亿美元，分别比2014年增长 1.3%、24.5%、7.9%和 26.3%。

南京 2015 年进出口总额有所下降，全年完成进出口总额为 532.70 亿美元，比 2014 年下降 7.0%。其中，出口总额为 315.09 亿美元，下降 3.4%；进口总额为 217.61 亿美元，下降 11.6%。从出口商品市场看，对欧盟、美国、东盟三大经济体出口额为 169.22 亿美元，比 2014 年增长 0.4%，占全市出口总额的 53.7%。

无锡"十二五"期间货物贸易进出口总额由 612.2 亿美元增加到 684.8 亿美元，年均增长 2.8%，其中出口总额由 362.7 亿美元增加到 422.3 亿美元，年均增长 4%。2015 年，无锡对外贸易呈现下降趋势。2015 年实现对外贸易进出口总额 684.67 亿美元，比 2014 年下降 7.7%。其中，进口总额为 262.35 亿美元，比 2014 年下降 12.4%；出口总额为 422.32 亿美元，比 2014 年下降 4.5%。[1]

常州"十二五"期间完成进出口总额 1437.4 亿美元，是"十一五"时期的 1.8 倍。2015 年，常州对外贸易难中求进，完成出口总额 1319.2 亿元，比 2014 年增长 0.5%。全年对"一带一路"国家和地区出口良好，其中对印度、东盟、中东分别出口 8.7 亿元、27.3 亿元、10.7 亿元，增长 27.6%、12.3%、5%。[2] "十二五"期间，常州累计实现进出口总额达 1437.5 亿美元，较"十一五"时期增长 82.8%，其中，累计完成出口总额 1023.4 亿美元，较"十一五"时期增长 78.3%。全市目前拥有国家级出口基地 3 个、省级出口基地 6 个。"十二五"期末，常州进出口实绩企业的 6024 家，其中出口实绩企业有 4924 家，比 2010 年多出 1382 家；年度出口额超过 3000 万美元的企业达到 122 家，比 2010 年多出 37 家。[3]

镇江外贸出口低位企稳。2015 年，实现进出口总额 100.64 亿美元，比 2014 年下降 2.4%。其中，出口总额为 68.74 亿美元，增长 4.1%；进口总额为 31.90 亿美元，下降 13.9%。从国别地区看，对亚洲出口 33.34 亿美元，增长 8.6%，其中对中国香港出口 6.32 亿美元，增长 82.9%，对东盟组织出口 7.80 亿美元，增长 12.3%；对欧洲出口 10.45 亿美元，下降 6.9%，其中对欧盟出口 8.36 亿美元，下降 5.1%；对美国出口 14.34

---

[1] 无锡市统计局：《2015 年无锡市国民经济和社会发展统计公报》。
[2] 常州市统计局：《2015 年常州市国民经济和社会发展统计公报》。
[3] 常州市统计局：《抓机遇迎挑战促发展 外向型经济稳步提升》，2016 年 3 月 17 日。

亿美元，增长8.2%。"一带一路"沿线市场加快成长，全年与印度、新加坡、马来西亚、巴基斯坦、土耳其、波兰等国实现出口交易额20.86亿美元，比2014年增长3.7%。①

二 外贸结构持续优化

苏南地区外贸结构持续优化。一般贸易快速发展，进出口年均增长2.6%，占苏南进出口比重较2012年底上升3.5个百分点；加工贸易转型升级持续推进，在延伸产业链、提高附加值、开展内销业务和拓展境内外维修业务等方面取得积极成就；民营企业迅速崛起，占苏南进出口比重较2012年底提高了3.2个百分点；新兴市场拓展卓有成效，对新兴市场出口占比较2012年底上升了0.5个百分点；服务贸易快速发展，占苏南外贸比重稳步上升，服务外包产业国际竞争力和创新能力不断提升，外包业态渐趋高端化发展。截至2015年年底，苏南有省级以上各类出口基地38个，其中国家级出口基地13个，数量均为江苏省的一半左右；省级出口名牌有225个，占江苏省七成以上。2015年，南京市一般贸易出口额为207.2亿美元，占出口总额的65.8%，同比提升0.3个百分点；高新技术产品出口额为75.12亿美元，占出口总额的23.8%，同比提升0.5个百分点；机电产品出口额为161.25亿美元，占出口总额的51.2%，同比提升1.2个百分点。2015年，苏南地区的外贸依存度为69.8%，较2014年下降8.9个百分点。2015年，南京、无锡、常州、苏州和镇江的外贸依存度分别是39.8%、55.5%、36.1%、139.0%和19.5%。

"十二五"时期，苏州外贸总量平稳增长，外贸结构持续优化，外贸发展方式加快转变。2015年，苏州一般贸易占比达29.4%，较"十一五"期末提高8.3个百分点；加工贸易增值率达75.3%，较"十一五"期末提高11.3个百分点；服务贸易快速发展，进出口规模达到122.8亿美元，占苏州外贸比重稳步提升；苏州高新技术产品出口额为992.4亿美元，较2014年增长1.4%，占苏州出口的比重为54.7%；苏州服务外包接包合同额为119.3亿美元，离岸执行额为62.5亿美元，分别比2014年增长14.9%和14.0%。同时，出口品牌和基地建设持续推进，发展后劲稳步增

---

① 镇江市统计局：《2015年镇江市国民经济和社会发展统计公报》。

强。苏州累计有 5 家企业获得商务部"重点支持和发展的名牌出口商品"称号、54 家获"2014～2016 年度江苏省重点培育和发展的国际知名品牌"称号、89 家企业获"2014～2015 年度市级出口品牌"称号,部省市三级出口品牌创建体系基本形成;苏州拥有国家级出口基地 5 家、省级出口基地 15 家,数量均居江苏省前列。外贸进口载体不断增加,苏州建成 4 家省级进口交易中心,张家港整车进口口岸、工业园区进境水果指定口岸建设稳步推进。

南京外贸结构持续优化。从出口商品构成看,2015 年,高新技术产品出口额为 75.12 亿美元,占南京出口总额的 23.8%;机电产品出口额为 161.25 亿美元,占南京出口总额的 51.2%。

无锡外贸结构进一步优化。2015 年,无锡内资生产企业出口实现正增长,外资企业进出口跌幅较大。2015 年,无锡内资生产企业累计出口额为 158.34 亿美元,同比增长 0.9%,高出无锡平均水平 5.4 个百分点。同期,无锡出口前 20 位的民营企业累计出口额为 39 亿美元,同比增长 1.5%,其中长电科技等 11 家企业实现了正增长。2015 年,无锡机电产品出口保持稳定。机电产品出口额为 270.23 亿美元,与 2014 年持平,占无锡出口的 64.0%,较 2014 年提升 3.7 个百分点。[1]

2015 年,常州完成服务贸易进出口额 80 亿元,增长 5.1%;一般贸易出口额为 979 亿元,增长 0.5%。产品结构更加优化,机电产品领跑出口行业。"十二五"期间,常州着力优化产业结构,不断提升先进制造业产品出口比重。"十二五"期间,机电产品累计出口额达到 536.9 亿美元,较"十一五"时期增长 101.5%,占全部出口比重为 52.5%,较"十一五"期间提高了 6.1 个百分点;光学、医疗等仪器出口额为 29.6 亿美元,占比为 2.9%,较"十一五"期间提升了 1.1 个百分点。纺织服装、化工类商品出口所占份额则有所下降,"十二五"期间累计出口额分别为 182.0 亿美元、81.1 亿美元,占比为 17.8%、7.9%,较"十一五"期间下降了 0.4 个百分点和 0.6 个百分点。市场格局有所调整,"一带一路"建设势头增势强劲。"十二五"期间,常州不断巩固老市场,积极开拓新兴市场。位列常州出口额前三位的国家和地区仍然是美国、欧盟和东盟,"十二五"

---

[1] 无锡市发展和改革委员会:《2015 年无锡市消费品市场和对外贸易发展情况》。

期间累计出口额分别为206.5亿美元、194.6亿美元和112.7亿美元,占常州出口总额比重较"十一五"期间有所减少,由52.7%下降到50.2%。与此同时,随着"一带一路"战略的实施,常州对"一带一路"有关国家和地区的出口增势明显,2015年,常州对这些国家和地区实现出口额65.7亿美元,同比增长5.3%,高出常州平均增速5.8个百分点。其中对越南、印度出口增长较快,增速分别为39.3%和27.6%。贸易方式加快转型,新型平台作用凸显。"十二五"期间,常州加快向"优进优出"转型,不断提升加工贸易出口的竞争优势,实现了一般贸易和加工贸易的携手并进。"十二五"期间,一般贸易实现出口额739.2亿美元,占常州累计出口总额的72.2%,较"十一五"期间增长79.4%,年均增长12.4%;加工贸易完成出口额为267.0亿美元,占常州累计出口总额的26.1%,较"十一五"时期增长65.8%,年均增长10.6%。"十二五"期间,新型外贸交易平台助推常州进出口贸易发展,取得的成绩显著。截至2015年年底,华贸通外贸综合服务平台入驻企业超过190家,实现进出口额5902万美元,位居江苏省同类平台前列。[1]

2015年,镇江一般贸易进出口额为70.81亿元,下降0.7%,占比为70.4%,其中出口额为50.47亿元,增长6.8%;加工贸易进出口额为24.46亿元,下降7.6%,占比为24.3%,其中出口额为16.95亿元,下降3.8%。从企业类型看,国有企业出口额为3.99亿美元,增长2.8%;外商投资企业出口额为55.31亿美元,下降10.3%;民营企业出口额为39.86亿美元,增长17.2%。从主要贸易产品看,高新技术产品出口额为7.87亿美元,增长24.1%;机电产品出口额为29.35亿美元,增长5.9%;纸及纸制品出口额为7.41亿美元,下降7.4%。[2]

三 服务外包快速发展

江苏省服务外包产业一直走在全国前列。在全国21个服务外包示范城市中,江苏省有南京、苏州、无锡三市,三市都在苏南地区。江苏省发展服务外包产业有很多优势,特别是产业优势。江苏省制造业规模占全国总

---

[1] 常州市统计局:《抓机遇迎挑战促发展 外向型经济稳步提升》,2016年3月7日。
[2] 镇江市统计局:《2015年镇江市国民经济和社会发展统计公报》。

量的11%，有300多家世界500强企业投资兴业，其中电子信息技术产业领先全国，为服务外包产业发展做了铺垫。无论是南京、苏州，还是无锡，它们的服务外包大都起步于软件及信息技术外包，而且保持了持续发展态势。以南京为例，南京通信电子行业应用软件开发、技术支持外包执行额占服务外包总额59.4%，电力电气行业应用软件研发、测试、技术支持外包执行额占14.8%，另外，工业（工程）设计外包执行额占9.8%，动漫、生物医药、金融服务外包等约占16%。在服务外包规模企业中，与软件和信息技术服务外包相关的企业占了大多数。可以说，南京的"中国软件名城"优势已经转化为服务外包示范优势。[①] 与南京相比，苏州的服务外包更有发达的开放型经济色彩。大批外资制造企业集聚，制造业与服务外包业相得益彰，既做大了服务外包业，又做强了制造业。在苏州工业园区内，大批跨国公司继制造转移后，纷纷展开新一轮服务转移。强生、泰科、百得、三星、博世等外资企业，在园区设立财务、物流、IT、研发等共享服务中心，使得园区的共享服务成为服务外包新热点。

苏南地区服务外包产业逆势向上发展，很大程度上也得益于政策创新。近年来，江苏各地积极探索创新服务外包政策。苏州继制定《促进服务外包发展的若干意见》和《中央财政服务外包专项扶持资金配套实施细则》后，又制定了"十二五"服务外包专项规划，加大培育促进力度。苏州高新区安排不低于1亿元专项资金，用于扶持服务外包企业的房租、地方贡献、国际合作、人才培训等。镇江每年在开放型经济专项资金中设立1000多万元服务外包专项扶持资金，帮助企业争取国家、省级服务外包扶持资金近3000万元。

苏州服务外包发展起步于2007年，2009年即跃升中国服务外包示范城市。"十二五"期间，苏州服务外包产业发展进一步提速，国际竞争力和创新能力不断提升，"十二五"前三年，苏州服务外包合同额和离岸执行额均保持了50%以上增幅，2014年，二者的规模分别超过100亿美元、50亿美元，2015年，外包合同额和离岸执行额分别同比增长14.7%和14.2%。苏州外包业态发展渐趋高端化，目前已经形成工业设计、生物医药研发、信息技术服务、软件开发、产品技术研发、供应链管理服务六大

---

① 《江苏服务外包逆势中增长38.85%，独树一帜》，《新华日报》2013年6月30日。

服务外包优势产业，2015 年，信息技术外包（ITO）、业务流程外包（BPO）和知识流程外包（KPO）离岸执行额占总量的比例分别为 24.9%、14.6% 和 60.5%。

南京服务外包平稳增长，产业规模不断扩大。在 2016 年全球服务外包大会上，南京和无锡入选"中国服务外包风采十二城"，其中，南京被评为"中国服务外包最具影响力城市"，无锡被评为"最佳投资环境城市"。① 2015 年，南京共有 1978 家服务外包企业，实现服务外包执行额 130 亿美元，同比增长 13.6%；其中，离岸服务外包执行额为 60.6 亿美元，同比增长 25.1%，各项指标居于全国、全省前列。政策支撑力度增强。近年来，南京市委、市政府将服务外包工作摆在经济工作的突出位置，出台了《关于加速推进南京国际服务外包产业发展的实施意见》，每年由市级财政拿出近 3000 万元专门扶持服务外包产业发展；在此基础上，又先后制定出台服务外包专项资金管理办法，人才培养基地、培训机构认定及示范园区认定办法，综合考核评价办法等系列政策文件，形成了完善的市级政策体系，对南京服务外包载体建设、企业培育、集聚人才、市场开拓、产业提升等多个方面予以全方位扶持。

南京在服务外包平台建设上取得较好成绩，现已拥有鼓楼区、玄武区、雨花台区、高新区、江宁开发区 5 个国家级示范区，秦淮区和建邺区 2 个省级示范区，以及中国（南京）软件谷、江苏软件园、南京软件园、白下高新技术产业园、新城科技园等特色园区，打造了软件谷超级云计算服务中心、高新区生物医药谷、南京科技广场动漫技术服务外包等一批公共平台，成立了南京国际服务外包研究中心、南京国际服务外包企业协会等产业促进机构。规模企业支撑发展。2015 年，南京亚信科技入选全球外包 100 强企业，江苏省通信服务有限公司入选中国服务外包十大领军企业，福特汽车工程研究（南京）有限公司等 8 家企业被评为中国服务外包百强成长型企业。2015 年，南京服务外包执行额在 5000 万美元以上的企业达 47 家，其中有 25 家企业执行额超过 1 亿美元；南京承接的来自华为、中兴、福特汽车、英特尔、微软、富士通、三星、甲骨文等近 50 家世界 500

---

① 《2016 年全球服务外包大会透露产业发展新趋势》，《南报网》2016 年 9 月 10 日。

强及中国百强企业发包的业务占全市业务总额近四成。①

无锡服务外包发展快速。近十年来,无锡服务外包产业从无到有,快速发展,2009年,无锡被国务院批准为首批"中国服务外包示范城市",服务外包产业发展成效显著。无锡商务局统计数据显示,到2015年,将近1600家企业完成服务外包业务合同总额152.5亿美元,离岸执行金额为81.5亿美元,主要业务指标连续多年位居全国各示范城市前列。无锡服务外包获得了国家部委的高度肯定,在业界的影响力快速提升。2013年和2016年,在商务部研究院针对服务外包示范城市的"风采城市"评比中,无锡荣获"最具影响力城市"和"最佳投资环境城市"。无锡服务外包成绩显著。一是引入了一批优秀企业。目前全球服务外包100强、国内服务外包50强的企业中已有30家来无锡投资设立区域性总部或业务交付中心,国内十大领军型服务外包企业已有9家在无锡落户发展。二是培育了一批特色园区。已形成以新吴区无锡(国家)软件园(iPark)为代表的一批"Park"园区重点布局,服务功能不断提升,外包产业集聚效应持续放大。三是形成了一套人才培养模式。引进印度国家信息技术学院(NIIT)等国内外优质教学资源,重视大学生服务外包实训环节。每年培训及实训服务外包人才超万人,促进近万人就业,为无锡服务外包产业的快速发展提供了强有力的人才支撑。四是举办了一项国家级赛事。无锡已连续六年成功举办由教育部、商务部和无锡市政府联合主办的全国性竞赛——中国大学生服务外包创新创业大赛。第七届大赛参赛规模也创历史新高,共有近400所高校的1295个团队参赛,参赛学生数增加了45%。大赛在全国高校与外包行业中的影响力也不断提升。

无锡服务外包发展有以下几个特点。首先,规模总量保持稳步增长。"十二五"期间,无锡服务外包各项指标年增幅都达到35%以上。其次,业务形态向高端攀升。无锡服务外包业务从信息技术外包起步,现已涵盖生物医药研发、产品技术研发、IC设计、工业设计、检验检测、医药研发、动漫设计等知识流程外包高端业务领域,KPO业务约占全市业务总量的29.1%。再次,国际市场份额不断增加。当前,无锡离岸服务外包业务已包括美国、日本、中国香港、韩国等97个国家和地区。美国已成为无锡

---

① 《南京服务外包2015:攻坚克难,平稳增长》,《服务外包》2016年9月8日。

最大的离岸外包业务市场，接包合同金额占无锡总金额的21.8%。最后，从业人员规模稳步扩大。目前，无锡服务外包从业人员超过17.2万人，其中从业人员超2000人的外包企业达到10家。从业人员中大学（含大专）以上学历的占从业人员总数的70.2%。[1]

2015年，常州完成服务外包合同额3.8亿美元，增长21.5%；服务外包执行额为3.2亿美元，增长17.7%。[2] 服务外包活跃发展，外包结构不断优化。"十二五"期间，常州服务外包产业发展迅速，目前拥有常州创意产业基地、常州科教城、钟楼经济开发区、武进经济开发区4个省级服务外包示范区，以及常州创意人才培训中心、常州科教城培训管理中心2个省级服务外包人才培训基地。常州拥有服务外包企业473家，从业人员超过4万人。服务外包离岸业务市场遍及美国、日本、德国、英国、韩国以及中国香港、中国台湾等地。在规模扩大的同时，服务外包的结构不断优化，由信息技术外包向业务流程外包和更高层次的以知识和研发为特征的知识流程外包发展，产业特色和竞争优势凸显。[3]

"十二五"期间，镇江外包总量保持江苏省第四，紧跟在第一批国家级外包服务示范城市的南京、苏州和无锡之后。2015年，镇江累计登记注册服务外包企业505家，通过各类资质认证320个，服务外包执行额为11.75亿美元，总量名列江苏省前茅。2015年，服务外包产业快速增长。镇江服务外包产业接包合同总额为152.5亿美元，比2014年增长26.6%，执行金额为127.1亿美元，比2014年增长28.9%；离岸外包合同总额为101.1亿美元，比2014年增长28.1%，离岸执行金额为81亿美元，比2014年增长27.5%。[4]

四 新型外贸业态呈现快速发展态势

苏南地区积极培育新型外贸业态，新型外贸业态呈现快速发展态势。苏南地区不断推进跨境电子商务、市场采购贸易方式、外贸综合服务企业等外贸新业态和新方式的发展，取得了一定成效。苏州、南京、无锡和常

---

[1]《服务外包创新发展，助推产业强市战略》,《无锡日报》2016年9月20日。
[2] 常州市政府：《2016年常州市政府工作报告》。
[3] 常州市统计局：《抓机遇迎挑战促发展　外向型经济稳步提升》,2016年3月17日。
[4]《镇江入选国家级服务外包示范市》,《京江晚报》2016年5月13日。

州4个市首批5家外贸综合服务试点企业服务中小企业超过1500家。

苏州国家级跨境电商零售试点取得了实质性进展,形成了各具特色的试点模式。截至2015年年底,苏南培育省级进口交易中心试点8个,进口综合效应不断提升。2015年,镇江保税区进出境仓储或转口货物大增。2015年,无锡首个"跨境"企业(无锡瑞之健跨境电商有限公司)成功注册,实现无锡跨境电商"零突破",无锡推动建立江苏省跨境电子商务学校,促进跨境电商人才培训。

第二节 持续优化利用外资结构

2015年,苏南地区实际利用外资额为173.47亿美元。苏州实际利用外资额为70.2亿美元;南京、无锡、常州、镇江的实际利用外资额分别为33.35亿美元、32亿美元、24.87亿美元和13.05亿美元。

一 实际利用外资规模较为平稳

苏州"十二五"期间累计利用外资418.9亿美元,完成境外协议投资额70多亿美元,利用外资规模保持全国大中城市第二位,"十二五"以来,苏州累计新设外资项目5400多个,新增注册外资近600亿美元,分别约占江苏省同期的30%和25%,一直保持全省前列。境外实际投资额实现江苏省"十二连冠",服务外包规模保持全国第五。2015年,苏州新增注册外资89.39亿美元,增长4.21%,完成境外协议投资额20.47亿美元,增长20.39%,服务外包实现接包合同额119.16亿美元,增长14.7%,实现离岸接包执行额62.6亿美元,增长14.2%。[1]

南京招商引资富有成效。2015年,新批外商投资企业250家;注册合同外资为61.72亿美元,增长25.4%;实际利用外资额为33.35亿美元,增长1.3%。[2]

无锡利用外资总量稳定。2015年,批准外资项目358个,协议注册外资额为55.33亿美元,到位注册外资额为32.11亿美元,增长3.0%。[3]

---

[1] 苏州市统计局:《2015年苏州市国民经济和社会发展统计公报》。
[2] 南京市统计局:《2015年南京市国民经济和社会发展统计公报》。
[3] 无锡市统计局:《2015年无锡市国民经济和社会发展统计公报》。

常州外资项目有所突破。"十二五"期间，常州注册外资实际到账达150亿美元，是"十一五"期间的1.5倍。①"十二五"期间，常州不断完善招商网络体系建设，积极推进以产业链招商和服务业招商为先导的各类引资工作，全市利用外资的体量不断提升。五年中，常州累计完成实际到账外资155.5亿美元，较"十一五"期间增长54.6%。外资企业对常州经济社会发展的贡献也不断提升，"十二五"期间，累计涉外税收比"十一五"增长90.6%。常州以外引外、以民引外的引资路径继续拓展，增资、并购等"非绿地"投资方式日益增多。2015年，联合光伏、顺风光电等109家外资企业实现增资扩股，新增协议外资18.6亿美元，同比增长24.7%，外资并购项目新增协议外资2亿美元，同比增长31.6%。②

镇江实际利用外资持平略增。全年实际利用外资额为13.06亿美元，比2014年增长0.8%；全年协议利用外资额为14.58亿美元，下降38.8%。③

二 实际利用外资结构持续优化

苏南地区实际利用外资结构表现出持续优化的趋势，主要表现在以下几个方面。一是服务业利用外资占比提升。苏南地区服务业实际利用外资占比达到51.2%；苏州服务业实际利用外资为26.7亿美元，占实际利用外资的38.1%。二是战略性新兴产业利用外资显著增长。南京市实际利用外资由原来主要集中在房地产、商贸零售等行业，现已逐渐向总部机构、金融服务、会展物流、文化创意、电子商务等现代服务业领域拓展。

"十二五"期间，苏州引资结构更趋合理，利用外资质量水平不断提高，服务业注册外资占比约为34%，比"十一五"期间提高了12个百分点。2015年，服务业新设项目数、注册外资占引资总数的比重提升至72.6%和51.2%，全面超过制造业；2015年，服务业实际使用外资比重达38.1%。"十二五"期间，现代服务业新设项目1149个，新增注册外资83.5亿美元，分别约占服务业总数的40%、41%。先进制造业进一步发展，"十二五"期间，高新技术产业和现代制造业领域新设外资项目1034

---

① 常州市政府：《2015年常州市政府工作报告》。
② 常州市统计局：《抓机遇迎挑战促发展　外向型经济稳步提升》，2016年3月17日。
③ 镇江市统计局：《2015年镇江市国民经济和社会发展统计公报》。

个，新增注册外资175.1亿美元，分别约占制造业总数的42%和45%；2015年，苏州战略性新兴产业和高技术项目实际利用外资额为33.8亿美元，占实际利用外资额的48.2%。外资总部经济发展势头良好，"十二五"期间共引进各类外资功能性企业超过100家，引进独立研发企业50家、非独立研发中心256家。[1]

南京引资结构渐趋合理。对于2015年南京的招商引资情况，分产业看，第一产业利用外资额为0.04亿美元，下降38.1%；第二产业利用外资额为7.77亿美元，下降15.7%；第三产业利用外资额为25.54亿美元，增长8.1%。分行业看，制造业利用外资额占比21.8%，房地产业占比30.6%，金融租赁服务业占比13.7%，租赁和商务服务业占比10.5%，批发零售和住宿餐饮业占比9.3%，软件信息服务业占比3.5%，科研技术服务业占比3.3%。[2]

无锡利用外资结构进一步优化。2015年，无锡累计完成46个新批协议外资额3000万美元以上的重大外资项目，其中引进的制造业项目高达32个，同比增加7个，而房地产业项目从2014年的15个大幅缩水至2个。尽管与2014年相比累计新设外资项目减少了25个，但协议外资额3000万美元以上的重大项目平均规模为9641万美元，同比增长33.12%，重大外资项目的提质增效，将产生较大的带动效应，激活产业链上的投资，提升资源利用率。2015年，无锡制造业实际利用外资额同比增长10.96%，占全市比重高达58.7%。现代服务业的招商引资成果显著，非银行金融业、医疗健康、养老、新能源等产业招商取得突破。无锡首个外资医疗项目新区——三星哥伦比亚医院已顺利通过行业许可；从2012年下半年报批第一家起，无锡外资融资租赁、商业保理企业累计已达15家。[3]

常州外资结构逐步优化，外资大项目有所突破。2015年，常州实际到账注册外资24.9亿美元，新增协议注册外资额3000万美元以上项目16个，其中总投资超10亿美元的瑞声射频模组项目成功签约，波士顿锂电池、联合光伏、顺风光电科技3个项目总投资超过5亿美元；新增世界

---

[1] 苏州市统计局：《2015年苏州市国民经济和社会发展统计公报》。
[2] 南京市统计局：《2015年南京市国民经济和社会发展统计公报》。
[3] 《我市重大外资项目提质增效》，《无锡日报》2016年3月19日。

500 强投资项目 5 个、增资项目 2 个,数量创近年新高。①"十二五"期间,常州不断引进投资规模大、产业层次高、经济效益好的重大项目、优质项目、世界 500 强项目、区域总部和功能性机构项目。新增总投资额 3000 万美元以上项目 250 个,其中超亿美元项目为 61 个,累计总投资额为 133.7 亿美元,分别是"十一五"期间的 1.3 倍、1.8 倍和 1.75 倍。"十二五"期间,常州新增天合太阳能、GENOVA 生物技术、瑞声、波士顿电池、富德能源等一批重大项目,其中总投资超 10 亿美元项目 3 个,超 5 亿美元项目 4 个,2 亿~5 亿美元项目 15 个;蒂森克虏伯、西门子、博世、新日铁、丰田等 17 家世界 500 强企业累计新增投资项目 22 个;常州新增省级跨国公司地区总部 4 家,功能性机构 2 家。②

镇江实际利用外资结构优化。2015 年,第一产业实际利用外资额为 1.17 亿美元,下降 31.7%;第二产业为 6.20 亿美元,增长 17.6%;第三产业为 5.68 亿美元,下降 4.8%。2015 年,工商新注册外商投资企业数为 93 家,比 2014 年下降 20.5%。服务贸易保持良好发展态势,全年实现服务外包合同额 12.69 亿美元,比 2014 年增长 15.9%,其中离岸服务外包合同额 6.08 亿美元,增长 15.4%;实现服务外包执行额为 11.75 亿美元,比 2014 年增长 18.1%,其中离岸服务外包执行额为 5.88 亿美元,增长 18.4%。③

三 外资增资并购趋势上升

增资、并购正在成为国际资本在苏南地区投资的重要方式。2015 年,苏州有 589 家外企增资扩股,新增协议外资额为 51.2 亿美元,占协议外资总额的 57.3%;新增外资并购项目 55 件,并购交易额为 1.7 亿美元。2016 年 1~3 月,苏州有 140 家外商投资企业增资扩股,新增注册外资额为 7.5 亿美元,同比增长了 29.1%,占注册外资总额的比重为 50.3%;新增外资并购项目 15 件,并购交易额为 6521 万美元。21 家企业通过跨境人民币方式出资 9.6 亿元,2 家企业以其境内股权出资 6790 万美元。④

---

① 常州市统计局:《2015 年常州市国民经济和社会发展统计公报》。
② 常州市统计局:《抓机遇迎挑战促发展 外向型经济稳步提升》,2016 年 3 月 17 日。
③ 镇江市统计局:《2015 年镇江市国民经济和社会发展统计公报》。
④ 《苏州市 2016 年三月利用外资和境外投资工作情况》,《外资工作专刊》2016 年 5 月 17 日。

无锡长电科技投资7.8亿美元收购新加坡金科星鹏之后，将其先进技术、专业团队和生产线纳入门下，并拿下占其市场资源的69%的美国高端客户，一举将国内IC制造的水平和规模提升至全球"第一梯队"，有效带动了无锡IC制造产业整体水平的上升。[1] 常州外资并购加速。世界500强企业史赛克以59亿港元收购了常州创生医疗，全球医疗器械巨头美国柯惠并购常州康迪医用吻合器有限公司65%的股份，日本电产株式会社收购了江苏常州凯宇汽车电器有限公司51%的股份。[2] 外资并购成为镇江利用外资的重要渠道。外资参与镇江企业重组的进程也在加快，巨宝、亦禾等20多家企业通过债转股、外资并购实现了与境外资本的合资合作，累计利用外资额达2亿美元。[3]

四 外资新业态新模式发展良好

跨国公司地区总部和功能性机构数量持续增长。2013~2015年，苏南地区新设外资研发机构128家、跨国公司地区总部和功能性机构152家，苏南地区另有10家外资企业在境外上市。2015年，苏州新引进和培育各类具有地区总部特征或共享功能的外资企业35家，外资企业累计超过200家；148家世界500强企业在苏州的投资企业达400家。"十二五"期间，南京新增外商投资地区总部、投资性公司、结算和物流中心、研发机构80家。外资服务业开放领域不断扩大。苏州明基医院获批变更为外资独资医院，成为江苏省继南京明基医院后第二家外商独资医院。

外资金融领域改革试点稳步推进。2015年3月，张家港保税港区经国家外汇管理局批准成为全国开展外债宏观审慎管理的三个试点地区之一。2015年7月，中国人民银行批准昆山试验区开展区内台资企业"跨境贷"业务试点。截至2015年年底，昆山试验区办理台企集团内部双向借贷企业户数达267家，168家企业发生双向借款业务，双向借款规模达186.72亿元，其中借入额为120.08亿元，借出额为66.64亿元（其中5.82亿元为台资企业），为相关企业节约融资成本超过3亿元。苏州工业园区跨境人民币业务试点发展态势良好。2015年，苏州工业园区累计有7家企业办理

---

[1] 《我市重大外资项目提质增效》，《无锡日报》2016年3月19日。
[2] 《外资并购：如何提高成功率？》，《常州日报》2015年4月26日。
[3] 《镇江利用外资两年实现"两级跳"》，中国江苏网，2014年1月29日。

了 8 笔跨境人民币贷款合同登记，合同金额为 8.19 亿元，累计 8 家企业提款 8.09 亿元，累计 19 家企业归还跨境人民币贷款本金 16.81 亿元。

镇江利用外资产业结构逐步升级，除了传统产业，还出现了养老产业、融资租赁等新面孔，外资并购、总部经济也成为镇江利用外资的重要渠道。据统计，镇江新型利用外资方式的贡献率已达到 20%。其中，镇江新区金港融资租赁有限公司、江苏润兴融资租赁有限公司等累计利用外资额近 1.5 亿美元。同时，外资参与镇江市内企业重组的进程也在加快，巨宝、亦禾等 20 多家企业通过债转股、外资并购实现了与境外资本的合资合作，累计利用外资额为 2 亿美元；外资总部经济取得了新进展，建华建材（中国）投资有限公司有望被认定为省级地区总部和功能性机构。[1]

五　外商投资管理体制改革取得进展

苏南地区进一步简政放权。按照能放尽放的原则，除《江苏省政府核准的投资项目目录（2014 年本）》及其他规定必须由国家、省核准的项目外，其余实行核准制的外商投资项目管理权限一律下放至市、县（市）；实行备案制的外商投资项目一律实行属地化管理。研究制定事中事后监管的制度框架、建立监管信息共享机制和平台。推进外资企业准入单一窗口机制，由"多个部门多头受理"转为"一个窗口受理、部门并联审批"，并推行线上线下结合和流程优化，实现跨部门数据共享，推进事务网上办理。[2] 此外，在江苏省范围内推行"清单式审核、备案化管理"外资项目快速审批改革，审批时间平均缩短到 2 个工作日。扩大外资项目"单一窗口、并联审批"试点，试点地区从镇江等市扩展到苏州工业园区、常州高新区等地，江苏省外资审批部门开通并联审批数据接口，实现电子数据共享，常州高新区正在对并联审批平台进行试运行。

第三节　进一步提升开放载体功能

苏南开发区引领了体制机制创新，有效地发挥了窗口、示范、辐射和

---

[1] 《镇江利用外资两年实现"两级跳"》，中国江苏网，2014 年 1 月 29 日。
[2] 《中共江苏省委江苏省人民政府关于深化开放型经济体制改革的若干意见》（苏发〔2014〕18 号）。

带动作用,成为当地经济发展的增长极、新兴产业的集聚区、外商投资的密集区、改革创新的先行区和迅速崛起的新城区。

一 实施"对接上海自贸区创新工程"

通过复制推广上海自贸区 29 条改革创新措施,苏南地区外资快速审批、境外投资备案改革、扩大金融业开放、创新海关特殊监管区域功能等工作走在江苏省乃至全国前列。

苏州积极学习对接上海自贸区,积极争取对外开放新政策,出台了《苏州市学习对接自由贸易试验区的改革开放举措及实施计划》,推出了 37 条学习对接措施。在国务院明确的上海自贸区可复制可推广的 35 项改革措施中,苏州已借鉴 29 项。苏州外资快速审批改革试点成效显著,纳入快速审批的事项申报资料精简 50% 左右;积极探索境外投资事中事后管理制度;大力争取常熟服装城、东方丝绸市场纳入商务部内外贸结合商品市场试点。

无锡积极对接上海自贸区建设。截至 2015 年年底,共复制推广上海自贸区改革创新事项 48 项,其中海关 14 项、检验检疫 8 项、工商登记 6 项、投资管理 3 项、金融创新 5 项、税收服务创新 4 项、扩大投资领域开放 7 项、事中事后监管 1 项。

南京积极对接上海自贸区建设。2014 年,南京推出外贸稳定增长的 19 项新举措,涉及贸易便利化、优化海关监管、扶持新兴业态、营造发展环境 4 个方面。在贸易便利方面,积极复制推广上海自贸区监管创新经验,2015 年 6 月底前在南京关区复制推广了先进区后报关、保税展示交易、境内外维修等 14 项海关监管服务改革项目。扩大区域通关改革范围,将"属地申报、口岸验放"的适用范围放宽至一年内无违法记录的 B 类生产型企业;将"属地申报、属地放行"的适用范围放宽至 A 类企业。深化关检合作,2014 年在省内口岸全面实现"一次申报、一次查验、一次放行"。在扶持新兴业态方面,将跨境贸易电子商务出口业务逐步扩大至省内多个城市,积极争取进口模式试点。开发完善海关通关管理系统,实现与地方政府、检验检疫、税务、外汇等部门以及电商企业的无缝衔接。推动海关特殊监管区域整合优化,向高端制造、物流、研发、维修、销售、结算 6 个方向优化转型发展,开展区域内"保税展示交易"、"委内加工"和返区维修业务试点。①2016年,南京又根据《国务院关于促进外贸回稳向好的若干意见》出台了18条举措,涉及降低通关成本、优化企业信用管理、加快复制推广上海自贸区海关监管创新制度、支持多式联运中心建设、深入推进跨境电子商务整合发展等方面;继续推进"保税展示交易""批次进出、集中申报""卡口智能化管理""企业自行运输""委内加工"等监管创新制度;支持江北新区开展服务贸易创新试点和申报自由贸易试验区,支持具备条件的会展场馆设立海关监管场所,为展品提供通关便利,助力会展业做大做强;同时为台积电、世界村等重大项目提供减免税、通关等全流程跟踪式服务。②

镇江积极对接上海自贸区。镇江至少有11家企业协作配套中国商飞的大飞机研制,已初步形成以通用机场为龙头,通用航空和无人机整机、新材料、关键部件、信息技术应用、航空服务五大涉航特色产业。除了对接大飞机项目,镇江还主动融入上海自贸区辐射圈。镇江借鉴上海自贸区改革的理念和运营管理经验,加快镇江综合保税区建设。镇江积极探索贸易管理制度改革,推进以海关特殊监管区"一线放开、二线管住"为特点的贸易管理制度改革,构建符合国际惯例的涉外经济管理模式;建立镇江-上海自贸区的决策层、协调层和执行层三级对接平台,形成了全方位的互动工作机制;开展自贸区产业导向的招商引资,构建国际智慧医疗产业基地,发展检验检测服务外包业,促进镇江健康服务业的国际化;引进知名信用跨国公司,培育开放型信用经济,推动镇江高校开展国际办学,促进教育产业国际化。③

常州主动复制上海自贸区经验。对于江苏省政府复制推广"单一窗口"、信用体系、综合执法、事中事后监管等6项事项,常州按照省统一部署分批有序推进。对于国家有关部委复制推广的29项事项,常州全面实施到位的有10项,正在实施有5项,有权限实施但企业尚未有需求的有6项,此外有7项审批权限尚在国家或省级部门。

① 《复制推广上海自贸区经验》,《新华日报》2014年7月18日。
② 《金陵海关推18条举措助力外贸回稳》,《南京日报》2016年7月27日。
③ 《江苏镇江甘当长三角城市群"最佳配角"》,《中国经济导报》2016年7月15日。

二 积极推动开发区转型升级创新发展

2015年，苏南地区新认定了4家特色产业园区、1家省级生态工业园区，苏南与苏中苏北开发区结对建设了7家共建园区，6家出口加工区升级为综合保税区。开发区产业层次不断提升。在苏南地区64家特色产业园区中，超过60%形成以战略性新兴产业为主导的产业结构。"十二五"期间，苏州新增了6家国家级开发区、4家综保区，目前全市拥有国家级开发区14家、省级开发区3家、综合保税区7家、保税港区1家。2013年，昆山深化两岸产业合作试验区获批设立；2014年，苏州工业园综保区获批贸易多元化试点；2015年，苏州工业园区获批全国首个开展开放创新综合试验，张家港保税区汽车保税展示通过验收、获批开展外债宏观审慎管理试点。开发区创新发展迈上新台阶。苏南地区累计建成院士工作站52家、博士后工作站232家，有11家众创空间被纳入全省首批新型科技企业孵化器体系，高新技术企业数量达到2713家。"一带一路"通道建设加快推进。2014年以来，苏州先后开通了"苏满欧""苏满俄""苏新亚"等国际班列及苏州至东盟国家的跨境卡车航班，着力打造江苏（苏州）国际铁路物流中心。加快国际合作载体建设。苏州服务外包的载体建设也各具特色，已经形成1个国家级示范基地、2个省级示范城市和9个省级示范区的"1＋2＋9"服务外包发展架构。外包企业不断发展壮大，国际竞争力明显提升。截至2015年11月，累计有30家世界500强公司、全球外包百强企业和国内十大服务外包领军企业在苏州投资设立外包企业或分支机构，苏州CMM/CMMI3级以上企业达100家，通过ISO27001国际认证的企业达163家。

江阴保税物流中心升级为国家级综合保税区。无锡积极推动合作园区建设，建设中韩（无锡）科技金融服务区，推进中美（无锡）科技创新园建设。2015年，镇江先后建成中瑞生态产业园、海峡两岸（镇江）新材料产业合作示范区、海峡两岸（文创）产业示范基地等对外开放与合作载体，镇江出口加工区升格为综合保税区。2015年，南京综合保税区开始实质性运作，空港口岸正式实施对部分外国人144小时过境免签的政策，南京港成为全国启运港退税政策扩大试点港，铁路口岸开通国际集装箱"中亚班列"。常州园区建设提档升级，集聚水平显著提高。"十二五"期间，常州大力推进国际合作园区建设，学习借鉴国际先进理念，承接先进产业资源，建成了中国以色列常州创新园、武进高新区中德创新中心、常州高新区中荷航空产业园、武进绿建区中芬绿色科技产业园等一批国际合作园区。中德创新园区是全国首批12个重点中欧合作项目之一，也是江苏唯一入选项目；中以常州创新园是全国唯一获得两国政府高层认可及授权的中以合作创新园区。各类园区的建成，吸引了大批投资商来常州投资，截至2015年年底，累计有53家世界500强企业投资常州开发区。[①]

三 加强对外贸易合作平台建设

埃塞东方工业园通过了商务部、财政部的确认考核。为探索政企共建新模式，江苏省商务厅与无锡市政府、红豆集团共建的柬埔寨经贸代表处正式揭牌，江苏省商务厅与中江公司共建了驻纳米比亚代表处。依托新加坡－江苏合作理事会、苏港联席会议等服务平台，苏南地区与新加坡、中国香港、中国澳门在金融、智慧城市、养老服务、教育、科技以及物流等现代服务业领域开展了富有成效的合作。

常州对外合作稳步推进，境外园区建设有序推进。"十二五"期间，常州对外劳务合作和对外承包工程稳步推进，企业加大各类业态融合，在阿尔及利亚、安哥拉和东南亚等国家和地区承接多个海外工程项目。"十二五"期间，常州累计新签外经合同金额为31.7亿美元，完成营业额26.7亿美元，年均增幅分别为24.5%和44.7%。与此同时，常州不断提高边境经济合作区、跨境经济合作区发展水平，培育沿边开放新支点。总投资1亿美元的金昇乌兹别克斯坦纺织工业园项目开工建设，重点吸引常州纺织、服装、农机等企业入驻，打造丝绸之路经济带上的常州品牌。天合光能国际产业园项目加快推进，总投资0.9亿美元的马来西亚项目和2.3亿美元的泰国项目顺利实施，墨西哥、波兰、印度等海外生产基地建设有序推进。[②]

四 积极推进开发载体的制度创新

昆山试验区已在一些重点领域先行先试，并取得了重要进展：国务院

---

① 常州市统计局：《抓机遇迎挑战促发展　外向型经济稳步提升》，2016年3月17日。
② 常州市统计局：《抓机遇迎挑战促发展　外向型经济稳步提升》，2016年3月17日。

同意建立由国家发改委牵头、22个部委和江苏省参加的部省际联席会议制度，会议先后召开了三次，在产业合作、金融创新、贸易便利化等方面明确了一系列支持意见；国家发改委同11个部委批复设立了昆山海峡两岸电子商务经济合作试验区，对其实施商品通关、市场准入等先行先试政策措施，拓展了以跨境电子商务深化两岸产业合作的新路径；中国人民银行批准台资企业集团内部人民币跨境双向借款试点及跨境贷业务试点，集团内部双向借款规模近200亿元，为台资企业节约融资成本超3亿元；商务部支持开展两岸冷链物流产业合作等试点。海关总署同意在昆山综合保税区开展内销产品返区维修业务，允许其率先复制上海自贸区集中汇总纳税等成功经验；人社部支持昆山建设"两岸人才合作试验区"；银监会、证监会、保监会分别在银行、证券和保险机构开放方面提出了支持措施；江苏省委高度重视昆山试验区建设，专门制定出台了《关于进一步支持昆山试验区改革创新的意见》，在产业、投资、贸易、金融等方面明确了16项改革措施。

第四节　稳步推进"走出去"战略

2015年，苏南地区企业境外平均投资规模达1092万美元。并购项目活跃度明显提升，2015年，苏南共核准并购项目131个，同比增长43.9%；并购项目中方协议额为15.6亿美元，同比增长68.2%。

一　境外投资层次和水平不断提升

推动苏南企业抱团"走出去"。苏南地区重点支持苏州和无锡企业投资建设的埃塞东方工业园和柬埔寨西港特区2个国家级经贸合作区发展。一批重大项目成功落实。2015年，南京的苏宁云商出资22亿美元认购阿里巴巴集团增发股份项目，成为江苏省2015年投资规模最大的并购项目；常州的德龙镍业在印度尼西亚投资9.29亿美元建设60万吨镍铁合金冶炼项目，长电科技投资7.8亿美元收购新加坡一上市公司。2015年，苏州新批境外投资项目中方协议投资额为20.5亿美元，比2014年增长20.4%；全年新签对外工程承包合同额为18.8亿美元，完成营业额为10.4亿美元，分别比2014年增长39.5%和9.2%。无锡市加快企业境外上市步伐，截至

2015年年底，46家无锡市企业在境外上市。

2015年，南京新增外资投资项目170个，中方协议投资额为20.6亿美元，对外承包工程完成营业额为33.34亿美元，苏宁云商、中材国际、三胞集团的多个海外并购项目投资额达1亿美元。截至2015年年底，镇江累计批准163家企业在64个国家和地区投资237个项目，总投资额为18.04亿美元，中方协议投资额为9.14亿美元；培育了金东纸业、沃得集团、天工集团、圣象集团、江苏省交通工程集团公司等5个省级本土跨国公司。

常州境外投资提质增量，"走出去"步伐加快。"十二五"期间，常州加快实施"走出去"战略，鼓励具有比较优势的企业参与全球产业链重组，在国际竞争中不断强筋健骨、发展壮大。五年中，常州累计新增境外投资企业249家，中方协议投资额达23.5亿美元，是"十一五"期间的4.3倍，其中总投资额1000万美元以上的项目为50个，中方协议投资额为18.7亿美元，分别是"十一五"期间的5倍和5.3倍。境外投资中收购兼并成为新亮点。"十二五"期间，常州新增并购类项目38个，中方协议投资额为4.7亿美元，是"十一五"期间的5.4倍和3.3倍。[①]

二 第三产业发展成为境外投资的首要产业

投资领域主要集中在批发零售业、租赁和商务服务业、房地产业，苏南三大行业合计境外投资中方协议投资额达到江苏省总额的52%。2015年，苏州对外投资中第三产业项目中方协议投资额为12.6亿美元，占61.5%；民营企业境外中方协议投资额为17.7亿美元，占86.4%。

常州境外投资中第三产业发展迅速。从产业类型看，常州"一带一路"沿线境外投资项目主要集中在第二产业，共有75个项目，占比达70.75%，其中制造业项目71个、建筑业项目3个，制造业项目主要集中在东南亚国家，利用投资目的国相对较低的劳动力、环保和物流成本，降低生产成本，实现产业转移，同时，规避贸易壁垒，占领境外投资目的国及周边国家市场，增加产品市场份额。但是第三产业有29个项目，占比27.36%，其中商务服务业项目13个、批发零售业项目11个、餐饮业项目

---

① 常州市统计局：《抓机遇迎挑战促发展 外向型经济稳步提升》，2016年3月17日。

1个。①

"十二五"期间,无锡积极助力企业加快对外投资步伐,无锡市对外投资额累计达到59亿美元,比"十一五"增加51亿美元,年均增长40%。其中,2015年达到17.4亿美元,创历史新高。民营企业已成为境外投资的中坚力量,其境外投资额占无锡的70%以上。覆盖面进一步推开,目前无锡企业对外投资累计覆盖87个国家和地区,投资领域覆盖三次产业,其中第三产业占70%左右。②

三 "一带一路"沿线国家投资合作发展势头良好

苏南地区对"一带一路"沿线国家投资的速度、比重明显提高,且大项目不断涌现。2015年,苏南地区在"一带一路"沿线国家投资了一批1亿美元以上的项目。德龙镍业在印度尼西亚、东方恒信在巴基斯坦以及天合光能在泰国的投资均超过1亿美元,其中东方恒信的3个项目协议纳入习近平总书记访问巴基斯坦的高访签约清单。2015年,苏州企业对"一带一路"沿线国家协议投资额达5.9亿美元,比2014年增长48%。2015年,柬埔寨西港特区建设持续发展,到2015年年底已有中、日、法、美和意大利等国的85家企业入驻西港特区。

常州抢抓机遇加快"走出去"步伐。2015年至2016年3月,全市新增境外投资项目88个,中方协议投资额为10.41亿美元;其中,新增"一带一路"沿线国家投资项目19个,中方协议投资额为5.25亿美元,占全市中方协议投资总额的半壁江山。2015年,常州新增"一带一路"沿线国家投资项目14个,中方协议投资额为3.61亿美元,同比分别增长27.27%和49.19%;2016年1~3月,常州新增"一带一路"沿线国家投资项目5个,中方协议投资额为1.64亿美元,同比分别增长66.67%和62.38%。在常州的"一带一路"沿线国家投资项目中,制造业大项目成为龙头。2015年至2016年3月新增的19个投资项目中,1000万美元以上项目就有5个,中方协议投资额为4.93亿美元。投资项目主要包括:天合光能(常州)科技有限公司分别投资9085万美元、2.25亿美元和1.48亿

---

① 《常州绘制"一带一路"新蓝图》,《常州日报》2016年4月18日。
② 《无锡商务局助力企业加快对外投资步伐》,新华网无锡频道,2016年9月8日。

美元,在新加坡、泰国和印度设立公司,生产光伏组件和电池;江苏今昇实业投资 9000 万美元,在乌兹别克斯坦建设 12 万纱锭纺织项目;江苏铭瑞光电科技有限公司,在哈萨克斯坦合资成立哈萨克斯坦 M.R 工业有限公司,中方投资额为 1862 万美元,主要进行 LED 路灯、LED 室内外灯具等的制作加工。[①]

在"一带"沿线的 29 个国家中,常州企业在哈萨克斯坦、吉尔吉斯斯坦、俄罗斯等 8 个国家投资了 25 个项目,中方协议投资额累计达 3200 万美元。在"一路"沿线的 36 个国家中,常州企业在新加坡、马来西亚、印度尼西亚、缅甸、泰国、老挝、柬埔寨、越南、以色列、沙特阿拉伯、阿联酋、印度、斯里兰卡等 18 个国家投资了 81 个项目,中方协议投资额累计达 6.48 亿美元,其中最大的项目为天合光能(常州)科技有限公司投资 2.25 亿美元设立的天合光能科技(泰国)有限公司,该公司主要进行太阳能电池、组件的制造和销售。近年来,天合光能加快海外布局步伐,先后在马来西亚、新加坡、泰国、印度等"一带一路"沿线国家设立海外生产基地,总投资达 4.65 亿美元,通过吸引其上下游配套企业跟进投资,打造完整产业集群,在有效转移常州优势产业与剩余产能的同时,逐步实现全球化产业布局。从地区上看,常州"一带一路"沿线境外投资项目覆盖国别广。49 个项目分布在东南亚、南亚、中亚、中东欧和俄罗斯等地区和国家。东盟作为常州对外投资的主要地区,目前已有 57 个项目,占比达 53.77%。[②]

截至 2016 年 6 月,无锡企业在"一带一路"沿线投资项目累计 210 个,中方协议投资额为 12.4 亿美元。其中,制造业项目累计 127 个,中方协议投资额为 4.1 亿美元。一批制造业企业正成为无锡企业"走出去"的亮点。江苏长电科技股份有限公司在 2015 年完成对新加坡星科金朋 100%的股权收购项目,长电科技在集成电路封测行业的排名跃升为全球前三,向成为国际一流集成电路封测企业的目标迈出了实质性的一大步。海润光伏科技股份有限公司先后在美国、德国、澳大利亚、罗马尼亚、保加利亚、印度等国家和地区建立境外公司,推广自主品牌,大力开发国际电站

[①] 《常州绘制"一带一路"新蓝图》,《常州日报》2016 年 4 月 18 日。
[②] 《常州绘制"一带一路"新蓝图》,《常州日报》2016 年 4 月 18 日。

项目，挖掘抢占国际电站项目的建设先机，精耕细作，多元布局，勇闯行业"寒冬"。无锡宁朗投资有限公司投资6048万美元在泰国成立了宁朗（泰国）有限公司，充分利用当地木薯资源，缓解当地就业压力，使公司高品质柠檬酸产能得以转移，有效规避了欧美对我国出口柠檬酸产品的"双反"壁垒，实现多赢。①

2015年，南京新增境外投资项目170个（含增资），与2014年相比增长55%；中方协议投资总额突破20亿美元大关，达到20.6亿美元，跃居江苏省第一，较2014年同期增长40.6%。"一带一路"沿线国家地区已成为南京企业重要的海外掘金地。2015年，南京企业在"一带一路"上扬帆加速前进。南京房屋建筑、道路桥梁、水泥生产线、电力通信、石化装置等外经企业积极参与基础设施互联互通建设，与"一带一路"沿线的26个国家签订承包工程项目97个，新签合同额为19.59亿美元，完成营业额为15.2亿美元，分别占全市总量的51%和46%。还有一批企业直接到"一带一路"国家投资兴业。2015年，南京企业赴"一带一路"沿线国家投资24个项目，较2013年增加了11个，中方协议投资额为2.3亿美元，占总额的11%，同比增长了3.3倍。投资涉及文莱、缅甸、柬埔寨、印度、印度尼西亚、马来西亚、以色列、蒙古、巴基斯坦、新加坡、斯里兰卡、泰国、越南、乌兹别克斯坦14个国家。②

四 外经合作拓展深化

2015年，苏南地区对外投资中方协议额为68.3亿美元，占江苏省比重为66.3%。"十二五"期间，苏州深入实施"走出去"战略，全面推进企业国际化"155"工程，建立起投资促进和保障、金融、法律、人才、宣传、企业家全球互助六大服务保障平台，不断拓展优化对外经济合作的空间和产业布局。苏州境外投资持续快速增长，已经形成资源开发、高科技、传统制造业和传统服务业四业并举的境外投资产业格局。2015年，新批境外投资项目中方协议额为20.5亿美元，比2014年增长20.4%，其中，第三产业项目中方协议额为12.6亿美元，占61.5%；民营企业海外

---

① 《无锡商务局助力企业加快对外投资步伐》，新华网无锡频道，2016年9月8日。
② 《2015年南京境外投资额20.6亿美元 居江苏第一》，《南京日报》2016年2月28日。

协议投资额为17.7亿美元，占86.4%。"十二五"期间，中方境外协议投资额年均增长34.3%。对外工程承包稳定、健康发展，实现了战略性结构转变，总承包项目占比超过90%，新业态项目占比超过85%；截至2015年底，从事对外承包工程和劳务合作业务的外经企业达54家，累计对外承包工程劳务合作合同额、营业额分别为48亿美元和35.4亿美元，是"十一五"时期的2.7倍和2.2倍。

五　财政金融等多种扶持力度不断加大

江苏省财政重点支持境外投资能源资源、并购品牌和技术、转移过剩产能和境外合作区建设。2014~2016年，江苏省财政共安排了2.75亿元资金用于扶持企业"走出去"，支持力度不断加大。创新政策扶持新模式，探索通过债权支持和股权支持的方式，设立专门资金，撬动金融和社会资本共同支持企业"走出去"。2015年，江苏企业国际化基金融资增信业务正式启动，江苏省商务厅、财政厅和苏豪集团合作建立"一带一路"投资基金，首期规模为30亿元，2020年将达到300亿元。

南京出台了《南京市推进国际产能和装备制造合作的实施方案》，加快推动优势产能和装备制造"走出去"，力争到2020年，实现境外投资中方协议投资额年均增长10%以上、对外承包工程完成营业额年均增长10%以上，培育5家以上具有一定国际竞争力的本土跨国公司。首先，方案特别提出重点依托轨道交通、新能源、装备制造、软件和信息服务业等新兴产业及冶金建材等传统产业推动国际产能和装备制造合作，这是结合南京产业特点所做出的选择，更加聚焦优势产业。其次，推动南京优势产能、装备制造等产业的发展在全省位居前列，到2020年，力争实现境外投资中方协议投资额年均增长10%以上、对外承包工程完成营业额年均增长10%以上。再次，为推动境外经贸合作区和产业集聚区建设，南京借助江苏柬埔寨西哈努克港经济特区、埃塞俄比亚东方工业园、印尼东加里曼丹岛农工贸经济合作区等合作平台，引导南京企业入驻发展，借力投资，依靠当地资源增强比较优势、提升产品国际竞争力。此外，还积极配合省级境外经贸合作区和产业集聚区建设，重点推进海企集团在坦桑尼亚、汇鸿集团在尼日利亚的产业集聚区建设，鼓励龙头企业带动中小企业抱团"走出去"，降低中小企业各自"走出去"的风险和项目实施成本。此外，南京还将支持企业开展多形式的对外合作，在境外建立生产加工基地，适度转移有比较优势的生产环节及富余产能；支持南京企业与境外企业、高校和科研机构开展技术联合研发、申请国外知识产权、参与国际标准制定等。最后，南京鼓励企业加强与大型央企的对接合作，通过工程分包等形式参与央企境外产能合作项目。比如，在非洲、中亚、南美等发展中国家以工程总承包（EPC）、建设—经营—转让（BOT）、公私合作模式（PPP）等方式开展国际工程承包。到 2020 年，南京将至少培育 5 家具有一定国际竞争力的本土跨国公司。南京支持重点企业面向全球布局，在境外设立、收购研发机构，将产品价值从低端链向高端链提升，向产研销一体化的跨国公司转型；支持有条件的企业采取多种形式兼并、收购境外企业，特别是境外成熟品牌，建立国际营销网络，加速商务服务业、批发和零售业对外投资进程，开辟多元化经营新路。①

无锡积极搭建"走出去"服务平台。一是推进海外投资促进平台建设，积极与境外政府机构、商会合作，组织 100 家重点企业参加各类投资促进研讨会，赴南美、非洲、北欧等重点国家和地区进行投资考察；发挥"无锡市海外投资联合会"作用，向企业提供重点国家和地区投资贸易信息、法律法规咨询等，帮助企业熟悉海外投资环境，支持企业抱团发展。二是加强"走出去"企业风险防范。联合中信保等政策性保险机构设立全市境外投资、境外工程政策性保险服务统一保障平台，鼓励更多"走出去"企业投保，降低企业境外投资、境外工程承包的风险；提升企业风险管控能力，建立企业境外投资风险防范体系，加强对重点国别、地区的风险管控预警，完善境外突发事件应急处理机制。②

镇江积极支持企业"走出去"。一是加大对企业参展的财政扶持力度。对参加在拉美、非洲、印度和俄罗斯举办的进出口商品展销会的企业，补足展位费；对在拉美、非洲参展的企业，给予每家企业每个展会最高 2 万元人民币的交通费用补助；对在印度、俄罗斯参展的企业，给予每家企业每个展会最高 1 万元人民币的交通费用补助。二是积极推进品牌兴贸战略。鼓励企业建设自主品牌，扩大自主品牌、自主知识产权产品出口，鼓励支

---

① 《南京力争"十三五"境外投资年均增长 10% 以上》，《南京日报》2016 年 2 月 26 日。
② 《无锡商务局助力企业加快对外投资步伐》，新华网无锡频道，2016 年 9 月 8 日。

持企业申报"2014—2016 年度江苏省重点培育和发展的国际知名品牌",对 2014 年获得的"江苏省重点培育和发展的国际知名品牌"的企业,每个给予最高 30 万元的奖励,力争打造 10 个以上"江苏省重点培育和发展的国际知名品牌"。三是强化"走出去"对外贸的带动促进作用。鼓励企业开展对外投资,并购境外品牌、技术和市场营销网络,带动装备、材料、产品、标准和服务出口,推动过剩产能向境外转移。对推动过剩产能以及易受贸易保护冲击产业向境外转移、当年实际投资 200 万美元以上的企业,按不超过其当年实际投资额(厂房、设备及其他固定资产等投入)的 3% 给予相应补助,同一企业最高补助 50 万元。四是加快培育建设各类出口基地。建立完善省、市、县(区)三级出口基地梯度培育机制,对 2014 年获得国家级、省级出口基地称号的分别给予最高 200 万元、100 万元的奖励,对积极培育和争创出口基地称号且成效突出的企业单位给予一定的奖励。五是拓宽外贸企业融资渠道。推进银行业创新金融产品和服务,引导金融机构设计开发针对外贸企业的金融服务产品,拓宽外贸企业融资渠道;加大对有订单、有效益企业的金融支持,引导金融机构在政策允许范围内新增授信规模;帮助外贸企业融资周转,切实缓解中小企业融资难、融资贵问题;引导金融机构创新避险产品,帮助企业规避汇率波动风险。[①]

[①] 镇江市财政局:《镇江市五项措施支持外贸增长》,2014 年 12 月 12 日。

第五章
富裕文明宜居区建设的进展

富裕文明宜居区建设是苏南现代化建设示范区的重要组成部分。在具体实施的过程中，每个城市既有一些共性做法，又有一些特色措施，具体措施包括：优化城乡居民收入结构，加强公共服务，培育地域特色文化，营造良好人居生态环境。

第一节 不断优化城乡居民收入结构

城乡居民收入结构直接反映了居民的经济状况。苏南地区在优化城乡居民收入结构方面，形成了一些本地区独有的特色和做法，主要体现在拓展居民增收渠道、加快形成橄榄形收入分配格局、建立城乡困难群众精准帮扶机制、建设"富裕城市"保障体系等方面。

一 拓展居民增收渠道

稳定增加工资性收入，拓宽收入来源渠道。为适应经济转型升级需要，苏南地区普遍采取的措施包括：完善职业技能培训体系，努力扩大就业规模，实现就业水平和工资水平联动提升；健全工资决定机制、增长机制和支付保障机制，扩大企业职工集体协商覆盖面；加强农民工工资支付保障，提高技术工人待遇。完善机关事业单位工资制度，推动机关事业单位人员收入与经济发展、职务级别和岗位绩效相协调；合理确定国有企业管理人员薪酬水平，形成与职工之间合理的收入分配关系。

重点提升经营性、财产性收入。充分发挥创业致富的示范带动作用，深入实施全民创业工程，大幅提高经营性收入。促进居民提升安全理财意识，规范健全资本、产权、债券、房屋租赁等各类市场，丰富拓展租金、股息、红利等有效投资渠道。引导居民参股创办企业或者投资经营项目，稳步推进员工持股、岗位分红权激励，提高股权红利收入。

持续增加农民收入。深入实施农民收入倍增计划，加快农业、就业、创业、物业"四业"富民。激发农村产权权能，加快释放农村耕地、宅基地和建设用地的改革红利，发展村级集体经济，完善社区股份合作制和被征地农民保障制度，赋予农民更加充分、更有保障的财产性收入。整合优化各类涉农专项资金，持续增加农业投入和对农村地区的转移支付。拓展农村三次产业联动发展空间，提高经营性收入。实施新生代农民工职业技能提升计划，启动农民创业工程，增强就业和创业能力，提高工资性收入。

二 加快形成橄榄形收入分配格局

完善劳动、资本、知识、技术、管理等要素按贡献参与分配的初次分配机制，切实提高劳动报酬在初次分配中的比重。强化政府主导作用，健全再分配调节机制，完善以税收、社会保障、转移支付为主要手段的再分配调节功能。完善居民收入分配政策，健全工资支付保障机制和最低工资增长调节机制，落实带薪休假制度，提升居民消费能力。规范收入分配秩序，保护合法收入，遏制以权力、行政垄断等非市场因素获取收入，取缔非法收入，努力缩小城乡、区域、行业收入分配差距，提高中等收入人群比重。

实施就业优先战略，设置就业状况与经济运行预警联动。苏州把稳定和扩大就业作为经济运行合理区间的下限，将城镇新增就业、失业率作为宏观调控重要指标。加强财税、金融、产业、贸易等经济政策与就业政策的配套衔接，鼓励发展吸纳就业能力强的产业，逐步建立公共投资和重大项目建设带动就业评估机制。全面实施更加积极的就业促进政策，凸显小微企业的就业主渠道作用，为城乡劳动者构建更加科学有效的就业政策体系，努力推进高质就业和稳定就业。进一步健全失业动态监测制度，防控失业风险。

积极促进就业创业。鼓励企业稳定用工，实施就业质量提升工程，着力解决结构性就业矛盾。做好高校毕业生等重点群体就业工作，积极开发公益性岗位，帮助就业困难人员就业。实施技能人才振兴工程，提升农村转移劳动力素质，培养高技能人才。积极构建和谐劳资关系。多渠道增加居民收入，完善工资收入分配制度，继续提高低保家庭人均收入，确保居民收入增长与经济增长同步。

三 建立城乡困难群众精准帮扶机制

实施低收入人员脱困致富奔小康工程。以低保家庭、低收入家庭和特殊困难人员为重点，创新帮扶政策和工作机制，实施精准帮扶、精准脱贫措施，做到帮扶精准到社区（村）、到户、到人。无锡按照"托底线、救急难、可持续"原则，分类开展帮扶工作，对贫困家庭开展就业帮扶和指导，对有劳动能力的支持发展特色产业和转移就业，对丧失劳动能力的实施兜底性保障政策，对因病致贫的提供医疗救助保障，及时有效减少返贫现象，确保底线兜得住、成果守得牢。实行低保政策和帮扶政策衔接，对贫困群体应保尽保。

鼓励社会扶贫，指导和规范社会组织开展扶贫活动，营造全社会扶贫济困的良好氛围。确保低保家庭收入增长速度高于城镇居民可支配收入增长速度；确保低收入家庭人员各类帮扶救助水平得到相应提高，使其生活稳步改善；确保特殊困难人员都能得到及时有效的救助，进一步提升"救急难"水平。健全人人皆愿为、人人皆可为、人人皆能为的社会扶贫参与机制，组织开展各类主题活动，精心打造扶贫公益品牌，形成专业扶贫、行业扶贫、社会扶贫"三位一体"的大扶贫格局。

完善社会保障体系。2016年，无锡积极推进全民参保，重点解决本地户籍人员断保问题，实现企业职工养老、医疗保险参保人数达到5万人，失业、工伤和生育保险参保人数达到3万人。强化社保欠费清缴联动机制，完善基础养老金合理调整机制，推进机关事业单位养老保险制度改革，完善城乡统一的居民医疗保险制度。建立健全现代工伤保险制度。有效应对人口老龄化挑战，提高居家、社区、机构养老服务水平，基本实现城乡社区居家养老机构全覆盖，为特定困难老人家庭提供居家养老援助服务。

四 建设"富裕城市"保障体系

在苏南地区"富裕城市"建设方面，常州具有一定的领先性。2007

年，常州制定并实施了"富裕常州"2007~2011年建设目标、"富裕常州"2007~2009年行动计划等一系列行动计划。

建立分年度的行动计划。建立完善"富裕常州五年建设纲要－三年行动计划－年度工作目标"体系。各级各部门在制订年度工作计划时，要根据规划要求，深化和完善相关政策，明确具体操作办法，切实落实相关工作措施，保证目标任务和重大项目按计划实施。

建立监督调控体系。加强对五年建设纲要、三年行动计划、年度工作目标实施情况的监督检查，及时进行跟踪分析，特别是对于以市场和企业为主体推进的建设工作，要加强调控和引导。常州市发展和改革委员会和相关部门围绕"富裕常州"建设进程中需要协调解决的重大问题定期组织开展工作督察。

建立考核评估体系。将"富裕常州"建设纲要及行动计划的各项目标任务纳入常州年度目标考核体系中，作为各级各部门工作考评的重要依据，进一步完善"富裕常州"建设的奖惩制度，加强对各级各部门建设"富裕常州"工作的激励和引导。

积极引导舆论宣传。制订切实的宣传计划，宣传"富裕常州"建设的内涵、标准及工作举措和进展情况，积极宣传"富裕常州"建设进程中的正面情况，以正确舆论导向提升公众的认可度和参与度，使广大市民积极参与到"富裕常州"的建设中。

第二节 加强公共服务体系建设

城市公共服务体系是指由政府提供给全体居民，具有明显公共性的产品和服务的总和。苏南地区在公共服务体系建设的过程中，重点在公共服务输送、提供体系，现代综合交通体系，各类教育协调发展，医疗卫生体制改革，推进平安城市建设方面，形成了一些全国领先的建设理念，地区特色明显。

一 建设公共服务输送、提供体系

优化公共服务设施布局。统筹城乡公共服务设施建设，推进资源整合和、设施共建共享，科学确定各类公共服务设施的服务半径和覆盖人群，重点解决"最后一公里"终端服务可及性和质量效益问题。整合基层基本公共服务资源和功能，创新服务模式和服务业态，建立一站式综合服务中心。加快建设统一的公共服务信息系统，提高管理效率。

创新公共服务提供方式。建立与经济发展和财力状况相适应的基本公共服务财政支出增长机制，合理降低个人承担的服务费用。发挥市级财政的转移支付作用，构建市域内资源配置和服务保障标准水平趋同的调节机制。提高国有资本经营收益上缴财政比例，将其更多用于基本公共服务体系建设。采取购买服务、价格补贴、公私合作等多种方式拓展社会力量参与渠道，形成政府主导、市场引导、社会广泛参与的多元供给体系。

均衡配置公共资源。苏州以完善农村公共服务投入机制为重点，加强基层公共服务机构设施和能力建设，建立健全基本公共服务体系。大力促进教育公平，实行义务教育公办学校标准化建设，建立健全苏州范围内城乡校长教师交流轮岗机制，推动优质教育资源共享；科学规划学校布局，合理规划农村中小学教学点、寄宿制学校建设，满足学生就近上学需要。优化配置医疗卫生资源，推进城乡医疗机构纵向合作，鼓励城市优质卫生服务机构帮扶基层医疗机构，积极引导城市卫生人才向基层流动；合理设置城市社区卫生服务中心，加快健全以市区级中心医院为骨干、镇级医院和社区卫生服务中心为基础的城乡三级医疗卫生服务网络，完善城乡"10分钟健康服务圈"。

推动城乡基本养老服务均衡发展，加快发展老年服务产业。在城乡社区居家养老服务组织已实现全覆盖的基础上，加快服务组织提档升级。规划城乡公共文化设施布局，实现从"全设置"走向"全覆盖"，打造城区"十分钟文化圈"、农村"十里文化圈"。建立健全公共文化服务面向农村和特殊人群的优先机制，深入开展"群星璀璨"文化惠民活动、舞台艺术和数字电影"四进工程"、文化"三送工程"。全面推进文化数字化工程，建设公共数字文化资源服务平台，推进"有线智慧镇（街道）、社区（村）"和"四位一体"农村综合信息服务体系建设，开展"扶老上网""助农用网"等活动，实现公共文化服务的全域化。

二 构建现代综合交通体系

建设现代综合交通运输体系。苏州加大市级统筹力度，协同各地推进铁路、公路、水运、通用机场等跨区域项目建设，完善综合立体交通体系。加快推动苏州基础设施与周边城市的对接，加快推进沪通铁路及太仓港支线、通苏嘉城际铁路、沿江城际铁路、湖苏沪城际铁路建设；进一步改造境内国道、省道，不断完善与周边地区的路网体系；加大港口、码头、航道联合建设力度，提升苏州综合运输体系服务国家战略的能力。

推进区域内交通设施互联互通。苏州加快推进市域轨道网建设，不断完善路网连接工程，重点加强城市轨道交通、有轨电车等公共交通的统筹对接；加快推进内环放射线、中环二期等城市快速路建设；着力推进镇村道路建设，提升农村配套基础设施建设水平。

优先发展城市公共交通。优先发展公共交通，优化完善线网层次结构，发展多元一体的公交体系。构建以轨道交通为骨架、常规公交为主体、其他交通方式为补充的一体化城市公共交通体系。为了倡导绿色出行，无锡将城市慢行系统和公共自行车系统列入《无锡市公共交通条例》并做出明确规定：鼓励和引导公众优先选择公共汽车、轨道交通、公共自行车等出行方式，加强城市慢行系统规划和建设，合理布局公共自行车服务网点，推进服务智能化标准化，实现公共自行车通借通还，方便群众换乘和使用，以解决公众出行"最后一公里"问题。

建设快速交通 BRT 系统。其中，常州快速公交 BRT 系统处于国内领先地位。2008 年，常州 BRT 系统建成并投入运营。两个首末站分别与城北、武进长途客运站相邻。首末站之间除 BRT 线外，还设置了多条常规公交线路。首末站不仅是快速公交的首末站，而且是公交线网中的枢纽站，极大地方便了乘客在长途车和公交间的换乘。

三　推进各类教育协调发展

支持学前教育普惠优质发展。南京大力发展公办幼儿园，积极扶持民办惠民幼儿园，重点发展农村学前教育，重视 0~3 岁婴幼儿教育；促进义务教育优质均衡发展，加快推进名校集团化，鼓励优质品牌学校带动相对薄弱学校、农村学校和新建学校发展，切实缩小校际差距，着力解决择校问题；推动高中教育特色多样发展，积极开展研究性学习、社区服务和社会实践，实现优质高中广覆盖。"十二五"期间，江阴首批通过了"江苏省学前教育改革发展示范区"验收，13 个乡镇（街道）先后创建成"无锡市学前教育现代化乡镇（街道）"，学前三年入园率由 99.6% 提高到 99.8%，100% 的中心幼儿园成为省优质园，全市 90% 以上的适龄幼儿在省、市优质幼儿园就读。

大力促进教育公平。南京已经开始实施义务教育标准化建设工程，预计到 2018 年，所有义务教育学校均会达到标准化学校办学标准；引导优质教育资源更多投向农村，健全城乡校长教师交流激励保障长效机制，启动乡村教师支持计划，重点解决农村教师结构性缺编问题。

常州实施江苏省义务教育优质均衡改革发展示范区建设工程；调整并完善义务教育管理体制，实现义务教育服务均等化；通过学校委托管理、校际合作、教育集团等形式扩大并合理配置优质教育资源，推进优质学校创建，2012 年，义务教育优质学校比例达 80%，预计 2020 年将达到 100%；坚持免费就近入学原则，逐步降低公办学校择校比例。

全面保障残疾儿童少年、留守儿童少年和外来务工随迁子女平等受教育权利。南京普及从学前到高中的 15 年免费特殊教育，继续实施学前教育一年免费政策，逐步分类推进中等职业教育免除学杂费，率先对建档立卡的家庭经济困难学生实施普通高中免除学杂费，实现家庭经济困难学生资助全覆盖。常州逐步提高流动就业人口随迁子女公办学校吸纳比例，2012 年，这一比例达 90%；完善义务教育质量监测制度，强化反馈、指导和服务功能；建立健全农村留守儿童服务体系；整体提高小学教育创新水平，大面积提升初中生学习素养。

提升教育发展质量。南京实施卓越教师培养计划，完善分配、激励和保障制度，打造师德高尚、师能精湛的优秀师资队伍；推动信息技术与教育教学深度融合，推进"慕课"等现代教学手段与传统教学手段良性互动；建立现代学校制度，分类发展民办教育。无锡加快教育信息化建设，举办全市中小学教师微课竞赛、职业学校信息化教学大赛，初步建成"智慧课堂""名师微课"等智慧教育应用项目，积极运用"云课堂"、翻转课堂、微视频等创新教学方式。

深入实施素质教育。无锡强化学校体育、艺术教育工作，建立学生体质健康监测评价体系，举办全市中学生运动会、健美操啦啦操比赛、青少年棒球联赛、"百灵鸟"艺术展演、维尔特无锡合唱指挥大师班培训等活动，提高了学生的综合素质。无锡坚持抓好科技、环保等专题教育，举办全市中小学生发明创造大赛，新增省、市青少年科学教育特色学校30所、绿色学校20所，建成"两型社会"示范学校21所、低碳消费学校13所。

提升教育国际化水平。南京积极搭建高层次教育对外交流平台，引进境外优质教育教学资源和师资培训资源，进一步提高教育的开放度；加强中外合作办学的整体规划，强化国际课程设置、师资引进，规范国际项目管理；统筹优质国际教育资源引进和南京教育品牌输出，办好各级孔子学院和孔子课堂，做好新区、新城国际学校布点规划；推进职业教育国际化，开展境外职业教育项目合作和课程交流，引进国际通用职业资格证书。

四 深化医疗卫生体制改革

以镇江为代表，苏南地区集中完善基本医疗保障制度，加强基本公共卫生服务。健全医疗服务体系，完善公立医院法人治理机制，探索医疗集团"建、管、用"有效运作方式。强化医疗卫生监管，改革药品供应保障体系。加快构建以分级诊疗为核心的现代医疗卫生体系，鼓励社会资本进入医疗卫生领域，大力发展康复、老年护理和多元化医疗健康服务业。

坚持"保基本、强基层、建机制"的基本原则。镇江以维护和增进居民健康水平为宗旨，以基本医疗卫生制度建设为核心，进一步深化医疗保障、医疗服务、公共卫生、药品供应以及监管体制等领域综合改革，着力在区域健康服务体系建设、全民医疗保障体系建设、医药卫生补偿机制改革等方面实现突破。

完善大卫生管理体制。镇江市卫生行政部门受镇江市政府委托履行市属公立医院出资人职责，确定公立医院规划，监督公立医院资产和运营状况，建立公立医院绩效评价体系，确保公立医院的公益性。江苏康复、江苏江滨医疗集团分别受镇江市卫生局和江苏大学委托，履行所属医院的"办医"职责，具有独立法人地位，是实行政事分开、管办分开的载体，是集团所属医疗卫生机构国有资产投资、管理、运营的责任主体，履行指导医院发展、资产处置、收益分配、院长聘任的职权。医疗集团中的各医院作为自主经营主体，承担医院的医疗质量、医疗安全、成本控制等经营管理职责。

推进集团实体化运作。为加快医疗集团实体化运行，镇江进一步明确界定了医疗集团办医的职责。江苏康复医疗集团落实内设机构、职能、编制等要求，发挥紧密型医疗集团优势，加快推进集团行政管理、人员管理、财务管理、学科建设、服务标准、后勤保障、信息化、社区管理等一体化改革；履行医疗集团投融资职能，多元筹措发展资金，承担成员医院发展建设任务，化解历史债务。江苏江滨医疗集团通过托管、协作、股份制等形式，在学科建设、技术合作、多点执业、临床检验、远程会诊、后勤保障、药品采购、社区管理等方面使集团所属医院和社区卫生服务机构合作更加紧密。以医疗集团为单位，推进药品、耗材统一采购议价工作，可以进一步降低药品、耗材价格。

到2015年，镇江区域健康服务体系更加健全，基本医疗保障制度更加完善，基本医疗卫生服务更加公平可及，基本公共卫生服务均等化水平进一步提升，医疗卫生服务水平和效率明显提高，人人享有基本医疗卫生服务目标逐步实现，居民人均期望寿命达到80岁，城乡居民各项主要健康指标在江苏省领先，达到中等发达国家水平。

五　深入推进平安城市建设

贯彻总体国家安全观，落实国家安全战略和重点领域的国家安全政策，加强国家安全人民防线建设，依法严密防范和严厉打击敌对势力渗透颠覆破坏活动、暴力恐怖活动、民族分裂活动、极端宗教活动，坚决维护国家政治、经济、文化、社会、信息、国防等安全。加强禁毒工作，严密防范、依法惩治各类违法犯罪活动。

以信息化为支撑，加快完善立体化、现代化、智慧化社会治安防控体系，全面推进城区老小区、安置房小区技防建设改造，车站地区监控系统升级改造等重点项目建设，推进公共安全视频监控建设联网应用，强化对互联网等新型媒体的管控和引导。加强全民安全意识教育，健全社会心理服务体系和疏导机制、危机干预机制。

牢固树立安全发展观念，切实加强企业生产安全、道路交通安全、消防安全保障，完善安全责任落实和管理制度，实行党政同责、一岗双责、失职追责，落实相关部门监督管理职责、企业主体责任。改革安全评审制度，加大监管执法力度，及时排查整改安全隐患，坚决遏制重特大安全生产事故发生。健全社会安全事件预防和应急处置机制，加快建设无线数字集群应急指挥调度等系统，构建社会化、专业化相结合的应急保障体系，提高突发事件预警、应急和保障能力，确保社会持续和谐稳定发展。

第三节 增加公共文化产品和服务供给

公共文化产品是全社会集体消费的精神产品和文化劳务。居民对公共文化产品和服务的需求随着社会经济的发展而不断增加。苏南地区社会经济发展一直居于全国前列，在公共文化产品服务方面，积累了丰富的经验，实行由点到面的整体覆盖，并着力在服务质量、服务内涵方面下功夫。

一 实行文化强市战略

苏南地区一直重视文化在社会经济协调发展中的作用。苏州进一步增强城市文化与品牌战略意识，弘扬"崇文睿智，开放包容，争先创优，和谐致远"的苏州精神，建设思想文化和道德风尚高地，着力打造"世界遗产城市"和"全球创意之都"品牌，加速形成与苏州战略地位相适应、与经济硬实力互为支撑的城市软实力发展体系。苏州注重在六个方面下功夫：着力推进科学理论武装，在释疑解惑、认同内化上下功夫；着力推进核心价值引领，在落实、落细、落小上下功夫；着力推进文化传承创新，在转化成教育资源上下功夫；着力推进文化创作生产，在思想性、艺术性、观赏性"三性"统一上下功夫；着力推进文化事业繁荣、文化产业发展，在保障群众基本文化权益、满足群众不同层次文化产品需求上下功夫；着力推进文化改革开放，在解放文化生产力、促进"走出去"上下功夫。

二 推进公共文化设施网络体系城乡一体化

在具体举措上，一是推动市、县级市（区）公共文化设施提质升级。2014年，苏州高质量完成了昆曲剧院建设，推进苏州第二图书馆、苏州艺术剧院等工程建设；高标准推进博物馆城建设，新建了苏州历史博物馆、重大吴文化考古遗址博物馆、工业遗存博物馆等一批博物馆；继续推进东吴文化中心、高新区文体中心等县级市（区）重点设施建设；编制了《苏州市公共文化设施布局规划（2015～2030）》，完善了覆盖城乡、结构合理、功能健全、实用高效的公共文化设施网络体系。二是完善提升镇（街道）、村（社区）公共文化设施建设。至2016年，苏州100%镇（街道）综合文化站达到国家等级标准，全市各镇综合文化站建筑面积不低于2000平方米，街道综合文化站建筑面积不低于1200平方米；同时，完善功能布局和设施设备配置，使其成为集综合活动、图书阅览、教育培训、数字化文化服务、广播宣传、展览展示、体育健身等于一体的综合性文化服务机构；镇（街道）文化广场面积不低于1000平方米，设施设备配置满足开展较大规模群众文化活动的需要。

三 加强村（社区）公共文化设施建设

在原有"四位一体""五位一体"统筹协调基础上，苏州进一步整合基层宣传文化、党员教育、科学普及、体育建设等设施，建设村（社区）综合性文化服务中心。行政村、城市社区综合性文化服务中心建筑面积不得低于200平方米。村（社区）综合性文化服务中心要达到"八个一"，即有一个多功能厅（文体活动室）、一个图书分馆（农家书屋）、一个公共电子阅览室（文化信息资源共享工程基层服务点）、一个有线数字电视（特色广播）、一个老年活动室（书画棋牌）、一个特色文化展示室、一个宣传橱窗（阅报栏）、一个文化广场。加强图书馆总分馆制建设。苏州公共图书馆分馆达240个（其中，轨道图书分馆有3个），24小时自助图书馆达50个（其中，社区投递点有15个），图书流通点达380个。

四 增强公共文化产品和服务供给能力

深入实施文化惠民提升工程。不断提升"群星璀璨"文化惠民活动质量，丰富服务内容、创新服务形式、扩大服务范围，使基层公共文化服务供给网络得到全方位完善。要合理配置公共文化资源，特别是要面向全社会公开召集项目，支持个人、团体、社会组织等开展面向特殊群体的公共文化服务，丰富农民工、老年人、未成年人、残疾人等的精神文化生活。

做强做优特色公共文化服务品牌。立足优势文化资源，加大特色公共文化品牌创建力度，形成覆盖全市、特色鲜明的文化品牌群。以成功加入联合国教科文组织全球创意城市网络,成为"手工艺与民间艺术之都"为新契机,举办好"中国昆曲艺术节""中国苏州评弹艺术节""中国苏州文化创意设计产业交易博览会"等国家级文化活动,深入开展"苏州市群众文化大会演""苏州市广场舞大赛""苏州市少儿艺术节""新苏州人展演"等系列群众文化活动,做强10个以上具有广泛影响力和示范带动作用的市级文化品牌。各县级市(区)在现有文化品牌基础上,做优2~3个具有地方特色的文化活动品牌。各镇(街道)挖掘本地特色文化资源,打响"一镇(街道)一品、一镇(街道)多品",年均举办10次以上较大规模群众文体活动。各村(社区)要充分利用好资源,打造"一村(社区)一品",年均举办5次以上较大规模群众文体活动。努力形成"市有精品、县(区)有名品、镇(街道)有优品、村(社区)有特品"的公共文化活动品牌体系。

加强公共文化产品的创作生产。制定出台《苏州市群众文艺创作扶持和奖励办法》,设立优秀群众文艺创作引导资金,加大公共文化产品创作生产扶持力度,对具有示范性、导向性、影响力和苏州地方特色的原创作品给予奖励扶持。以精神文明建设"五个一工程""国家舞台艺术精品工程""文华奖""群星奖"等为引导,积极实施公共文化产品精品战略,深入挖掘本土文化艺术资源,创作一批具有地方特色和时代特点,思想性、艺术性、观赏性俱佳的文艺精品。

推进公共文化服务社会化发展。以无锡为代表,苏南地区在丰富政府购买、小额资助等扶持形式方面,健全政府主导、社会力量积极参与的多元化公共文化产品生产和供给体系。无锡倡导全民阅读,推动"书香无锡"建设;加大社会科学创新力度,提升地方史志公共服务功能。无锡力争到2020年,公共文化服务标准化和均等化程度达到85%以上。

推进文化服务标准化建设。作为公共文化服务标准化试点地区,苏州全面推进公共文化服务的保障标准、技术标准和评价标准的制定、完善和实施。研究制定了《苏州市基本公共文化服务保障标准》、《苏州市公共文化机构服务标准》和《苏州市公共文化服务绩效评估标准》,初步形成了制度化、系统化的标准实施推进模式和运作顺畅、协调高效的标准化工作机制。

第四节 培育引领地域特色文化

地域特色文化是一个地区长久以来形成的符合当地居民精神需求、具有地域特色的风俗习惯、语言文化、建筑特色、历史传承等文化产品。地域文化的发展，可以成为地域经济发展的精神动力，同时，通过和地域经济社会的互动与交融，地域特色的文化产品也有利于促进地域经济的发展，进一步提高当地的人居质量。苏南地区在培育引领地域特色文化方面，集中于提升城市文化精神、加大历史文化名城建设和开展文化素养教育，形成了一批具有全国影响力的文化产品和文化服务。

一 提升城市文化精神

着力培育和践行社会主义核心价值观，深入推进社会公德、职业道德、家庭美德、个人品德建设。苏州大力弘扬"张家港精神""昆山之路""园区经验"三大法宝和"崇文睿智，开放包容，争先创优，和谐致远"的苏州精神；建设以环境优美、秩序优良、服务优质、友善祥和、关爱互助为核心的公共文明；培育道德风尚，弘扬志愿文化、慈善文化，增强市民感恩奉献的社会责任意识；大力开展全民阅读活动，营造有利于青少年成长的社会文化环境，丰富城市人文精神，建设"书香苏州"；不断巩固提升群众性精神文明创建水平，力争建成首个全国文明城市群。

实施红色文化传扬工程。南京加强爱国主义教育基地建设、使用和管理，推进爱国主义教育仪式化、制度化，打造"雨花英烈精神"等红色文化品牌；深入实施公民道德建设工程，注重家庭、家教、家风，弘扬志愿精神，努力在全社会树立文明博爱、开拓进取、健康向上的新风尚。

以吴文化为基础开展水生态文明培育体系建设。苏州重点加强现存水文化遗产的保护与传承，挖掘水文化内涵；加强古城水系与水巷、古桥古井古水埠、古镇古村落保护和治水古遗迹、碑记碑亭、祀水寺庙和治水名人论著的保护与研究，挖掘苏州历史治水理念、治水方略和治水精神；加强水文化载体建设，结合水利工程建设，融合现代科技与人文景观元素，使水利工程集防洪、供水、生态、旅游等综合效益为一体，打造一批具有示范引领作用的水利风景亮点工程。

二 加大历史文化名城（镇、村）建设

加大历史文化名城建设。在新城建设中注重融入传统文化元素，延续历史文脉，提升城镇特色魅力，打造国家历史文化名城群。无锡实施文化精品工程，推出了一批体现无锡特色和时代精神的优秀作品，重点推进锡剧艺术振兴发展，积极开展锡剧精品剧目创派和传承展示，做强做大锡剧品牌。

加大历史文化遗产保护利用力度，推进非物质文化遗产系列保护工程。无锡积极做好惠山古镇祠堂群、荡口古镇申报世界文化遗产和宜兴紫砂陶制作技艺申报世界非物质文化遗产工作，推动中国大运河世界文化遗产点段清名桥街区、运河故道建设成为知名旅游目的地；加强惠山泥人等非物质文化遗产保护传承和适度开发利用，扩大传承项目和传承队伍；推动非物质文化遗产濒危项目"记忆工程"建设，实施抢救性保护。

加大历史文化街区和古镇古村落保护力度。无锡加快鸿山国家考古遗址公园、阖闾城考古遗址公园、丁蜀陶瓷历史文化街区保护建设；鼓励和支持社会力量参与建设博物馆，推动博物馆数字化发展。镇江加强西津古渡等特色文化街区建设。

实施整体格局与风貌保护复兴，保护明代、民国等不同时期的都城格局。南京不断提高文物科学保护水平，着力加强地下片区文物保护；完善文化遗产保护体系，重点做好南京城墙、海上丝绸之路南京遗迹的保护研究工作；推进大遗址保护工程，做好清凉山石头城遗址、明外郭遗址、南朝陵墓群遗址、南唐二陵遗址、南京人化石地点遗址、固城遗址、薛城遗址、大报恩寺遗址、明故宫遗址等重要遗址的科学保护与展示；加强记忆文献遗产收集整理，做好《世界记忆遗产名录》中南京大屠杀档案的系统保护和开发利用；建设非物质文化遗产综合保护基地，建成中国民间文化传承示范基地；加强对非物质文化遗产代表性传承人的保护，培养一批"非遗"保护专业工作者；建立以项目保护和传承人保护为核心的科学传承保护体系，基本建成非物质文化遗产省级以上重点项目传承保护基地。

三 开展文化素养教育

加强社会主义核心价值观的理论阐释解读，深入推进公益广告宣传，

推动核心价值观传播覆盖各类媒体、公共空间、宣传文化阵地和人群。充分运用微信、微博、微视频、手机客户端等传播平台和社会主义核心价值观教育实践基地，广泛开展群众性主题教育活动，使社会主义核心价值观内化为全民观念、外化为社会行为。

实施文明模范工程，开展一系列道德、文化评比活动。南京积极实施"南京好人365"工程，评选宣传道德模范、最美人物和南京好市民，使各类典型真正成为核心价值观的倡导者、先行者、引领者。

开展文明礼仪养成教育。南京通过深化文明城市、文明单位、文明村镇、文明家庭等群众性精神文明创建活动和未成年人"八礼四仪"养成教育，广泛开展文明南京志愿服务行动，注册志愿者占城镇人口比例达到18%；大力推进文明礼仪、文明交通、社会诚信、文明旅游、网络文明等公共文明引导工程，倡导广大市民恪守公共文明规范，形成良好道德风尚。

实施"三名工程"，挖掘城市的历史名人、历代名作和知名建筑资源。加强优秀传统文化推广普及，在中小学教育中增加优秀传统文化内容，广泛开展中华经典诵读、文化遗产日等文化传承活动和节庆、礼仪活动。

第五节　打造良好人居生态环境

富裕文明宜居区的建设，离不开良好的人居生态环境。作为全国经济领先发展的地区，苏南在人居生态环境建设方面注重绿色、低碳生态环境建设，重视生态环境和生态体系的保护和恢复；同时，结合社会经济发展过程中出现的新技术，充分运用信息化、网络化平台，开展了智慧城市建设，在减少城市碳排放的同时，进一步丰富了良好人居生态环境的发展内涵。

一　资源节约型、环境友好型社会建设取得重要进展

生产方式和生活方式绿色、低碳水平持续提升，能源、资源使用效率明显提高，主要污染物排放总量大幅减少，环境风险得到有效控制，太湖综合治理长效机制基本建立，太湖无锡水域水质一年比一年好。主体功能区建设成效明显，生态安全屏障基本形成，生态产品供给持续增加，生态

文明制度体系更加健全，全社会环保意识不断增强，生态环境显著改善，人居环境更加宜人。预计到2020年，无锡土地开发强度严格控制在33%以内，单位GDP能耗降低累计达到15%，细颗粒物（PM2.5）浓度下降率累计超过20%，空气质量达到二级标准的天数比例达到72%，地表水达到或优于Ⅲ类水质的比例达到70%，林木覆盖率达到27%。

二 建立生态宜居的绿色发展体系

以国家低碳试点城市、循环经济示范城市建设为契机，以严格的生态保护制度为准绳，以转型升级、节能减排为抓手，着力建立发展度、协调度、持续度相统一的绿色发展体系。

苏州市着力促进经济社会绿色低碳发展。大力推进绿色发展、循环发展、低碳发展，积极应对气候变化，持续降低能耗强度，有效控制温室气体排放，走出一条经济发展和生态文明相辅相成、相得益彰的发展道路。

推动低碳发展。以碳峰值目标为引领，实现二氧化碳排放总量、强度和人均排放量三大指标降低，建立完善碳管理、碳考核、碳评估体系，探索参与全国性碳交易市场，建设国家低碳城市。严格执行项目开工准入条件，推进传统耗能行业改造升级。改变能源结构，优化能源利用方式，落实能源消费总量控制目标，加大非化石及天然气等清洁能源、可再生能源的开发利用力度。通过打造低碳交通、推广低碳建筑、创建低碳社区等工程，引导形成绿色低碳消费理念，加快构建政府引导、企业为主、全民参与的温室气体减排新格局。

强化节能降耗。强化源头控制，实行严格的环境准入标准、污染物排放标准，实施新建固定资产投资项目能评和环评制度。举办"能效之星"创建活动，开展企业节能低碳行动，推进重点节能减排工程建设。推行企业清洁生产，加快发展节能环保产业。全面推广绿色建筑，建立健全绿色建筑工作机制，加强可再生能源建筑应用，完善建筑节能运行管理，促进建筑科技进步。探索建立节能量和排污权交易制度。加大对化工、印染、电镀、造纸、酿造等重点行业企业的整治和关停并转的力度。

三 生态体系的保护与恢复

严守生态红线。南京进一步优化生态空间结构，加快形成生态调节主导优先、生态服务功能互补、生态产品支撑供给的生态安全格局。严格保护都市开敞空间内的山林、水体、湿地、人工防护林等，构建"一带两廊四环六楔十四射"绿色开敞空间结构，确保都市内绿色开敞空间面积（含水域）不小于总面积的70%。推进自然保护区、饮用水源保护区、水源涵养区、湿地等重点生态功能区建设，重点保护北部和南部两大生态涵养区，确保生态用地只增不减，严禁不符合主导功能定位的开发活动。细化落实生态红线区域边界，建立生态红线管理系统，完善生态红线考核管理和问责机制，分类分级严格管控生态红线内的自然生态资源，确保生态红线区域占地区面积不低于23.5%。

保护修复自然生态系统，实施生态修复工程。南京全面实施山水林田湖自然生态系统保护与修复，有序推进主要生态系统休养生息。以"三沿五片"（沿路、沿水、沿园区和美丽乡村五大示范片区）为重点，实施新一轮城乡绿化行动计划，推动绿色南京建设。开展河湖水库水生态修复，重点围绕石臼湖、固城湖两大湖泊以及秦淮河、秦淮新河等城区主要河道，实施生态治理工程，显著改善水质和景观，切实维护水生态系统安全，积极推进水土保持和小流域生态治理。大力实施污染土壤修复工程，推进关停搬迁企业污染场地土壤修复试点工作。

加强生物多样性保护。实施生物多样性保护战略与行动计划，提高生态系统、生物物种和遗传资源保护能力，加大对外来入侵物种的防范和控制力度，重点加强对国家级野生动植物的保护。开展乡土动植物栖息地保护工作，以中山植物园为依托，加强重要物种及其遗传资源迁地保护工作，加大固城湖中华绒螯蟹国家级水产种质资源保护区养护和管理力度。

四　推进绿色低碳发展和体制机制创新

镇江成为国家生态文明建设先行示范区和江苏省唯一的生态文明建设综合改革试点城市，成功创建国家生态市和国家森林城市，荣获中国人居环境奖。

推进绿色低碳发展。在全国率先实现碳峰值目标，深化实施低碳"九大行动"，推进碳峰值、碳平台、碳评估、碳考核"四碳"创新，加快低碳发展引导和关键技术推广，深入推进企业节能降耗和产业转型，推进建筑、交通、公共机构等重点领域低碳发展。加大城乡用地整治挖潜力度，强化用水定额管理和总量控制,加快构建覆盖全社会的资源循环利用体系,推动园区生态化、循环化改造,率先实现省级以上开发区循环化改造全覆盖,加快"城市矿产"、再制造业的规模化和产业化发展,提高资源利用效率,力争创成全国低碳模范城市。

加强体制机制创新。全面实施主体功能区战略,严格落实产业准入、环境准入和分类考核等相关配套制度。加强环境问题"一票否决"的行政管理制度,完善污染物排放监管体系,实施排污权有偿使用和交易、生态补偿等机制。强化生态环境政策导向,健全完善生态环境倒逼机制,推动存量和增量污染物的全面控制。加强镇江生态文明先行起步区、官塘APEC低碳示范城镇等重要载体功能建设,打造一批生态文明示范园区,为国家和江苏省生态文明建设探索路径、积累经验、提供示范。

五 开展智慧城市建设

政府智慧服务。深入推进行政权力网上公开透明运行,完善依法行政、网络审批、信息公开、网上监察、业务协同和决策分析体系。加强政府门户网站群建设,加快与关键业务系统的衔接联动,健全政民互动渠道,提高服务水平。健全市民卡的政府公共服务载体功能,在实现社保"五险合一"功能的基础上,拓展其在医疗健康、教育培训、民政事业、食品安全追溯等其他领域的应用。加快国地税网上办税服务,提升办税服务质量和效率。推进社会智慧服务。建设无线城市,让市民通过各种无线终端,随时、随地、随需访问政务信息,获得水、电、气、公交、旅游、交通违章等个人生活相关城市服务信息查询。完善社保系统,不断拓展社会保障服务人群、服务内容和服务功能。促进农业农村信息化,通过农村综合信息服务平台建设,提供政务公开、灾害预警、农业生产技术、农业供求等信息服务;加快传感技术、地理信息技术等在农业上的推广应用,发展智慧农业。推进面向公众的数字档案查询、食品药品追溯、智慧物价、智慧云餐饮、虚拟养老、区域消费品电子商务平台等民生工程建设,体现信息化惠民原则。

城市智慧管理。推行城市可视化运行管理。整合优化城市公共视频监控资源,建设政务部门视频资源互联共享平台,为公安、城管、教育、卫生、环保、交通运输、供电、水利、燃气等政务、经济和民生领域提供视频资源信息共享服务。推进城市综合管理。依托"数字城管"平台，充分应用物联网、地理信息系统、数字执法等技术，提高城市长效管理水平；建立园林绿化地理信息模型，开发应用，服务于园林绿化日常管理和市民需求，建设智慧园林；建设水资源管理、防汛指挥决策支持等信息系统，实现水文水情、水资源、水环境等信息资源共享，提高水利综合管理和服务能力。完善交通出行管理。充分运用现有的各条线管理部门监控数据共享平台等资源及其他公共资源，深化全球卫星定位系统、地理信息系统、无线射频识别等先进技术的应用，结合气象、路况、车辆、人流量、位置、线路等信息资源，形成立体、互动的公共交通管理体系，实现道路交通精细化管理。加强社会综合管理。全面构建集统一门户、综合治理、人口管理、治安防范等于一体的社会管理综合信息平台，实现社会综合管理智慧化。

集约化智慧社区平台。集约化建设城乡社区综合管理和服务信息化平台，实现集社区事务管理、台账管理、一站式受理、便民服务查询、经济信息服务等功能于一体，促进跨部门信息资源共享，实现"人、屋、企"关联动态管理；积极推进社区信息基础设施共建共享，着力解决信息基础设施"最后一公里"问题，为居民群众提供便捷服务；依托信息化手段和物联网技术，通过有线数字电视网和家庭智能终端，在智能家居、社区医疗、物业管理、家政护理等诸多领域，构建户户联网的全新的社区形态。

建设智慧安民系统。建设由城市应急智能指挥平台、应急地理信息平台、城市警务综合管理平台等组成的智慧城市应急指挥管理系统，形成公共安全和应急管理的信息化支撑体系，提升政府应急管理水平和服务能力；加强人口基础数据库建设，实现政务部门间共享共用，提高对流动人口、重点人员、特殊人员的服务管理水平；进一步发挥社会管理信息平台、视频监控系统应用平台、互联网管理服务平台等在"平安常州"创建中的作用，提高社会资源的综合应用水平。

建立智慧医护系统。建立实用共享的区域智能卫生信息系统。加快建设以市区居民健康档案为基础的区域卫生信息平台、以电子病历为核心的区域医院信息平台、以基本公共卫生服务项目为主体的社区卫生信息平台、以防控监测和应急处置为重点的公共卫生信息平台，实现以市民数字健康服务、数字化医院管理、数字化防控处置和数字化绩效监测为标志的

"智能卫生、健康市民"建设目标，基本构建起以人的健康信息为主导的区域卫生智能化体系。

推动智慧教育。整合各方教育资源，推动教育资源普及化共享。推进"数字校园"建设与应用，推广校园信息化平台，加强信息技术在教学、教研、管理、家校互动中的创新应用。构建和推广终身教育服务平台，积极推动以电视、手机、互联网等为载体的远程开放终身教育及公共服务平台建设，满足多样化的学习需求。

开展智慧旅游。充分运用物联网、云计算、智能数据挖掘、新一代通信网络等技术，整合并开发常州旅游"吃、住、行、游、购、娱"等要素资源，以融合通信与信息技术为基础，以游客互动体验为中心，以一体化的行业信息管理为保障，推进信息技术在旅游体验、行业管理、智能景区、电子商务等方面的应用，以全新的旅游形态服务于公众、企业、政府，激发产业创新活力，促进产业升级。

培育智慧企业。根据《常州市智慧企业评价指标体系》，常州围绕提升企业核心竞争力、发展智能制造装备的目标，以"两化"深度融合企业为基础，依托"云制造"等手段，加速培育一大批信息互联互通、业务高度协同的智慧企业，实现企业经营的创新持续化、业务协同化、生产智能化、制造绿色化和商务智慧化，通过以点带面、点面结合的方式，全面提升常州地区工业经济的综合竞争力。

第二编　苏南现代化建设示范区特色

第六章
南京：科技体制改革

南京拥有丰富的科教和人才资源，是国家科技体制综合改革试点城市和国家创新型城市的试点城市。《苏南现代化建设示范区规划》实施以来，南京积极深化科技体制改革，实施创新驱动发展战略，把科技自主创新作为推进苏南国家自主创新示范区建设的重要发力点，推进"国家创新型城市"建设，争当"苏南国家自主创新示范区排头兵"。

第一节 深化科技创新体系改革

南京拥有丰富的科技资源，截至 2015 年，南京有高等院校 75 所，其中"211 工程"高校有 8 所，仅次于北京、上海；南京有两院院士 87 人、国家重点实验室 25 所、国家重点学科 169 个，均居全国第三。目前，南京在校研究生近 10 万人，每万人拥有在校研究生数量居全国第二，每万人拥有在校大学生数量居全国第一。南京已集聚国家"千人计划"人才 306 名，位居全国前列。南京拥有自然科学研究和开发机构 600 多家，省、市科技公共服务平台 116 家，国家工程（技术）研究中心数十个；全市科技人员有 40 多万人，"千人计划"创业人才有 40 人。南京科研产出居全国第三，仅次于北京、上海。[①]

一 深化科技创新制度和机制改革

推进科技创新评价机制、资金支持方式、创新科技成果转化机制和技

---

① 贾敏、张晔：《精心栽梧桐 引来凤凰舞》，《科技日报》2015 年 12 月 23 日。

术研发机构市场化、企业化等方面改革，促进科技同经济、创新成果同产业、创新项目同现实生产力、研发人员创新劳动同利益收入相对接。

（一）推动地方科技立法和制定科技政策

早在20世纪90年代，为了推进"科教兴市"，南京先后出台了《关于实施科教兴市战略加速科技进步的若干政策措施》《南京市科学技术进步条例》等政策文件和地方性法规，初步奠定了科技自主创新政策体系的基础。2000年后，南京市先后出台《贯彻中央〈关于加强技术创新，加快科技成果转化，促进高新技术产业化的决定〉的意见》、《南京市加速民营科技企业发展的意见》、《关于实施科技型中小企业技术创新工程的意见》、《关于以科技为先导，推进富民强市的意见》和《关于鼓励在宁设立科技研发机构若干政策的意见》等政策文件。

2006年，南京市委、市政府召开全市自主创新大会，出台《关于增强自主创新能力加快建设创新型城市的意见》等系列政策文件。科技立法和科技政策先行，使南京的科技自主创新政策支持体系逐步完善。从2008年起连续四年，南京每年出台一部促进科技创业创新的单行地方性法规，包括《南京市技术市场促进条例》《南京市科学技术普及条例》《南京市促进技术转移条例》《南京市知识产权促进和保护条例》。近年来，南京加强创业创新地方立法，先后实施了"科技九条""创业七策""创业南京"人才计划等政策举措，探索实施《南京市紫金科技人才创业特别社区条例》。2014年，南京出台了《南京市紫金科技人才创业特别社区条例》。2015年，南京先后出台《中共南京市委南京市人民政府关于大力实施创新驱动发展战略当好苏南国家自主创新示范区建设排头兵的意见》《市政府办公厅关于成立南京市国家苏南自主创新示范区建设工作领导小组的通知》《南京市促进技术经纪发展的若干意见》《关于发展众创空间推进大众创新创业的实施方案》《中共南京市委南京市人民政府关于加快建设知识产权强市的意见》《南京市专利导航产业发展实验区实施办法》《南京市战略性新兴产业创新中心管理办法》等政策文件。

2016年，南京围绕转方式、调结构、促转型，陆续出台了《南京市加快推动经济发展迈上新台阶行动计划》和"1+5+3+3"系列政策，以发展"五型经济"为主攻方向，加快产业转型升级步伐，积极推进供给侧改革。南京出台了《争当江苏产业科技创新中心建设排头兵行动计划》《争当江苏先进制造业排头兵行动计划》《南京市科技创业创新载体绩效评价办法（试行）》《中共南京市委南京市人民政府关于深化国有企业改革的实施意见》等政策文件，积极引导科技资源优势向产业优势转化。南京已经形成一整套成体系的鼓励和引导科技投资、研发、创业、转化的政策措施，不断提高科技自主创新的行政服务效能，创造了有利于科技企业发展的政策环境。南京科技创新创业政策文件具体如表6-1所示。

表6-1 科技创新创业政策文件一览

类别	序号	文件名
综合类	1	南京市政府《南京市争当江苏省产业科技创新中心排头兵和建设国家创新型城市若干政策措施》（宁政发〔2016〕197号，2016年9月2日）
综合类	2	中共南京市委南京市人民政府关于大力实施创新驱动发展战略当好苏南国家自主创新示范区建设排头兵的意见（宁委发〔2015〕20号，2015年4月7日）
综合类	3	中共南京市委南京市人民政府关于印发《争当江苏产业科技创新中心建设排头兵行动计划》的通知（宁委发〔2016〕24号，2016年4月19日）
高新技术类	1	南京市政府关于加快培育高新技术后备企业的意见（宁政发〔2012〕304号，2012年11月1日）
高新技术类	2	关于印发《南京市紫金科技人才创业特别社区设立审批管理办法》《科技创业人才（项目）专业委员会（机构）工作制度》《紫金科技人才创业特别社区项目准入制度》《南京市紫金科技人才创业特别社区建设与发展工作绩效考核办法（试行）》等文件的通知（宁科规〔2014〕1号，2014年11月27日）
高新技术类	3	市政府印发《关于发展众创空间推进大众创业创新的实施方案》的通知（宁政发〔2015〕114号，2015年5月14日）
平台载体类	1	南京市科技企业孵化器管理办法（宁科规〔2011〕4号，2011年9月14日）
平台载体类	2	南京市科技企业加速器管理办法（宁科规〔2014〕2号，2014年11月27日）
平台载体类	3	南京市政府办公厅关于转发市科委《南京市促进技术经纪发展的若干意见》的通知（宁政办发〔2015〕78号，2015年6月17日）
平台载体类	4	南京市政府关于提高南京市科技创业创新载体服务标准的意见（宁政发〔2016〕79号，2016年4月18日）
平台载体类	5	南京市政府关于印发《南京市科技创业创新载体绩效评价办法（试行）》的通知（宁政发〔2016〕80号，2016年4月18日）

续表

类别	序号	文件名
成果与人才类	1	南京市战略性新兴产业创新中心管理办法（宁科〔2015〕61号，2015年3月31日）
	2	中共南京市委办公厅南京市人民政府办公厅关于印发《科技顶尖专家集聚计划实施细则》《创新型企业家培育计划实施细则》《高层次创业人才引进计划实施细则》《青年大学生创业引领计划实施细则》《"创业南京"人才计划目标任务考核办法（试行）》的通知（宁委办发〔2016〕23号，2016年4月6日）
	3	南京市科学技术奖励办法实施细则（宁科〔2015〕74号，2015年4月22日）
	4	南京市促进科技成果转移转化行动方案（2016年9月8日）
科技金融类	1	南京市政府关于鼓励和引导民间资本投资建设科技创新载体的意见（宁政发〔2012〕306号，2012年11月1日）
	2	南京市省天使引导资金配套资金管理办法（宁财规〔2013〕10号，2013年12月4日）
	3	南京市政府办公厅关于印发《南京市科技创新券实施管理办法（试行）》的通知（宁政办发〔2014〕108号，2014年9月17日）
	4	关于印发《南京市科技保险创新发展实施办法》的通知（宁金融办银〔2015〕2号，2015年3月12日）
	5	关于印发《南京市科技银行创新发展实施办法》的通知（宁金融办银〔2015〕1号，2015年3月17日）
	6	南京市政府办公厅关于转发市科委南京紫金投资集团《南京市科技创业发展基金管理暂行办法》的通知（宁政办发〔2016〕4号，2016年1月7日）
知识产权类	1	南京市实施专利保险试点工作的意见（宁知〔2013〕19号，2013年6月14日）
	2	南京市"正版正货"承诺推进计划示范街区创建工作实施办法（试行）（宁知〔2013〕20号，2013年5月21日）
	3	南京市政府关于加快知识产权服务业和检验检测服务业发展的意见（宁政发〔2014〕138号，2014年5月30日）
	4	关于印发《南京市创建知识产权服务业集聚发展试验区实施办法（试行）》的通知（宁知〔2014〕27号，2014年8月5日）
	5	中共南京市委南京市人民政府关于加快知识产权强市的意见（宁委发〔2015〕19号，2015年4月1日）
	6	关于印发《南京市专利导航产业发展实验区实施办法》的通知（宁知〔2015〕20号，2015年7月28日）
	7	南京市知识产权战略专项资金管理办法（宁科〔2015〕165号，2015年9月11日）
	8	关于印发《南京市专利维权援助暂行办法》的通知（宁知〔2016〕2号，2016年1月6日）

（二）改革科技创新考核机制

南京不断改革和创新科技创新的考核机制，用好考核"指挥棒"，把人才引领、科技创业等考核指标纳入南京考核评价体系，形成创新发展"风向标"。打破传统模式，从各区县、园区和街镇的区位条件、资源禀赋、产业基础等实际出发，结合不同板块功能定位、生产力布局和区域特色实施分类考核。淡化 GDP 考核，强化对 R&D 支出占 GDP 比重、领军型创业人才数量、孵化企业成功率、高新技术产品增加值、发明专利授权量等指标的考核，以创新成果、创业成效、人才聚集论政绩、排位次、定奖惩。注重绩效考核，推进目标管理体制和绩效考核机制转型，以人才发展和创业创新论英雄，实现从直接效果考评到发展动力考评的转变，形成上下联动、高效执行、合力奋进的工作新格局。

南京改变科技专项资金结构与投入办法，单独设立"科技创新券"计划类，出台《南京市科技创新券实施管理办法（试行）》。2014 年，南京开始实施"科技创新券"计划，每年安排 5000 万元以上的资金，用于补贴企业向高校、科研院所、相关科技平台购买科技服务、科技成果以及实施科技成果转化项目的相关科技创新支出。"科技创新券"的改革是为满足科技企业特别是中小微企业研发经费的需求设立的。以往企业一般通过项目申请的方式，向政府争取科技创新支持资金，而政府部门则更重视前期的项目评审。企业递交项目申请，经过评审后政府部门直接发放现金，虽然有事后的监管，但无法对支持资金进行有效监管，无法确定资金是否真正用于科技研发。[①]"科技创新券"改原有事后奖励为前置引导，突破了传统科技经费经立项后予以支持的常规做法，提高了科技计划项目管理效率，改善了科技型中小微企业融资难现状，提升了南京企业的自主创新能力，发挥了财政资金投入的乘数效应，累计引导企业研发投入超过 11 亿元，促进了产学研合作与科技成果转化。[②] 根据《南京市科技创新券实施

---

① 《振奋精气神改革再发力——科技体制改革为古城南京转型发展"舒筋强骨"》，《科技日报》2016 年 5 月 30 日。
② 南京市科委：《南京市科委实施科技创新券计划　助推科技管理体制改革》，中华人民共和国科技部，http://www.most.gov.cn/dfkj/js/zxdt/201605/t20160526_125808.htm，2016 年 5 月 27 日。

管理办法（试行）》，企业必须将科技创新实际支出额提高到"科技创新券"金额的4倍以上，且科技创新的支出都要有发票或者合同，企业通过审核就可以将"科技创新券"兑换成现金。通过实施"科技创新券"的办法，南京有效促进了企业增加科技创新投入，有效带动了产学研深入合作，进一步激发了企业的创新热情。

2015年，南京采取重点改革市级科技专项资金的支持方式，面向中小微企业发放"科技创新券"5500万元，进一步带动产学研深入合作。新设立基金规模1亿元的科技创业发展基金，采取直接股权投资方式对科技型中小企业进行阶段性参股。南京出台了科技银行、科技保险新三年扶持政策，重点为中小企业融资提供支撑。截至2016年6月，南京共向531家科技型中小微企业发放"科技创新券"12510万元，实际兑现393家9840万元，发券企业兑现率达74%，资金兑现率达78.7%。

二 强化知识产权的立法保护

（一）加强知识产权政策体系建设

知识产权保护是发展科技自主创新的重要基础。南京十分重视知识产权保护法规政策体系的完善与发展，从21世纪初开始，南京就每年发布《知识产权保护状况》白皮书，出台了一系列专利和知识产权保护政策，联合长三角其他地区倡议加强知识产权保护。2006年，南京通过国家知识产权试点城市验收，2008年，国家知识产权局正式批准南京为国家知识产权示范城市创建市。2015年，南京市委、市政府印发《关于加快建设知识产权强市的意见》（宁委发〔2015〕19号），从知识产权密集型产业等17个方面提出全面推进知识产权强市建设的目标，不断优化和完善知识产权制度，充分释放南京丰富的科教资源、激发市场配置资源的活力，构建有序、诚信的竞争环境。

（二）依法强化知识产权保护

近年来，南京不断加强知识产权保护力度，组织知识产权保护专项行动，严厉打击知识技术泄密和知识产权侵权行为。加强对知识产权案件的查处力度，2015年，南京行政执法立案查处侵权假冒案件981件，案值为

2516.17万元，办结案件722件，打掉制假、售假窝点86个。海关共采取知识产权保护措施53起，其中进出口货运渠道1起、进出境邮递渠道52起、做出行政处罚1起，涉嫌侵权货物物品涉及30余个品牌、20余个出口国家，数量为5800余件，价值为46万余元。南京法院依法保护知识产权，理顺知识产权关系，共受理各类知识产权案件2572件，审结各类知识产权案件2614件。在受理的2546件知识产权民事案件中，商标权纠纷案为438件，著作权纠纷案为1797件，专利权纠纷案为163件，植物新品种权纠纷案为12件，知识产权合同纠纷案67件，不正当竞争纠纷案为29件，其他知识产权纠纷案为40件。审结各类知识产权民事案件2586件，案件结收比超过百分之百。南京法院共受理知识产权刑事案件23件，其中假冒注册商标罪8件，销售假冒注册商标的商品罪11件，非法制造、销售非法制造的注册商标标识罪1件，侵犯商业秘密罪3件。此外，南京法院受理知识产权行政案件3件，审结3件。

（三）知识产权创造能力不断增强

专利申请量和授权量是一个地区科技创新成果的重要体现，同时也是一个地区知识产权保护意识的具体反映。"十二五"以来，南京专利成果丰硕，科技创新水平不断提升。专利申请量和授权均快速增长，2010~2015年，专利申请量由19275件增长到56099件，年均增长23.82%，其中发明专利申请量由7461件增长到27825件，年均增长30.11%；授权发明专利数由2487件增长到8244件，年均增长27.08%。

2015年，南京规模以上工业企业大力开展研发活动，研发成果的数量和含金量明显提升，反映出企业研发效率和自主研发能力持续提高，同时也反映出企业自主知识产权保护意识进一步增强。规模以上工业企业全年申请专利10441件，其中，发明专利申请量为4650件，占全部专利申请量的44.5%，较2014年提高了4.8个百分点。期末有效发明专利比2014年增长12.6%，其中，已被实施的有4919件，比2014年增长22.8%，占全部有效发明专利的45.7%，较2014年提高了3.8个百分点。专利所有权转让及许可数为299项，是2014年的2.1倍。南京市版权局加强著作权登记工作，在南京6个园区增设著作权登记工作站，全年完成一般作品登记5929件。南京全市在研发活动中共形成国家或行业标准645项，增幅达

42.1%；发表科技论文篇2904，较2014年增长6.4%；拥有注册商标5125件，较2014年增长8.9%。

专利申请和授权的含金量明显提高。在三类专利中，发明专利含金量最高、创新价值最大。2015年，发明专利申请量占专利申请量的比重为49.6%，比2010年提升了10.9个百分点；发明专利授权量占专利授权量的比重为29.3%，比2010年提升了2.1个百分点，表明专利申请和授权的含金量总体上不断提高。专利申请中获得授权的比重过半。申请人只有在专利获得授权之后，才能对其请求保护的技术拥有独占实施权。2015年，南京有效发明专利量为27173件，位居江苏省第二、全国同类城市第三，每万人有效发明专利拥有量达33.1件，继续位居江苏省第一。2015年，南京获得中国优秀专利奖25项、省专利奖12项，有35家企业获得南京优秀专利奖；南京新申请商标注册量为3.6万件，有效商标注册量达10.51万件，马德里国际商标累计为397件，地理标志累计为5件；新认定驰名商标为14件，中国驰名商标累计为102件；新认定省著名商标为71件，再认定省著名商标为96件，省著名商标累计为519件；新认定市著名商标为117件，再认定市著名商标为176件，市著名商标累计为879件；新增市级产业集群商标品牌培育基地有2家，市级产业集群商标品牌培育基地累计达24家。

三　改革科技创新的财政金融支持机制

南京大力推进科技金融创新与实践，实现科技自主创业创新与金融服务深度融合。一是建立科技自主创新的财政引导机制。为引导建立合理的科技创新投资融资结构，鼓励政府、企业、社会多层次的投入科技创新，南京加快建立省、市两级财政资金对科技贷款、科技担保、天使投资、科技保险的"共担共补"机制。2015年，南京获得担保和天使投资省级财政补贴1573.96万元。二是加快构建金融机构科技贷款体系。加强科技企业和金融机构的联系，形成了一批科技银行和科技小额金融服务机构，不断提高科技自主创新的金融服务效率，降低金融服务成本。2015年年底，南京共有4家省级科技金融服务中心、11家科技银行和18家科技小额贷款公司。三是加大科技创新金融服务平台建设。2015年，南京举办"银企对接"活动11场，开展科技金融"962020"热线服务2811次，开发微信公众服务平台，网上受理1487家科技创业企业贷款申请，全年累计有1898家科技创业企业获得11家科技银行64.51亿元的信贷支持，其中，1741家初创期、成长期科技型小微企业获得信贷支持56.09亿元。2015年，科技贷款余额为72.5亿元。南京坚持推进科技保险工作，2015年共有53家科技创业企业在南京2家专营的科技保险公司投保，累计保费收入为521.02万元。有关部门与江苏银行紧密合作，共同推进南京"苏科贷"（江苏省科技成果转化风险补偿资金贷款）工作，为57家拥有自主知识产权的科技型小微企业争取科技成果转化专项资金基准利率贷款1.97亿元，"苏科贷"当年荣获南京首届金融创新奖。南京完成了2015年度省天使投资引导资金项目申请和机构入库工作，当年入库机构为3家，4个天使投资项目获得省风险补偿准备金575万元。截至2015年年底，南京18家科技小贷公司，共为所在园区科技创业企业发放3225笔总额为56.79亿元的小额科技贷款。

为推进科技自主创新，南京落实科技税收政策，不断改革优化市级科技专项资金支持方式，通过政策宣传、简化办理手续等措施，不断加大企业研发经费加计扣除、高新技术企业所得税减免等优惠政策的落实，激发了全社会的研发投入热情。南京全社会研究与开发（R&D）经费由2010年的145.5亿元增加到2015年的280亿元，增长了近1倍。南京用于落实科技税收政策的金额连续多年位居江苏省前2位，2015年，南京科技政策税收减免税额累计达70.76亿元，同比增加10.10%，占江苏省总额的25.25%。

科技政策的落实，促进了企业快速发展，特别是减免税额较多的高新技术、软件集成电路等产业，实现了连续多年的快速发展。其中，软件集成电路产业年销售额由2010年的500亿元增加到2015年的3089亿元；高新技术产业年产值由2010年3383亿元增加到2015年8113亿元。2015年，研究开发费用加计扣除减免税合计10.1亿元，比2014年增加3.3亿元，增幅达48.5%。其中，大型和小型企业增幅较大，小型企业减免税总额已赶超中型企业。随着南京科技企业税收支持政策体系的完善，企业享受的优惠政策更加充分，有力地推动了南京企业研发创新能力的提高。

第二节 完善自主创新平台载体建设

南京推进自主创新的主要载体是高新技术园区,主要平台是科技服务平台与产学研合作平台。

一 加快高新技术园区载体建设

通过加快推进南京高新区、新港高新园、江宁高新园等核心载体建设,南京吸引了多种类型科技企业入驻,建立了园区产学研一体化体制,在高新区大力推动大众创业、万众创新,全面提升了自主创新能力和产业竞争能力。南京借助苏南国家自主创新示范区建设契机完善高新园区建设。南京高新技术产业开发区是江苏最早的国家级开发区之一,具备较好的吸引科技企业入驻和发展高新技术产业的基础。按照《国务院关于同意支持苏南建设国家自主创新示范区的批复》和江苏省委、省政府《关于建设苏南国家自主创新示范区的实施意见》(苏发〔2015〕5号)的要求,南京制定实施《关于大力实施创新驱动发展战略当好苏南国家自主创新示范区建设排头兵的意见》《苏南国家自主创新示范区发展规划纲要(2015~2020年)南京市实施方案》《南京高新区建设苏南国家自主创新示范区实施方案》等文件,将南京高新技术产业开发区"一区多园"作为创新驱动发展的主阵地,使之成为南京自主创新示范区的核心区和高新技术产业的策源地。

南京十分重视高新技术产业开发区(简称"高新区")在推进科技创新中的作用,按照自主创新示范区建设规划,重点推进高新区实施创新驱动战略,加快创新要素集聚以形成重大科技创新载体平台,为科技创新创业提供有力支持,为科技体制机制的改革创新提供示范。

一是充分发挥全周期孵化的作用,通过加大高端科技创新公共服务平台建设,加强科技公共服务职能,让高新区发挥孵化高科技企业、培养高科技人才、集聚高科技要素、加速高科技发展、扩散高科技效应的功能。目前,南京高新区拥有4个国家级孵化器和1个省级加速器,南京高新区现有科技公共服务平台7个,其中国家级1个、省级2个、市级4个。

二是高新区先行先试科技创新配套鼓励政策。南京高新区强化科技创新金融支持体系,实现科技市场与金融市场对接,出台了南京最优的"新三板"挂牌扶持政策,分阶段给予企业 180 万元资金支持;高标准建设江北新区金融创新广场及高新区自主创新广场,加快推进创投、证券、基金、融资担保、互联网金融等各类金融机构的集中集聚,形成了 80 亿元的管理基金规模。创新政府行政许可体制,优化行政审批程序,计划组建审批职权相对集中的政府机构,简化审批程序,提升审批效率,为科技创新提供高质量的政府服务。① 高新区内的科技体制改革实践,极大提升了高新技术产业的发展活力。2015 年,南京高新区实现工业总产值 8453.08 亿元,高新技术产业产值为 4048 亿元,增加值(GDP)为 2232.6 亿元。国家火炬特色产业基地达到 10 家,相应特色产业发展较为迅速,10 家基地预计可实现工业总产值 2544 亿元,对区域经济的支撑作用日益显著。

二 完善科技服务平台体系

南京科技服务业迅速发展,各类科技自主创新的服务平台已形成体系。早在 1998 年,南京在江苏省首创民营科技企业融资贷款平台,每年担保贷款超亿元。相关科技创新金融服务平台不断创新,发展出科技产权交易平台。2015 年,南京联合产权(科技)交易所完成"融动紫金"综合信息平台入库企业信息 6772 家,"中小微科技企业股权报价服务系统"2015 年新增挂牌企业 51 家,累计挂牌企业达 61 家,南京全力开展市小微企业应急互助基金托管运作,累计募集资金 1.21 亿元,与 8 家银行及 15 个区(园区)签订了合作协议。

2007 年,南京开始建立科技创新"孵化器",进驻企业可以享受融资和科技创新相关生产服务。25 家科技创新"孵化"平台,一年可以承载2000 家企业孵化,大量中小型科技企业,从科技创新孵化器中毕业,发展成不同层次的科技型企业。2015 年年末,南京集聚了"321 计划"人才1599 名,研发经费支出占地区生产总值比重由 2010 年的 2.9% 提高到3%,每万人发明专利拥有量由 2010 年的 11 件提高到 2015 年的 33.13 件,均保持全省第一,科技进步贡献率达到 61%,年均提升 1.2 个百分点。南京经济社会发展的科技支撑作用得到进一步强化,南京创新发展的活力和

---

① 《南京高新区:争当苏南国家自主创新示范区建设排头兵》,《南京日报》2016 年 9 月 8 日。

竞争力得到进一步提升。

南京重视信息咨询和公共技术服务平台的建设。南京加强科技自主创新中信息、文献、实验、转化等多个过程的服务,建立了大型科学仪器设备信息共享服务平台、农业种质资源保护与利用平台、技术产权交易服务平台、知识产权公共服务平台、南京可扩展基本输入输出设备系统公共服务平台等多家省级科技公共服务平台。2015年,这些平台为科技型中小企业提供各类科技服务近5万项,服务企业达7086家,服务收入达2.6亿元。截至2016年6月,南京共建设重大公共技术服务平台19家,投入财政资金1.23亿元,有7家重大服务平台通过验收正式投入使用。

南京大力发展科技创业平台。结合自身的科教资源优势,南京已建成战略性新型产业创新中心45家、大学科技园31家,其中,国家级大学科技园有5家。加强人才队伍建设的成效显著。截至2015年年底,引进的海外高层次创新创业人才总数达3752名,累计培养的科技创业家达254名;自主培养的入选国家"千人计划"人数累计达258名(含高校院所)。南京已有超过512名高校教师在南京创业,累计扶持1.25万名青年大学生创业,累计扶持近700个项目,投入扶持资金1.1亿元。2015年考核评估结果显示,在创业1年以上的2449家领军型科技创业人才企业中,营业收入超千万元的有92家,纳税超百万元的有21家;培养1年以上的162家科技创业家企业销售收入超过90亿元,平均销售收入为6000万元,平均纳税近300万元。有44家人才企业被认定为高新技术企业,其中有24家在新三板和区域股权交易市场挂牌,对创新驱动发展和经济转型升级起到积极引领作用。

三 强化产学研合作平台

(一) 加快战略性新兴产业创新中心和大学科技园建设

制定出台《南京市战略性新兴产业创新中心管理办法》,强化产学研联合创新载体的功能建设。坚持将南京高新区"一区两园"作为主战场,紧紧围绕"三区一高地"的发展定位,重点在推进创新激励政策先行先试、激发创业创新主体活力、促进科技创新成果转化、提升区域创新体系整体效能等方面下功夫、求突破、做示范。① 围绕高新技术产业发展需求，加快建设通信网络、生物医药、液晶显示、智能电网、卫星导航、激光技术等领域科技创新平台，建成了中科院南京先进激光技术研究院。逐步形成了以战略新兴产业创新中心、产业技术研究院和产业协同创新中心等支撑产业发展的研发创新体系；形成了以众创空间、孵化器、科技创业特别社区、大学科技园、特色产业基地、高新开发区为构架的创新型园区孵化体系。截至 2015 年年底，南京有国家级高新开发区 3 家（一区多园）、国家级科技企业孵化器 20 家、国家级农业科技园 1 家、国家级特色产业基地 10 家；市级以上科技企业孵化器总数达到 158 家，孵化总面积为 532 万平方米，在孵企业总数达到 7867 家；科技公共服务平台达 123 家，其中国家级有 3 家，省级有 86 家；省级以上重点实验室有 89 家，其中国家级有 31 家。

充分发挥政府在城市建设中的规划和引导作用，在空间上打造"产城研"联合体。以仙林高校聚集区、江宁高校聚集区和江北高校聚集区为支撑点，把高新园区、高教资源、新型城市建设在空间上聚集起来，密切产学研合作，为科技创新创业提供空间载体，完善产学研合作体系。近年来，南京不断推进园区与高校联动合作，密切高校与企业的联动，南京江北新区与南京大学签署全面合作协议，争取南京大学的高新技术成果优先在这里转化，与东南大学合作建设江北新区集成电路产业服务中心和生物大数据研究中心。实现"大学城"与"科技城"的融合发展。仙林科技城集聚两院院士、国家"千人计划"专家、南京"321 计划"等高端人才 600 余人，成为南京科技人才资源最集中的区域之一，基本形成了电子信息、节能环保、生命科技、文化创意等特色产业链。江宁高新园依托江宁大学城的高校院所科技资源，形成了以生命科学为主导，高端制造、现代服务业为支撑的特色产业格局，生命科学企业超过 250 家。② 截至 2015 年，南京新建校企联盟 153 个，涉及高校院所近 50 家，累计建成以科技人才创业特别社区为重点的创业创新载体 710 万平方米。

---

① 黄莉新：《南京：争当苏南国家自主创新示范区建设排头兵》，《群众》2015 年第 11 期。
② 《科技推动　人才拉动　园校联动》，《人民日报》2016 年 7 月 31 日。

（二）校企共建自主创新企业

通过成果转化项目等计划的实施，培育壮大了一批快速成长的自主创新企业，高新技术产业已成为促进南京创新型经济发展的主力军。坚持"走出去、引进来"国际科技合作战略，加强与美国、加拿大、欧洲、"一带一路"国家等重点国家和地区开展科技创新合作。2015年，有3家企业在境外设立研发中心（南京累计19家）。全球（南京）研发峰会的品牌知名度得到进一步提升，国际企业研发园建设步伐加快，近百家500强企业研发机构相继落户。强化产学研合作交流，促进优势科技创新资源落户南京。2015年聘请了9名科技副总（企业创新岗）特聘专家到南京企业任职，全方位服务企业科技创新。2015年，新获批立项省政策引导类计划（产学研合作）项目有127项，获得无偿资助3710万元。

（三）以市场为导向，加快高校科技成果就地转化

促进科技成果转化，推进科技创新深度合作。南京进一步加强与高校院所对接联系，推动科技成果就地转移转化，努力提升企业自主创新能力，产学研合作工作取得了较好成效。以企业创新为主体，强化与国内外著名高校院所的对接交流。2015年，南京共组织各类产学研活动20多场（次），签订各类产学研合作协议470多项，推动高校院所为南京企事业单位开展科技咨询1200多次，进行技术开发4000多次，转化科技成果超过2000项，培养企业技术人员1100多人。作为全国唯一的科技体制综合改革试点城市，南京推出了一系列鼓励人才创业的政策，极大激发了南京当地高校院所就地转化科技成果的热情，与南京当地高校院所的合作越来越密切。2015年，南京当地高校院所应用技术成果就地转化率接近50%，校地合作优势和效益正日益凸显。2015年，南京企业吸纳技术成果项目交易金额位居全国副省级城市第一，其中半数技术交易买卖双方都是南京本地企业或者科研院所。东南大学一直是原创性专利成果的大户，发明专利申请量和授权量连续多年稳居全国前五位、江苏高校第一位。"环氧沥青混凝土材料、设备及铺装技术"在南京长江三桥、沪宁高速公路扩建、桥面铺装中得到应用；现代预应力等研究成果相继在南京国际展览中心、奥体中心等30多项重大工程中得以应用。

除了专利就地转化，校地合作还在共建产业化创新平台上频频试水。南京理工大学已与南京3个高新技术园区共建了军民融合研发与产业化创新平台，与麒麟科创园共建了南京机器人研究院，实现了军用模式识别技术向无人驾驶、工业机器人等领域的有效转化。[①]

第三节 培育科技创新主体

科技体制改革的重要内容是较快培育科技创新主体。其中，企业是科技创新的重要主体，南京重视企业主体的科技自主创新能力，通过多层次培育，努力打造以创新型领军企业、高新技术企业和民营科技企业为骨干的创新梯队。科技人才是科技创新的重要主体，通过优化科技创业环境，推动科技人才创业，激发科技人才主体活力，最大限度地发挥南京科教人才资源优势。

一 大力提升企业主体的科技自主创新能力

南京积极加强产业创新部署，改造提升传统产业，加快推进高新技术产业，大力培育新兴产业。大力发展智能制造产业，聚集智能制造类的企业，成立智能制造产业联盟，努力打造智能制造企业集群。实施智能工厂培育计划，加快培育自动化、数字化、网络化等先进制造工厂、车间，使智能生产线和智能制造设备尽快转化为生产力。经过多年的努力，南京的智能电网产业形成了从发电、输电、配电到用电各环节较完整的产品链和企业集群。智能制造产业集聚了一批行业领先的重点企业。轨道交通产业基本形成了涵盖机车车辆、城轨车辆系统、信号、通信系统、供电与电力保护监控系统、售检票系统、配套设备等较为完整的轨道交通产业链。南京智能电网产业整体实力居全国第一，轨道交通产业综合排名全国第一，新型显示产业规模居国内第二。[②] 根据第三次经济普查数据，截至2015年，南京共有高新技术企业1274家，高新技术产业实现产值8113亿元，增长8.1%，占规模以上工业产值的比重达45.3%。2015年，南京六类九

---

① 《南京加大与在宁高校院所科技创新深度合作》，《南京日报》2016年7月14日。
② 薛海燕、祝惠春：《南京：创新为先进制造业插上翅膀》，《经济日报》2016年7月24日。

大战略性新兴产业主营业务收入为5900亿元，增长10%左右，其中，新能源汽车、智能装备制造等产业增幅超过15%，软件和信息服务业收入为4000亿元，增长20%以上。南京通过多层次培育，努力打造以民营科技企业、高新技术企业、创新型领军企业为骨干的创新梯队，形成了多层次创新型领军企业体系。2015年，组织申报的两批高新技术企业共466家，申报的四批高新技术产品共1012项，上报的高新技术复审企业为132家，推荐上报的省高新技术（后备）企业为65家，被认定为国家高新技术企业的有138家。南京共有高新技术企业1274家，有98家企业被认定为江苏省科技型中小企业，677家企业被认定为江苏省民营科技企业。

重点推进企业研发机构建设，培育企业自主创新主体，强化企业主体自主研发能力，引导和鼓励中小型科技企业完善研发体系。同时，通过成果转化项目、高新技术产业化等计划的实施，培育壮大了一批快速成长的自主创新企业。2015年，全年新增省级工程中心20家、市级工程中心106家、省产业技术研究院预备所2家，2家专业预备所通过审核正式成为省产业技术研究院专业所。[①] 近年来，工业企业建设研发机构的积极性不断提高，建有研发机构的规模以上工业企业已经超过1000家，2015年与2014年相比增幅达16.9%，比2014年增加了150多家，南京共拥有1361家研发机构。2014年，南京33.6%的企业建有研发机构，2015年提高至39.7%。目前，南京98.6%的高新技术企业都建立了研发机构。通过实施高新技术产业化战略，鼓励成果转化为实际生产力，进一步提升这些企业在经营状况、创新能力、人才集聚等方面的优势。2015年，南京25个科技创新项目入选省重大成果转化项目，获拨款资助2.48亿元，项目数量和资助金额居江苏省第一。

借助人才和科技资源优势，率先发展战略性新兴产业。通过科技创新引领，突破关键核心技术，大力发展信息产业和"互联网+"，促进信息技术向市场、设计、生产环节渗透，推动生产方式向柔性、智能、精细转变。2013年，南京已有战略性新兴产业企业3943家，战略性新兴产业显示出蓬勃的发展势头，其中新一代信息技术产业产值超千亿元。现代服务

---

① 毛庆：《南京25个科技成果转化项目获2.48亿元资助》，南报网，http://www.njdaily.cn/2015/1021/1240189.shtml，2015年10月21日。

业快速发展，由于互联网大大降低了交易成本，"互联网+"商业模式使得很多业态发生了巨大变化，南京限额以上企业通过公共网络实现的销售额增势迅猛，2014年、2015年增幅分别达到44.2%、79.1%。南京信息传输、软件和信息技术服务业乘势而上，产业增加值占南京GDP的比重由2007年的2.6%增加到2015年的6.2%。截至2015年年底，30家世界500强软件企业和36家中国软件百强企业在南京设立创新中心、研发中心。2016年1~5月，南京战略性新兴产业主营业务收入增长达到11%，其中，基础软件、云计算大数据及物联网、集成电路等产业保持15%以上的增速。

二 推进科技人才自主创新与创业互动并进

（一）实施鼓励科技创新人才自主创业的战略

立足自身科教人才优势，南京将科技人才创业作为科技、人才与经济的最佳结合点，近年来制定并实施科技创新"1+8"政策文件、"科技九条"和"创业七策"。持续优化人才引进培养政策体系，不断提升"321计划"品牌绩效，加快创建国家人才管理改革试验区。到2015年，累计引进领军型科技创业人才3752名，培养科技创业家254名，集聚了348名国家"千人计划"专家来南京创业。

推进众创空间发展，是南京有特色的做法。为落实国家、江苏省关于众创空间的政策意见，南京出台了《众创空间（新型孵化载体）备案管理办法（试行）》《关于加快构建大众创业万众创新支撑平台的实施意见》等文件，鼓励企业注册众创空间。众创空间借助原有科技园区平台，重点为微小企业和科技人才提供创业咨询、办公场地、人才公寓、小额担保贷款、微利项目贴息、税费扶持、创业补贴、创业奖励等多项扶持政策。[①] 众创空间的出现，为科技人才开拓了广阔的发展空间，众创空间针对创新人才在创业初期易出现问题，给出有针对性的指导和扶持，打造小规模的科技人才集聚社区，给予精准的科技创新政策支持。随着众创空间的快速发展，一些特色孵化器也在逐步形成，科技成果转移转化和科技资源开放

---

① 《南京工大科技产业园：助力点燃大众创业、万众创新星星之火》，《南京日报》2015年12月30日。

共享不断加速,南京123家科技公共服务平台、26家开放实验室、62家院士工作站、45家战略性新兴产业创新中心、6家产业协同创新基地等创新服务平台,为南京各类创客的创业创新活动提供技术服务支撑。

为了加强对众创空间的管理,南京专门出台了《科技众创空间管理办法》,明确对科技众创空间开展星级评定,获得优良星级的科技众创空间,可获得不同额度的补贴奖励:对科技众创空间运营商设立不少于300万元的种子基金,给予初创项目额度不超过20万元、期限不超过2年的借款;对设立天使基金的,每个投资创业项目按2万~10万元进行配套奖励;在孵企业在孵期间或毕业后1年内被认定为高新技术企业、技术先进型服务企业或上市的,按每家企业10万~20万元的标准一次性奖励科技众创空间运营管理单位;加强对科技众创空间公共服务能力和创业孵化绩效考核,开展星级评定,对获得优良星级的,给予10万~100万元的市级财政补贴,并优先支持其下一年度的企业研发项目和平台建设项目。

(二)结合科技自主创新出台科技人才创业支持政策

出台"创业南京"26条人才新政。为全面提升南京人才竞争力、科技竞争力、产业竞争力,在更大范围、更高层次、更深程度上推进大众创业、万众创新,南京市委、市政府联合下发了《关于"创业南京"人才计划的实施意见》,意见共七个部分、26条,包括目标任务、专项人才计划、综合环境和配套服务、运行机制和组织保障等内容。作为计划主体,科技顶尖专家集聚、创新型企业家培育、高层次创业人才引进和青年大学生创业引领4个专项人才计划包含了一系列重要政策举措。"创业南京"计划贯彻十八届五中全会关于加快建设人才强国的战略部署,呼应大众创业、万众创新的时代精神,以引领创新驱动发展和推动经济转型升级为着力点,勾画了既突出高端引领,又涵盖"草根"创客的新一轮人才发展蓝图,并针对人才差异化个性化需求,建立了覆盖人才创业创新全过程的政策支持体系;瞄准创新型、服务型、开放型、枢纽型、生态型"五型经济"主攻方向,重点集聚100名科技顶尖专家、培育200名创新型企业家、引进3000名高层次创业人才、引领2万名青年大学生创业,打造具有国际影响和独特优势的产业科技人才高地。计划对在南京创办企业或开展产业化合作的科技顶尖专家,最高给予1000万元科研成果产业化配套资金、1

亿元跟进投资及 200 万元住房补贴；对创新型企业家，给予不超过 3 年、总额最高 2000 万元贴息贷款；对高层次创业人才，最高给予 150 万元项目扶持，提供 100 平方米免费创业场所、100 平方米免费人才公寓；对青年大学生优秀创业项目，给予 20 万~50 万元的创业资助。

在综合环境和配套服务上，南京突出政务服务、市场服务、金融支撑、科技服务、创业辅导、首购首用、人力资源、税收优惠、生活配套 9 个方面，构建有利于大众创业、万众创新的生态系统，努力以一流环境揽天下英才、融全球智慧，为"迈上新台阶、建设新南京"提供人才支持和智力支撑。[①] 2015 年以来，南京已涌现出 80 余家特色鲜明的众创空间，其中有 51 家已获省级备案，涵盖了创客孵化、投资促进、培训辅导等新型载体类型。雨花众创集聚区等 3 家园区成为江苏省首批试点众创集聚区。南京孵化器取得了较快发展，孵化器总数已达 158 家（其中国家级 20 家、省级 50 家）。科技创业特别社区共建成载体 672 万平方米（其中孵化器 279 万平方米、加速器 114 万平方米），共引进科技型企业 3752 家，集聚"321 计划"人才 1626 名。

第四节　南京科技体制改革主要问题与对策

当前，南京科技体制改革深化面临的问题主要是科技创新的一些短板。补齐短板，扬长补短，应是南京自主创新发展的总体取向。

一　南京科技体制改革面临的主要问题

政府对企业研发活动的资金支持比重降低。近年来，来自政府部门的研发资金、R&D 经费内部支出中的政府资金，均呈减少趋势，2015 年减幅虽有所降低，但政府对企业研发活动的资金支持仍显不足。2015 年，南京规模以上工业企业使用来自政府部门的研发资金为 3.8 亿元，比 2014 年减少了 0.3 亿元，减幅为 7.3%。其中，规模以上工业企业 R&D 经费内部支出绝大部分源于企业自有资金，企业自有资金为 131.9 亿元，占全部

[①] 《力推"十三五"大众创业万众创新　我市出台"创业南京"26 条人才新政》，《南京日报》2015 年 11 月 30 日。

R&D 经费内部支出的 96.4%，而政府引导资金为 3.0 亿元，仅占 2.2%，比 2014 年减少了约 0.5 亿元，减幅达 13.2%。

基础研究和应用研究开展不足。科学研究（基础研究和应用研究）是企业自主创新的源泉，但其本身具有长期性和不确定性，不易出成果，因此科学研究很难在企业里开展，企业更愿意把研发经费投入于开发新产品。2015 年，在 R&D 项目中，基础研究、应用研究项目数量仅占 0.2%。基础研究支出为 13.9 万元，仅占 R&D 经费内部支出的 0.001%，可谓微乎其微；应用研究支出为 8401.7 万元，占 R&D 经费内部支出的 0.6%，比重也很低，而发达国家科学研究支出的比重普遍在 15% 以上。

研发投入尚有很大增长空间。按照国际标准，研发投入强度为 2% 时企业方可维持生存，达到 5% 时企业在市场中才有竞争力。美国、日本、德国等发达国家工业企业的研发投入强度则普遍在 2% 以上。2015 年，南京四大支柱产业（电子、石化、钢铁、汽车）的 R&D 经费投入占南京总量的 61.1%，其中三大产业 R&D 经费投入较 2014 年有所下降，两大产业 R&D 经费投入强度低于南京平均水平。2015 年，石化产业利润总额比 2014 年增长了 74.8%，而 R&D 经费投入较 2014 年下降 12.3%。受经济效益下滑影响，钢铁产业 R&D 经费投入较 2014 年下降 32.4%；电子信息产业 R&D 经费投入较 2014 年下降 8.7%，R&D 经费投入强度为 0.98%，低于南京平均水平 1.12%；汽车产业 R&D 经费投入增长速度较快，但 R&D 经费投入强度仅为 0.84%，也低于南京平均水平。

企业对高校和研究机构的科研资源利用不充分。从开展项目的形式看，企业独立研究的研发项目最多，占全部项目的 78.2%，而与境内高校合作的项目仅占 6.3%，与境内独立研究机构合作的项目仅占 5.9%，与境内其他企业合作的项目占 6.0%。南京高校众多、科教资源丰富，但就目前企业与高校和研究机构合作的研发项目数而言，企业与高校和研究机构的合作还不紧密，对南京现有科研资源的利用不够充分。

科技成果转化尚需进一步落实。南京国家科技体制综合改革的一项主要内容就是发挥科技资源优势，促进科技成果转化，《中华人民共和国促进科技成果转化法（修订）》及其相关实施细则在法律层面所做出的突破，为进一步深化科技体制综合改革提供了新的动力，但在具体操作层面还需要政府尽快落实，相关部门和各级政府应尽快修订与《中华人民共和国促进科技成果转化法（修订）》相矛盾的地方立法和相关管理办法，为法律落实兑现提供政策依据。《中华人民共和国促进科技成果转化法（修订）》的激励政策要靠成果拥有者去贯彻落实。南京的科教资源集中于国家和省属的高校院所，应开展高校院所科研创新成果转化工作，制定具体的激励实施办法，建立成果转化的绩效与职称晋升联动的考核评价机制，促进科技与经济的紧密结合，形成有效的科技成果转化体系。

大学生在校期间的创新创业能力有待加强。在国家大力鼓励创新创业的形势下，众创空间如雨后春笋般涌现。目前，从创新创业的人数上看，比例最高的是大学生，由于大学生社会阅历、所学知识和技术都有限，从统计数据可知大学生创业存在成功比例偏低、项目的技术含量偏低的现象。为进一步鼓励创新创业，高校应进一步加强大学生在校期间的创新创业能力培养。

二 进一步推进科技体制改革创新的建议

坚定不移地把创新驱动摆在南京发展的核心位置。一方面，突出科技体制改革重点，推动科技工作从研发管理向创新服务转变，营造具有南京特色的大众创业、万众创新政策环境和制度环境；另一方面，突出需求导向，面向南京经济发展主战场，推进科技创新，围绕产业链，部署创新链，着力推动科技应用和科技成果产业化。努力将南京科技教育人才优势转化为竞争优势和发展优势，促进南京发展驱动方式的转变和产业转型升级，推动南京自主创新能力和产业竞争能力全面提升。

稳定增加政府对企业研发的资金投入。企业开展研发活动需要大量的资金，仅依靠企业自有资金，会造成企业压力较大、积极性受限。在经济整体下行压力较大的情况下，企业更加需要政府资金的支持。2015年，南京公共财政科技支出为50.8亿元，占GDP的比重是0.5%，远低于发达国家1%的水平。政府应加大对企业研发的资金投入，并应确保政府引导性资金的稳定增长，如与GDP同步增长，激发企业开展研发活动的积极性。通过"科技创新券"、风险补偿、后补助、创投引导等方式，按照市场规律引导支持创业创新活动，推动科技工作从研发管理向创新服务转变。发挥好支持小微科技企业发展的科技创业发展基金的作用，体现政策性、公益性，把有限的资源向初创型科技企业倾斜。促进天使投资、创投基金的快速发展，推进科技企业上市。继续推动科技贷款和科技保险工作，开发科技保险网上申报系统。落实好新的研发费用加计扣除政策，鼓励企业加大研发力度。

引导企业处理好经济效益与自主研发的关系。政府应加强对研发创新应用的宣传。研发创新能力，是一个企业持续发展的不竭动力，只有不断研发创新，才能拥有自己的核心技术，在市场竞争中立于不败之地。虽然研发投入拉低了短期利润水平，但长远来看，积累的核心技术为企业避免了引进技术和设备的高昂代价，并将使企业在未来赢得长期投资的回报。企业只有转变观念，提高自主创新能力，才能掌握技术发展的主导权，获得更多的经济效益和持续发展的后劲。

提高企业研发投入强度。政府应进一步重视支柱产业的研发投入情况，通过出台产业规划方案、推广好的经验做法加快企业转型升级，引导企业结合自身生产基础，充分利用现有资源，在产销对路产品和高端产品上精准发力，增加研发投入，提高研发投入强度。南京以高新技术企业为骨干，大力发展创新型经济；以发展创新型经济为目标，以提升产业核心竞争力为路径，着力增强企业自主研发和科技资源配置能力；努力集聚国家、省、市三级政府科技资源，组织实施重大攻关和产业化项目，重点支持一批相关高新技术领域中自主创新性强、技术含量高、市场前景好、具有竞争力的科技型企业和研发项目，努力培育、形成一批能够在南京经济结构调整和产业转型升级中发挥重要作用的产品群及产业带。

引导产学研协同创业创新。高标准推进国际企业研发园建设，指导国际企业研发园做好科技招商、国际技术转移、公共技术服务、国际合作与交流等平台搭建工作。国外主要创新型国家普遍把促进产学研合作作为构建国家创新体系的重要内容，它们通过整合科技创新资源，建立起国家或区域创新集团优势，如德国组成创新联盟，美国产学研各类机构互为补充，提高了产业整体研发能力和竞争力。南京市政府相关部门需要进一步对接企业与高校、科研机构的发展需求，积极促进企业与高校、科研机构在研发项目、人才培养、新兴产业发展、创业创新等领域的全方位合作，建立研发联盟，共同推动科技创新与产业发展的紧密融合，把南京的科教资源优势转化为竞争发展优势。

在加强基础研究和应用研究方面，企业可成立自己的研发机构，更可借助高校和独立研发机构在科研方面的优势。南京借鉴中国"台湾工研院""日本产综所"模式组建推动产学研协作的应用技术研究机构，围绕重点产业集中力量、集中资源，组织联合攻关，突破一批拥有自主知识产权的核心技术和关键技术；以产业需求为纽带，协调引导"政产学研金介"协同创新；继续推进产学研深度合作，加快建设多元化、多层次的技术转移体系，重点推进产业技术研究院与南京的重点产业、企业的结合，继续深化与中科院、清华大学等国内著名高校、科研院所的合作，拓展合作领域，丰富合作内容。

进一步完善国际合作创新机制，高标准建设国际企业研发园，放大"全球（南京）研发峰会"效应，主动开展与"一带一路"国家和地区的科技创新合作，促进南京科技园区、企业与世界著名科技园区、企业间的深度合作，在对外合作中引进吸收消化再创新，增强自主创新能力。

促进科技成果转化。重点组织一批能支撑南京战略性新兴产业快速发展的科技成果转化项目，加强项目实施过程管理。进一步探索研究战略性新兴产业创新中心的建设模式与运行机制，着力提升产业技术创新能力。优化大学科技园创新创业环境，进一步提升科技成果转移转化服务功能，加速科技型企业的孵化培育，推动新兴产业快速发展。

推进众创空间科学有序发展。抢抓苏南国家自主创新示范区建设重大机遇，以科技部《发展众创空间工作指引》为导向，加快构建"苗圃—孵化器—加速器"创业创新孵化服务链条，新培育一批众创空间，实现各区（开发区）全覆盖。不断提升科技创业特别社区建设和发展水平，推动模范马路科技创新街区、珠江路创业大街等深化与高校、科研院所的对接合作，试点建设创业资源集中、创业机构集聚、创业服务完善的众创集聚区。完善相关配套政策措施，为支持社会资本投资建设众创空间营造良好的政策环境。

第七章
无锡："两型社会"建设

21世纪初，"两型社会"的建设理念逐渐从国家的整体战略布局中凸显出来。2004年3月，温家宝在十届全国人大二次会议上提出建设资源节约型社会；[1] 2005年3月，胡锦涛在中央人口、资源与环境工作座谈会上提出建设环境友好型社会。2005年10月，胡锦涛在党的十六届五中全会上指出，"要把节约资源作为基本国策，发展循环经济，保护生态环境，加快建设资源节约型、环境友好型社会"。[2] 2006年3月，审议通过的"十一五"规划纲要首次将构建"资源节约型、环境友好型社会"确定为我国国民经济和社会发展中长期规划的一项重要内容和战略目标。2007年12月，国务院批准武汉城市圈和长株潭城市群为资源节约型和环境友好型社会综合配套改革试验区，标志着"两型社会"建设进入实践层面、构建"两型社会"的探索正式启程。无锡是江苏建设"两型社会"的先行区，正在努力探索生产、流通和消费活动与资源、环境实现和谐可持续发展的有效路径。

第一节 "两型社会"建设的基础

改革开放以来，我国政府和学界都认识到，经济发展不能依赖传统粗放型的经济增长方式，资源过度开发和废弃物大量排放，将导致环境污染和生态负载严重等问题。走可持续发展发展道路，实现以尽可能少的资源

---

[1] 《温家宝总理在十届全国人大二次会议上的政府工作报告》，《人民日报》（海外版）2004年3月6日，第3版。

[2] 《胡锦涛在中央人口资源环境工作座谈会上的讲话》，中央政府门户网站，2005年10月。

和环境成本支撑经济增长是目前我国经济社会发展的必然选择。

一 "两型社会"概念的理论基础

（一）可持续发展

可持续发展是人类对资源环境问题与人类长远发展需求这一矛盾深入思考的结果，其实质在于通过"生态－经济－社会"系统的协调运行，实现人的全面发展。

资源和环境是人类生存和发展的物质基础。人类生存发展必然消耗自然资源，但是这种消耗必须充分考虑资源供给的有限性，以不破坏自然生态系统为基本前提。"两型社会"包含的资源节约和环境友好内涵与可持续发展的发展目标不谋而合，是可持续发展的具体实践形式。从20世纪90年代开始，我国不断丰富和发展可持续发展的内涵，通过"坚持政府引导，注重市场调节作用"、"坚持完善政策法规，强化能力建设"、"坚持试点示范，积极探索可持续发展模式"和"坚持务实合作，共享可持续发展经验"等基本做法，在可持续发展重点领域取得了一定进展。

（二）低碳经济

低碳经济是指通过技术创新和制度创新控制碳排放，最大限度地减少温室气体排放，缓解全球气候变化，达到经济社会发展和自然生态间的平衡，以最小的环境代价实现经济和社会的清洁发展和可持续发展。

低碳经济理论和"两型社会"理念都是21世纪初针对不同范围和层次的气候、自然资源和环境等生态问题不断恶化的现实，提出的解决方案。低碳经济是以低能耗、低污染、低排放和高效能、高效率、高效益为基础的经济发展模式，标志着人类社会继农业文明和工业文明之后又一新的文明方式——生态文明的发端。低碳经济对应"两型社会"中的资源节约，低碳发展则与环境友好一致。低碳经济要求促进减排技术和能源技术创新、产业结构调整、制度创新和人类发展观点的根本转变，这与"两型社会"的实现途径是完全符合的。低碳经济由于蕴含着便于量化的指标体系，更易于进行比较评估，所以在"两型社会"建设中占据着重要的地位。

近年来，中国政府积极借鉴其他国家的低碳经济发展经验，结合本国实际，探索出许多低碳经济的实现路径，包括"优化能源结构，促进清洁能源发展"、"推进技术创新，调整产业结构"和"加强国际合作，实现技术转移"等。我国政府把减少煤炭、石油和天然气等化石能源使用量，发展风能、水能、太阳能、地热能、核能等清洁能源作为解决温室气体排放过量的主要手段；进一步调整和优化产业结构，通过技术创新，提升生产工艺技术，发展低能耗、低污染、低排放的高新技术产业。

(三) 生态平衡

生态平衡是指在一段时期内，通过生态系统中的能量流动、物质循环和信息传递，各生物种群之间、生物和环境之间达到高度适应、协调统一的状态。生态平衡对物质交换环境协调性的要求与"两型社会"对资源、环境和经济协调发展的要求是高度一致的。

多年来，中国政府一直为重塑生态平衡而努力。粗放型的增长方式不断考验着我国资源和环境的承载能力。为解决生态环境问题，我国政府严格禁止以下企业和个人破坏生态平衡的行为：第一，人为干扰和破坏自然生态系统的正常运行，将其大规模地转化为人工生态系统，如过度城市化和大规模的农业开发等；第二，不加节制地滥用生态自然资源（生物资源和非生物资源），严重破坏了生态平衡，如森林的滥砍滥伐等；第三，将人们生产、流通、消费过程中产生的大量废弃物输入自然生态系统，造成生态系统被严重污染，如大量排放工业废气、废水和固体废弃物以及城市生活废弃物。

二 "两型社会"的含义

"两型社会"是一个包含资源节约型社会和环境友好型社会两个层面的复合型概念。需要分别从"两型社会"的内涵和外延两个方面全面厘清其核心特征。

(一) "两型社会"的内涵

资源节约型社会是指人们合理开发利用和切实保护各种自然资源，提高资源开发利用效率，维持生态平衡，以尽可能少的资源消耗获得最大的经济效益、社会效益和生态效益的社会，也即人类高效开发利用和保护资源、资源能够支撑人类社会经济可持续发展的社会。资源节约型社会以人与自然和谐发展为目标，采取资源消耗减量化和有利于促进可持续发展的生产、生活、消费方式，通过法律、经济、行政和宣传等综合性措施，激励和动员全社会成员节约资源，提高资源利用效率，在满足社会成员不断增长的物质和精神文化需求的前提下，使其在经济、法律、科技、伦理、政治以及文化等方面以尽可能少的资源消耗获得尽可能大的经济效益和社会效益，使经济社会发展和资源环境承载能力相匹配、相适应，建立人与自然良性互动的关系，保障经济社会可持续发展。

环境友好型社会以环境资源承载力为出发点，以生态文明为价值基础，以自然和社会经济规律为准则，以可持续的环境和发展政策为手段，通过形成改善和保护环境的生产、流通和消费方式，使用对环境无害的产品、技术和工艺，最终形成有利于生态平衡的生产力布局、低损耗与低污染的产业结构，以及人人关爱环境的文化氛围和发展观念，实现人与自然和谐共存。在环境友好型社会中，生产和生活的各种活动会尽量减少废物排放，有效防止环境污染，不断保护和优化自然生态环境，实现人与环境和谐相处。

"两型社会"是指以人与自然和谐共生为目标，综合运用经济、技术、法制、宣传、教育等手段和途径，在社会生产、流通、分配和消费等各个领域，实施资源节约和生态环境保护的措施，以最少的资源投入、最小的环境污染和生态破坏代价获得最大的经济效益和社会效益，实现人与自然协调发展和经济社会可持续发展的社会形态。

（二）"两型社会"的外延

资源节约和环境保护是"两型社会"的内涵和主题。无论是社会的生产领域、流通流域，还是消费领域都必须体现"两型"的基本特性。

"两型生产"。传统的粗放型生产方式必然导致能源资源利用率低、单位产品能耗高、环境污染严重；"两型生产"方式则能够有效提高资源利用效率，降低环境污染程度，甚至有利于生态环境系统的改善。循环经济的生产方式是实现"两型生产"的主要方式。循环经济的生产方式以减量化、高效化、资源化、循环化、清洁化和再利用为基本原则，以物质闭路循环和能量梯次使用为特征，按照自然生态系统物质循环和能量流动方式运行。其目的在于通过循环利用能源资源，提高利用效率，降低污染物排放，甚至实现零排放，保护生态环境。

"两型流通"。传统商品物流存在很多问题，如过度包装带来包装材料过多消耗；包装废弃物污染环境，增加环境后续治理负担；虚假信息误导消费；成本过高等。"两型流通"既要追求经济利益，又要兼顾节约资源和保护环境这一社会发展目标。"两型流通"包括"两型"商流和"两型"物流。"两型"商流包含无公害商品的营销、充分实现商品价值的二手商品交易、节约能源的交易方式和流通形式的创新（如电子商务等信息流方式）、节能环保的营销网络构造等。"两型"物流则主要包括物流设计、实施和管理满足资源节约和环境保护的要求，商品运输方案最优化和合理化，运输包装无害化，销售包装适度和空位合理，包装物便于回收利用，流通加工过程中资源利用效率高等。

"两型消费"。消费意味着资源的消耗，必然会对生态环境产生影响。消费对象、方式、水平和结构的不同会带来不同程度的资源消耗和环境影响。"两型消费"包含两层含义：一是节约型消费，杜绝铺张奢侈和资源浪费；二是消费要尽可能降低对环境的污染，消费产生的废弃物尽量做到回收循环利用和无害化处理。"两型消费"要实现消费内容的节约性、消费水平的适度性、消费结构的合理性和消费行为的高效性，并采取综合措施构建"两型消费"模式，如变一次性消费为循环消费、变非环保消费为绿色消费、提倡租赁式消费等。

综上所述，"两型社会"是一个涉及社会生产、流通、消费等多个领域和层面的综合性系统工程，其核心和本质在于实现经济社会发展的资源节约和环境友好，并最终实现人与自然的和谐共存和可持续发展。

三 无锡建设"两型社会"的时代机遇

2009年4月，无锡市正式向江苏省委、省政府递交了一个《无锡市资源节约型和环境友好型社会建设综合配套改革试点总体方案》，拉开了建设"两型社会"的大幕。无锡市努力推进建设"两型社会"工作的时代机遇包括以下几个方面。

一是"苏南模式"开始转型。在"先工业化后市场化"的发展方式下，苏南地区实现了经济腾飞。但是，经过多年的发展，"苏南模式"也暴露出了一些问题：一方面乡镇企业多从事来料加工，产业链短，对外资依赖程度高，各地政府为吸引外资相互竞争，大部分利润都被外资转移，苏南企业在国际产业分工中处于配角地位；另一方面"苏南模式"造成了资源的快速消耗和严重的环境污染。无锡市加快推进经济发展方式转变，逐步淘汰高能耗产业，提升高新技术在经济发展的作用，保护和改善生态环境势在必行。

二是无锡市经济发展与资源、环境的矛盾亟待解决。长期以来，无锡市沿用了传统的高投入、高消耗、高增长的工业化模式，并采用了与其对应的粗放型的发展模式，致使建设用地耗用太快，生态环境压力增大，城乡建设发展日益受到资源、环境的约束。多年来，无锡市市区建设用地投入量持续在高位运行。2004～2010年，无锡市市区建设用地年均增长30多平方公里，仅用6年时间就再造了一个"无锡城"。在基本农田保护和生态用地控制的前提下，按照这样的扩张速度，无锡市建设用地的投入仅能维持10年左右的时间，可持续发展的矛盾日渐凸显。同时，无锡市存在产业结构偏重、产业层次偏低、单位面积污染负荷超过环境承载能力等一系列问题。太湖因富营养化爆发严重的蓝藻事件，足以令社会各界关注和思考经济发展与资源、环境的关系。

三是无锡市民生建设外延不断扩展。长期的粗放型工业化发展模式导致无锡市空气、水源、土地等污染问题十分严重，食品安全、医疗卫生、交通出行、人居环境等民生问题亟待解决。充足的资源、良好的生活环境是无锡市民生建设的重点，以"节约资源、保护环境"为核心的"两型社会"建设将提升无锡市居民的幸福指数。

在率先全面建成小康社会、率先基本实现现代化的历史机遇下，无锡市市委、市政府及其所属的各个部门，广泛动员各种社会力量，积极展开"两型社会"试点工作，把将无锡市打造成江苏省资源节约型和环境友好型社会建设综合配套改革试验区作为历史使命，试图探索出一条资源、环境、人口压力日益增大趋势下的区域经济社会发展新道路。

四　无锡建设"两型社会"的政策支持

（一）来自国家层面的要求

在无锡"两型社会"建设由试行阶段转向正式阶段时，经过国务院批准实施的《苏南现代化建设示范区规划》，为把无锡"两型社会"建设纳入苏南地区经济社会发展的整体进程中提供了政策依据。

《苏南现代化建设示范区规划》指出，苏南现代化建设的示范方向是立足为全国现代化建设提供示范，推动苏南积极探索经济现代化、城乡现代化、社会现代化和生态文明、政治文明建设的模式，走出一条具有中国特色、符合苏南实际、体现时代特征的现代化发展之路。[①] 在生态文明建设方面，其目标是"建立经济发达、人口稠密地区生态建设与环境保护新模式，形成绿色、低碳、循环的生产生活方式，为全国建设资源节约型和环境友好型社会提供示范"。由此，无锡作为苏南地区的"两型社会"建设示范城市，除了获得省级层面"资源节约"和"环境保护"的政策支持外，也明确了"两型社会"建设实践的路径。

《苏南现代化建设示范区规划》明确指出，建设"两型社会"至少包括以下四个方面的内容。一是加快绿色低碳发展。基本做法是：全面推进节能减排，加快低碳技术研发应用，加强资源节约和管理。二是全面提升环境质量。基本做法是：加快水污染防治，加强大气污染联防联控，加大土壤污染防治。三是构建生态安全体系。基本做法是：优化生态空间布局，加强生态保护与修复，维护生物多样性。四是完善生态环境保护制度。基本做法是：健全环境保护管理制度，完善生态补偿机制。

（二）落实"苏南现代化建设示范区规划"的承诺

为贯彻落实《苏南现代化建设示范区规划》，江苏省有关部门和单位都明确了自己的目标任务。与"两型社会"建设密切相关的目标任务如表7-1所示。

表7-1 江苏省有关部门和单位支持苏南现代化示范区建设的目标任务

部门/单位	目标任务
江苏省省委宣传部	在文明创建中大力推进生态文明建设
江苏省发改委	加强资源综合利用，推进循环经济发展；推进能源项目建设；推进无锡"两型社会"综合配套改革

---

① 江苏省政府：《苏南现代化建设示范区规划》，2013。

续表

部门/单位	目标任务
江苏省经济和信息化委员会	加快淘汰落后产能
江苏省财政厅	支持产业转型升级，支持生态环保产业发展，支持农业现代化与人才引进
江苏省国土资源厅	推进土地节约集约利用
江苏省环保厅	优化生态空间格局，规划生态红线；深入推进污染减排；加强水环境综合治理；加强区域大气污染治理；强化环境风险防范；加强自然生态和农村环境保护；支持苏南生态文明建设；完善环境保护政策
江苏省住房和城乡建设厅	开展绿色建筑行动；保障供水安全，推进污染防治
江苏省交通运输厅	加快建设无锡"绿色低碳交通城市"等示范工程
江苏省农业委员会	加强农业生态建设
江苏省水利厅	推进太湖流域综合治理工程、区域治理骨干工程、水生态修复工程
江苏省商务厅	更大力度推进开发区转型升级
江苏省地税局	对企业在生态文明建设方面获得的收入给予税收优惠，开展苏南现代化建设示范区税收政策专题研究
江苏省统计局	启动苏南基本实现现代化进程监测统计工作
江苏省政府法制办公室	起草《江苏省苏南现代化示范区建设促进办法》

资料来源：根据江苏省政府办公厅2013年10月出台的《支持苏南现代化示范区建设的目标任务》文件整理。

依托《苏南现代化建设示范区规划》，无锡建设"两型社会"的努力得到了众多省级有关部门和单位的大力支持，实现了"两型社会"建设工程的"条块结合"。

第二节 "两型社会"建设的进展

无锡"两型社会"建设实践分为两个相互联系的阶段：一是试点建设阶段（2009年4月底到2011年9月），二是正式建设阶段（2011年9月至今）。

一 "两型社会"建设综合配套改革基本内容

(一) 试点建设阶段的基本情况

《无锡市资源节约型和环境友好型社会建设综合配套改革试点总体方案》提出如下目标：经过两年的努力，到2011年初，在无锡地区初步建成"两型社会"的完整体系，形成政策法规、技术创新、制度保障和组织领导等基本框架。目标具体包括以下几个方面：到2011年，无锡市的人均地区生产总值达到1.4万美元以上；高新技术产业增加值占规模以上工业增加值比重达到48%；服务业增加值占地区生产总值比重达到45%；全社会研发投入占地区生产总值比重达到2.5%；全市单位地区生产总值能耗在2005年的基础上累计削减20%；主要污染物排放总量在2005年的基础上累计削减28%以上；重点企业工业用水重复利用率达到85%；集中式饮用水源地水质达标率稳定在100%；城市生活污水集中处理率达到95%；全市森林覆盖率达到25%；城市建成区绿化覆盖率达到45%；环境质量综合指数达到90。

经过一年多的实践，2011年6月19日，无锡市召开全市资源节约型和环境友好型社会综合配套改革试点方案汇报会，明确建设"两型社会"的基本做法。

以光伏太阳能并网发电、单体建筑综合应用、城市道路公共照明、区级及景观照明灯示范系统开发为重点，积极推广集中式太阳能供热、制冷与通风技术；大力实施公交优先发展战略，加快建设轨道交通，不断提高公交出行比例，倡导市民使用节能环保型汽车。

大力发展中水回用和雨水利用，逐步实行分质供水，将再生水主要用于建筑杂用、市政浇洒、绿化养护及地表水源涵养；实行用水阶梯式计价制度，推广使用节水新技术、新工艺、新设备、新器具。

建成工业固体废弃物、建材产品、电镀水处理、污泥重金属提炼、废水回用等22个循环经济产业链；把重点农业、工业、服务业园区建成循环经济园区，累计实施250个以上的重点节能和循环经济项目；太湖沿岸纵深5公里范围内全面建成循环经济带；城乡生活垃圾无害化处理率稳定在100%，资源化利用率达到90%。

建立绿色采购、绿色信贷、绿色消费机制，鼓励广大市民购买节能省地型住宅，购买节能、节水产品和再生利用产品，购买无污染、无公害的绿色产品和绿色服务；建议和禁止产品、商品过度包装，大幅度减少宾馆、饭店等使用一次性产品。

2011年9月9日，江苏省省委通过《无锡市资源节约型和环境友好型社会建设综合配套改革试点总体方案》。试点工作启动以来，无锡市在开展太湖治理、节能减排、环境整治、生态创建等各项工作的同时，积极探索、有序推进"两型社会"建设综合配套改革，取得了明显的阶段性成效。

（二）正式建设阶段的规划

无锡市政府在"两型社会"试点建设取得预期成果的基础上，连续三年（2012~2014年）出台了《无锡市资源节约型和环境友好型社会建设综合配套改革试点实施意见》，并给出了无锡"两型社会"建设综合配套改革试点评价的指标体系，[①] 如表7-2、表7-3、表7-4、表7-5、表7-6所示。

表7-2 资源节约指标

序号	具体指标	基数：2011年	目标值：2012年	目标值：2015年
1	单位GDP能耗（吨标准煤）	0.70	0.67	0.59
2	单位GDP水耗（立方米/万元）	56.30	55.30	52.80
3	单位GDP建设用地占用（公顷/亿元）	20.90	18.81	14.30
4	单位GDP建设用地占用下降率（%）	13.78	10.00	10.00
5	基本农田保护面积（公顷）	109880	109880	109880
6	工业固体废物处置利用率（%）	100	100	100
7	秸秆综合利用率（%）	90	93	93
8	城市污水处理再生利用率（%）	100	100	100

[①] 无锡市政府：《无锡市资源节约型和环境友好型社会建设综合配套改革试点实施意见》，2012。

表 7-3　环境友好指标

序号	具体指标	基数：2011 年	目标值：2012 年	目标值：2015 年
1	单位 GDP 化学需氧量排放强度（千克/万元）	0.69	0.58	0.39
2	单位 GDP 二氧化硫排放强度（千克/万元）	1.61	1.37	0.80
3	单位 GDP 氨氮排放强度（千克/万元）	0.07	0.06	0.04
4	单位 GDP 氮氧化物排放强度（千克/万元）	2.64	2.26	1.17
5	城市生活污水集中处理率（%）	92.50	93.50	98.00
6	城镇生活垃圾无害化处理率（%）	100	100	100
7	城镇绿化覆盖率（%）	39.77	40	40.50
8	Ⅲ类以上地表水比例（%）	17.50	32	≥60.80
9	空气质量优良天数比例（%）	93.71	93	95
10	环境质量综合指数	90	90	92

表 7-4　科技创新指标

序号	具体指标	基数：2011 年	目标值：2012 年	目标值：2015 年
1	每万名劳动力中研发人员数（人）	135	137	145
2	每万名劳动力中高技能人员数（人）	357	406	604
3	研发经费支出占 GDP 比重（%）	2.6	2.7	3
4	自主品牌企业增加值占 GDP 比重（%）	10.9	12	15
5	每万人发明专利拥有量（件）	7	8	13
6	科技进步贡献率（%）	—	—	>65

表 7-5　经济发展指标

序号	具体指标	基数：2011 年	目标值：2012 年	目标值：2015 年
1	人均地区生产总值（元）	107437	124210	165700
2	服务业增加值占 GDP 比重（%）	44.00	45.50	49.50
3	高新技术产业产值占规模以上工业产值比重（%）	36.03	38.00	45.00
4	消费对经济增长贡献率（%）	46.40	48.10	53.00
5	现代农业发展水平（%）	74.09	79.90	>90.00
6	城镇居民人均可支配收入（元）	31638	35751	>50000
7	农村居民人均纯收入（元）	16438	18739	>25000
8	城市化水平（%）	72.20	72.90	75.00

表7-6 社会和谐指标

序号	具体指标	基数：2011年	目标值：2012年	目标值：2015年
1	人均地区生产总值（元）	107437	124210	165700
2	服务业增加值占GDP比重（%）	44.00	45.50	49.50
3	高新技术产业产值占规模以上工业产值比重（%）	36.03	38.00	45.00
4	消费对经济增长贡献率（%）	46.40	48.10	53.00
5	现代农业发展水平（%）	74.09	79.90	>90.00
6	城镇居民人均可支配收入（元）	31638	35751	>50000
7	农村居民人均纯收入（元）	16438	18739	>25000

无锡"两型社会"建设主要围绕"资源节约、环境友好、科技创新、经济发展、社会和谐"五个方面进行。从2012年起，无锡各界以率先基本实现现代化为目标，坚持科学发展、先行先试，全面推进"两型社会"建设综合配套改革试点，着力在促进自主创新、优化产业结构、统筹城乡发展、促进资源节约、提升生态水平等重点领域和关键环节取得有效突破，着力构建有利于节约资源和保护环境的绿色高端的生态经济体系、系统高效的生态治理体系、国内领先的生态制度体系、全民参与的生态文化体系。

二 无锡"两型社会"建设的成效

无锡高度重视"两型社会"的建设，把它纳入整个地区的经济社会发展的总体布局中。2012~2015年，作为全市上下攻关重点的"两型社会"建设取得了丰硕的成果。

（一）"资源节约型社会"建设成效

1. 2012年：经济增长质量效益明显提升

无锡坚持科学发展，经济发展质量和资源利用水平得到提升。一是研发经费支出比重不断上升。2012年起，开始实行"科技创新三年赶超行动"，仅一年，无锡市的大中型工业企业建立研发机构数量比2011年增加一倍，全社会研发费用占GDP比重达2.7%，专利申请量和授权量分别增长60%、83%。二是高新技术产业比重上升，其产值占规模以上工业产值比重达38.7%，较2011年提高2.1个百分点。高新技术产业发展的显著标志有：无锡市开始实施物联网示范工程，同时《无锡国家传感网创新示范区发展规划纲要》获国务院批复，并荣获第二届中国智慧城市发展水平第一名。三是服务业增加值占GDP的比重达45%，比2011年增加了1个百分点，这得益于服务业发展超越工程，服务外包发展继续保持全国领先。四是现代农业水平提升。2012年，无锡启动了国家现代农业示范区建设，高效设施农业面积比重较2011年提高近6个百分点，农业基本现代化水平居全省前列，耕地的单位产出效益明显提升。五是降低能耗和污染物排放量取得明显进展，全年单位GDP能耗下降了5%，率先完成了江苏省下达的主要污染物排放削减任务指标，在大幅节能减排的趋势下，无锡市土地资源利用效率仍位居全省前列，每平方公里实现的GDP约为1.62亿元。

2. 2013年：产业结构加快优化

围绕"两型社会"和"苏南现代化示范区"等建设目标，无锡加快各产业转型升级步伐。全社会研发投入占地区生产总值比重继续保持在2.7%以上。每万人发明专利拥有量达14.8件，比2012年多出3.85件。传统制造业改造升级力度不断增大，高新技术产业产值占规模以上工业总产值比重较2012年提高了1.9个百分点，新兴产业产值增长14%左右，特别是国家传感网创新示范区建设成效显著，物联网产业产值增长40%，新区跻身首批"智能传感系统创新型产业集群"。服务业发展超越工程渐入佳境，服务业增加值占地区生产总值比重较2012年提高了0.8个百分点，这主要得益于在发挥传统商贸优势的基础上，大力推进以电子商务为核心的现代服务业发展的战略规划。国家现代农业示范区建设步伐加快，设立了现代农业发展基金，农业园区化面积比重较2012年提高了8个百分点，成为首批全国农业农村信息化示范基地。

3. 2014年：经济运行质量稳步提升

在全国经济下行的压力下，无锡认真贯彻落实国家、江苏省一系列稳增长政策，结合实际出台了相关配套措施，主攻薄弱环节和重点领域，强化资源保障和协调服务，有效推动了经济稳定增长。

在稳增长的基础上，无锡市继续加大结构调整力度，促进转型升级向纵深推进。首先，全社会研发投入占地区生产总值比重达到2.75%，每万人发明专利拥有量超过18.3件，较2013年增长23%，国家专利奖获奖数居全国地级市首位。创新驱动战略成绩斐然，科技、人才竞争力不断提升，"人才强企"工程效应逐步显现，兴澄特钢获得"全国质量奖"，红豆集团获评"全国质量标杆企业"。无锡高新区（含宜兴环保科技工业园）、江阴高新区被列入苏南国家自主创新示范区。其次，新兴产业产值较2013年增长了15%，高新技术产业产值占规模以上工业总产值比重较2013年提高了0.5个百分点。再次，文化创意、旅游休闲、会展经济、电子商务、健康养老等现代服务业发展加快，无锡成为国家信息惠民试点城市和电子商务示范城市。服务业增加值占地区生产总值比重达47%，较2013年提高了1个百分点。最后，无锡的"率先实现农业现代化建设"取得了新进展，新增高标准农田2万亩、高效设施农业（渔业）3万亩，农业园区化占全部农地面积的40%以上，现代农业产业体系不断完善。

4. 2015年：转型升级步伐加快

无锡确立并实施了产业强市战略，打造了以新兴产业为先导、先进制造业为主体、现代服务业为支撑的现代产业发展新高地。首先，全社会研发投入占地区生产总值比重达2.8%，全市科技进步贡献率达62%。在产学研协同创新方面成就突出：高标准推进国家知识产权示范城市建设，每万人发明专利拥有量为25件，获第十七届中国专利奖5项。实施"创新之家"培育计划，开展"众创空间"建设六大行动和"智汇无锡"大学生创业系列活动，建成"众创空间"14家，新增大学生创业园10个。其次，传统产业改造升级加快。深入实施了"千企技改"工程，"技改"投入占工业投资比重达69%。新增高新技术企业353家，高新技术产业产值占规模以上工业总产值比重提高到41.5%，新兴产业产值较2014年增长10%。再次，现代服务业提档升级。服务业增加值占地区生产总值比重达49.1%，较2014年提高了0.7个百分点。无锡食品科技园建设全面启动，人力资源服务产业园开园运营，苏南快递产业园成为全国首个国家级快递示范园区。最后，农业现代化建设稳步前进。新增高标准农田1万亩、高效设施农业（渔业）2.75万亩，农业园区化占全部农地的比重提高到46%。无锡"国家农业科技园"项目获批，洛社尚田农庄开始探索建设全省首家"六次产业园"。

(二)"环境友好型社会"建设成效

1. 2012年：城乡统筹发展进程加快

"环境友好型社会"建设快速推进。市民的居住环境和城乡的生态环境相比2011年有显著改善。首先，实施"村庄环境、道口整治、空地绿化、运河景观及城市亮化"等五项工程，市区完成14条道路出新、206条背街里巷治理，全市完成高速公路15个道口整治和6320个村庄环境整治，市民居住环境得到有效改善。其次，生态环境进一步优化。建立太湖水质监测预警机制，加大蓝藻打捞、调水引流和生态清淤工作力度，实现太湖水质稳中趋好，集中式饮用水源地水质全部达标。主城区生活污水集中处理率达到96%，68座污水处理厂全部达到一级A类排放标准。大气污染治理取得进展，全年空气质量达到二级标准，优良率为95.1%。全市完成植树造林4.2万亩，市区新增绿地500万平方米。

2. 2013年：城乡生态文明不断进步

坚持统筹城乡发展，构建了优美宜居、产城融合的现代化城乡新格局，获评中国内地宜居城市竞争力第一名。首先，城乡环境综合整治取得新进展。无锡市完成了中心城区城中村改造32万平方米、旧住宅区整治200多万平方米、危旧房改造20万平方米，建成一批城中村环境整治改造样板点。无锡市实施了新型城镇化和村庄环境整治行动计划，全市9079个自然村环境整治全部完成，规划保留的村庄全部达到二星级以上康居乡村标准。美丽乡村建设取得明显成效，江阴华西村、宜兴张阳村等5个村庄入围"全国美丽乡村"试点，阳山镇桃源村被评为"中国最有魅力休闲乡村"，周铁镇荣获中国人居环境范例奖。其次，突出抓好太湖治理、大气防治、污染减排、植树增绿、环境执法等重点工作。太湖无锡水域未发生大面积湖泛，确保了饮用水安全，顺利通过水利部全国水生态系统保护与修复试点验收，成为全国首批"水生态文明城市建设试点市"。

3. 2014年：城乡生态环境持续改善

在全面推进污染治理和环境整治的基础上，无锡市生态文明体系的构建逐步完善，采取诸如健全生态文明制度、建立生态补偿机制、实施排污权有偿使用和交易制度、推行环境污染责任保险、设立全国首个地级市环保公益发展基金等措施，促使城市宜居品质不断提升。太湖治理更加层次化、系统化、科学化。控源截污、生态清淤、蓝藻打捞、调水引流等工作环环相扣，太湖无锡水域水质稳定好转。无锡市持续深入推进"蓝天工程"，整治燃煤锅炉，防治工业废气、工地扬尘、机动车尾气、秸秆焚烧等污染，有序开展热网整合等工作，超额完成国家PM2.5年均浓度下降幅度考核任务。锡钢地块土壤修复工程开始启动。2014年，无锡查处环境违法案件878件，否决、劝退不符合环保要求项目79个，全面完成淘汰落后产能和化解过剩产能年度任务，万元地区生产总值能耗比2013年下降4%以上，在化学需氧量、二氧化硫、氨氮、氮氧化物排放削减量等方面均超额完成省定目标。城乡居民居住环境综合整治工作取得新进展。无锡市实施旧住宅区改造计划。整治改造的城中村、旧住宅区、危旧住房分别达到16.6万平方米、205万平方米和10.3万平方米，拆除违法建筑26.9万平方米，完成17条主要道路包装出新和56个背街小巷综合治理。

4. 2015年：着力保护青山绿水环境

无锡市各级部门顺应人民群众对良好生态环境的热切期盼，加强了生态文明建设，对于民众反映强烈的水污染、大气污染、黑臭河道、酸雨等突出环境问题的整治高度重视，整治工作取得了很好的效果。

首先，加强区域水污染防治。2015年，无锡市落实国务院《水污染防治行动计划》，开展了新一轮太湖治理，对2家工业园区、13家污水处理厂进行整改或提标，提标、整治或淘汰搬迁了92家涉水企业；创建了20块排水达标区，复查了30%已建成区；关闭了80家禁养区养殖场，整治了445家适养区小型养殖场、313家规模畜禽养殖场；对38条河道实施了综合整治，重点治理前胡村浜、创业河等6条黑臭河道。其次，加强区域大气污染防治。2015年，无锡市全面施行《大气污染防治法》，完善了大气质量监测预警体系，把细颗粒物等环境指标列为约束性指标，实施燃煤小锅炉整治，强化了对工业废气、机动车尾气、建筑扬尘等污染的治理；加强了秸秆综合利用程度，加大了新能源汽车推广应用力度。最后，增强生产生活垃圾处理系统化、科学化程度。无锡市扩大了生活垃圾分类收集试点，启动了餐厨垃圾处理设施建设，完成了桃花山垃圾填埋场技改工程和气体资源化利用项目，推进了垃圾焚烧飞灰填埋场规划建设，争取群众支持锡东垃圾焚烧发电厂复工；不断深化关停搬迁工业企业原址场地的环境管理，积极推进工业企业退出场地土壤修复试点。

第三节 "两型社会"建设的基本做法

经过近年来的不懈努力，无锡市"两型社会"建设取得了显著成效。通过实施《无锡市资源节约型与环境友好型建设综合配套改革试点实施意见》，无锡市"两型社会"建设形成了一些值得关注的基本做法。

一 构建"两型"产业体系

提升新兴产业规模。以特色产业园区为载体，按照主体功能区实施规划，优化产业发展空间布局，推进国家现代农业示范区、惠山工业转型集聚区、宜兴环保科技工业园建设，打造"两型"产业示范园区。培育产业群，完善产业链，推动物联网、云计算、环保等十大重点产业的快速发展。

发展现代服务业。实施服务业超越计划，发展软件和服务外包、工业设计和文化创意、云计算服务、金融、旅游、物流、商务、信息和商贸（城市综合体）等服务业，突出发展旅游业和会展业，以及研发、设计、营销等高附加值环节，促进产业链向"两端"延伸。同时培育扶持一批提供资源节约、废弃物管理、资源化利用等一体化专业性服务的企业，为企业、园区提供外包式、嵌入式服务和整体解决方案。

发展现代农业、生态农业。以农业园区建设为载体推进高效规模化农业发展，建设国家现代农业示范区，提升现代农业产业园建设水平，推进农业产业结构调整，引导农业向科技型、生态型、集约型转变。发展生态循环农业，优化农业产业布局和结构，加强农业资源保护和合理开发力度，推进农业废弃物循环利用。推广实施喷灌、滴灌技术，促进节水型农业发展。

加大环保科技创新，提升科技创新能力。组织实施国家水体污染控制与治理等重大科技专项，积极发展传感信息技术，加强传感网络在环保领域的研究与推广，推进环保物联网示范应用。完善科技创新扶持政策，支持和引导科研机构、研究人员围绕"两型社会"建设中的共性技术、关键技术进行研究开发，构建产学研相结合的"两型"技术创新体系。探索"拨改贷""拨改股"等扶持方式，推进科技创新成果产业化。

开展各类示范创建活动。宣传太湖新城"清水流域"、万顷良田、循环经济发展理念,推广光伏太阳能应用、可再生能源建筑应用、中水回用、垃圾分类收集和处理、"绿色乡村"建设示范项目,开展"两型社会"建设集中展示区、示范乡镇(街道)、示范社区(村)、示范学校、示范企业、示范机关、示范志愿者队伍等"两型社会"创建活动。首先,倡导绿色消费。开展绿色饭店、绿色餐饮、绿色超市创建工作,倡导宾馆酒店等公共场所取消免费提供一次性用品。强化绿色产品采购制度,扩大节能和环境标志产品政府采购范围。其次,开展"两型"宣传工作。组织各级、各类媒体宣传"两型社会"建设改革经验与成效,组织开展好节能宣传周、城市节水宣传周、世界环境日、地球日、世界水日、无车日、无烟日等活动,引导"两型社会"生产生活方式,使"两型社会"建设理念深入人心。最后,开展低碳经济示范试点工作。创新生态城市管理模式,从地区、园区、企业、小城镇四个层面开展市级低碳经济示范试点工作。发展低碳技术和绿色产业,抓好产业、能源、建筑、交通、消费等领域的低碳化。规划建设无锡太湖低碳示范区。

二 创新集约节约利用体制机制

发展循环经济。首先,实施循环经济重点项目。推进国家、省级开发区(园区)循环化改造和循环经济试点示范工作,组织实施节能与循环经济项目,在省内率先培育循环经济企业和园区。其次,加强再生资源回收利用。建立和完善废旧电池、废旧电器有偿回收网络。制定落实再生水利用、中水回用、各类再生资源回用等政策,加大生活污水、雨水的收集处理和循环使用力度,推进再生水利用工程,提升城市污水处理再生利用率。最后,推进可再生能源建筑应用示范。提高可再生能源在建筑用能中的比例,促进可再生能源建筑应用产业发展。

调整能源结构,加强能源监测管理。首先,推进电力工业结构调整,加大热电行业整合整治力度,发展热电联产,推进清洁能源区建设。其次,申报分布式光伏发电示范区,推进光伏太阳能、天然气等清洁能源利用,实施光伏太阳能屋顶、建筑一体化和地面光伏电站工程示范项目。再次,落实能源消费总量控制政策,严格控制原煤消费总量,编制温室气体排放清单。建立完善能源消费统计和监测工作机制。最后,探索合同能源管理新机制。建设"感知能效"平台，在重点用能企业实行能耗在线监测和电力需求侧管理。

健全土地节约机制，提高节约集约用地水平。按规划用途安排供地计划，实施新增产业项目建设用地评审制度，推行新增指标与盘活存量用地挂钩使用制度，推行工业用地分期供给制度，提高工业用地容积率，建立节约集约用地保证金制度。推进国家城镇低效用地再开发工作，推进工业用地二次开发，挖掘旧城镇、旧厂房、旧村庄的二次开发利用潜力，探索土地制度改革和政策突破方面的创新。探索农村集体建设用地使用权流转方式，建立集体经营性建设用地入市的路径，建立城乡统一的建设用地基准地价体系。

推进节水型社会建设。发展节水型工业，加强城乡水资源管理，实行取水总量控制和用水定额管理，实施用水阶梯式计价制度和水资源有偿使用制度。开展节水型城市、企业（单位）、学校、社区、小区、灌区、家庭示范项目等创建活动，建设规模化、高水平的节水载体。在全市范围开展用水器具改造工作，推广节水型器具。在新建小区、宾馆等项目中建设净水、中水系统。

推行建筑节能，加强公共机构节能。首先，在新建的建筑中积极推广区域供冷或水冷式空调系统、建筑外墙保温隔热、屋顶绿化等先进节能技术，推广环保型建材，提倡适度装潢。确保新建民用建筑分地区、分类型达到相应建筑节能标准。其次，推进机关既有办公建筑节能改造和合同能源管理，制定《无锡市公共机构节能管理办法》，促进公共机构节能工作规范化、制度化、常态化。组织开展"绿色办公反对浪费"大讨论，推进"两型"机关、学校、医院、体育场馆、科技场馆、文化场所、金融机构、驻锡军营等示范工程建设，发挥党政机关在"两型社会"建设中的示范引领作用。分类制定各类公共机构能耗定额标准。

三 改革环境综合治理体制机制

实施以太湖为重点的水环境综合治理。落实国家治太总体方案和江苏省实施方案，推进治太工程，研究制定出台治太工程运行管理、农村生活污水处理设施运营及监管等办法。推进结构调整，优化区域产业布局，强化工业污染治理，整治乡镇和工业园区污水处理厂超标排污，开展生活污染治理等控源截污工作，提升污水收集处理能力，完成控源截污排水达标区创建工作，减少污水入湖总量。建立完善从水源地到水龙头的安全保障机制。实施安全饮用水工程，实施太湖新城、望虞河西岸、直湖港、宜兴太湖西岸重点片区环境综合整治，在重点河道实施"断面长制"或"河长制"管理。探索制定资源环境承载能力监测预警指标体系和技术办法、资源环境承载能力监测预警机制的方案。提高水源地水质预警监测，特别是突发事件应急监测的能力和水平。推进太湖流域资源环境补偿机制的建立，建立重点河流上下游污染补偿机制。深化排污权有偿使用和交易制度，扩大排污权有偿使用和交易的范围，推进排污权交易二级市场建立和运行，探索围绕排污权的金融服务方式。推进环境污染责任保险试点，建立环境风险高且规模大的企业的参保工作机制。建立吸引社会资本投入生态环境保护的市场化机制，推行环境污染第三方治理。

推进节能减排。首先，落实能源消费总量控制政策，推进电力、钢铁、水泥等行业的脱硫脱硝工程建设，完成重点企业的脱硝工程及低氮燃烧技术改造工程。特别制定实施锅炉烟尘综合治理方案，开展锅炉脱硫、脱硝和高效除尘改造。降低主要污染物化学需氧量、二氧化硫、氨氮、氮氧化物排放总量。其次，抓好工业、建筑、交通运输、公共机构等重点领域的节能减排，抓好水泥、电力等重点行业的节能减排，抓好年能耗3000吨以上的重点用能单位的节能减排。再次，实施《无锡市公共机构节能管理办法》，推进公共机构节能示范单位创建工作，抓好各级行政中心的节能管理，构建引导行为节能、强化管理节能、推动科技节能的日常运行机制。最后，推进低碳经济示范试点。发展低碳技术和绿色产业，建设低碳生态城，建设国家低碳经济示范试点城市。

淘汰落后产能。淘汰电力、煤炭、钢铁、水泥、有色金属、焦炭、造纸、制革、印染等行业中的落后产能，完成化工、黑色金属冶炼及压延加工业、琉璃瓦和热电四个行业的整合整治，推进"三高两低"（高消耗、高污染、高危险和低产出、低效益）企业整治，淘汰落后用能设备。

实施"蓝天工程"，防治大气污染。完成大气污染防治"蓝天工程"计划任务，推进工业废气治理、扬尘污染防治、机动车排气污染防治、油气回收、秸秆综合利用等重点工作。落实大气污染防治规划，落实《碳排放权交易管理暂行办法》，编制大气污染源排放清单，建立大气污染联防联控和监测监控体系，建设大气自动监测站，做好PM2.5监测。编制碳排放总量控制和排放权交易市场建设的实施方案，探索区域和重点行业碳排放总量和配额分配办法。强化工业大气污染防治，生态化、循环化改造工业园区，加强重点行业烟气治理，推进挥发性有机物污染治理，提高企业清洁生产水平。推进高污染燃料禁燃区建设。建立工地扬尘长效管控机制，推广绿色施工方式，开展建筑工地的扬尘整治工作，促进文明施工。实施机动车尾气专项整治。制定《无锡市机动车船排气污染防治条例》，淘汰"黄标车"和老旧机动车，做好国Ⅴ汽油供应工作，定期检验机动车环保状况，实施机动车环保标志管理，对排放不达标车辆进行专项整治。

规范工业固体废物处置。编制实施全市工业固废处置利用规划，完善危险废物转移审批、资质许可等管理制度，加强危险废物处置监管，确保危险废物依法安全处置。加强核与辐射安全监管，实现放射源实时在线监控，建设城市低放射性废渣处置场。确保城市危险废物的无害化处置率、工业固体废物处置利用率达到100%。

发展绿色低碳交通。推进节能环保的公共交通体系建设，加强交通低碳节能技术成果应用，推进天然气等替代能源车辆的推广应用，引导各类经营性运输工具的升级更新，建设低碳交通运输体系，提高公共交通工具的交通分担率。

四 构建公众参与制度体系

做好"两型社会"建设的宣传教育。以"地球水日"、"地球日"、"全国土地日"、"水安全活动日"、"能源紧缺体验日"、"节能宣传月"和"环境月"等为宣传载体，开展资源节约、环境保护系列主题宣传教育活动，在机关、学校、企业、乡村大力倡导节水、节能、节电、节地等低碳消费方式，建成拥有1000名"两型社会"建设环保志愿者的队伍，积极组织洁净家园、绿化植树、整治河藻等公益活动，倡导开展"环太湖生态文明志愿服务大行动"。

建立资源环境信息公开制度。推进政府资源环境信息公开，建立健全资源环境信息公开工作考核、社会评议和责任追究制度。建立完善政府与民众之间的信息沟通机制，明确资源环境信息公开的范围，畅通资源环境信息公开的渠道，增加涉及资源利用、环境保护、生态建设等领域的发展规划、重大政策和建设项目的透明度。

建立绿色采购、绿色信贷、绿色消费机制。建立绿色采购执行机制，增加对节能和环境标识产品的政府采购，确保政府采购目录中绿色产品占较大比例。对企业环境行为进行定期评价并向社会公布结果。与银行实行环境信息共享，对限制和淘汰类项目进行信贷控制。加大能效标识产品、节水标识产品、环境标识产品和低碳标识产品的使用推广力度。开展"反食品浪费"行动，禁止产品、商品过度包装，减少宾馆、饭店等使用一次性产品。开展绿色酒店、医院、学校、社区、商场的创建活动。

健全公众参与监督机制。发挥各类社会团体的作用，推动环境公益诉讼，强化社会评议，接受舆论监督。引导广大公众自觉履行保护资源环境的法定义务，建立政府管制、市场调节和社会监督相结合的资源环境保护综合机制。

建构环保司法模式。发挥司法保护环境的作用，建立以司法审判为中心、以协助和支持环境行政执法为重点、以引领全社会和公众参与为基础的环保审判工作机制。对环境问题突出的地区和企业实施限批机制。加强环保审判理论研究和典型案例宣传，增强民众环境保护意识和对司法惩治破坏环境行为的敬畏意识。

五 构建"两型"制度政策体系

建立"两型"科学决策评估制度。制定无锡市"两型社会"建设标准和评价体系，明确各类指标要求，建立考核评价机制。建立对资源总量和环境容量进行全局性优化配置的定期评估制度。建立规划环评与项目环评联动机制，加强对政府政策措施及各项重点工作环境影响的科学评估。

制定"两型"扶持政策。制定并向上级部门争取在土地利用、产业发展、投融资、资源环境等方面的配套政策，建立促进"两型社会"建设的财税引导机制和差别化供地政策、地价政策，推动、引导社会资金投向"两型社会"建设重点产业和示范项目，推进"两型"产业快速发展。

建立"两型"试点示范项目推进机制。建立"两型社会"建设综合配套改革试点示范项目库，确定和组织实施产业升级、节能减排、城乡统筹等"两型社会"建设示范项目，建立项目申报、评审、扶持、跟踪、评估机制。

建立环境保护倒逼机制。推行区域环境资源补偿制度，完善地区环境质量考核评价机制。引导社会各方参与，探索多元化生态补偿方式。建立生态补偿范围、标准调整机制，在先期确定的补偿范围、标准的基础上，探索向全部基本农田、自然保护区、森林公园、重要水源涵养区、清水通道维护区、太湖重要保护区、风景名胜区等需要重点保护的区域拓展，加大生态转移支付力度。启动生态补偿立法工作，推行排污许可有偿使用和交易制度，扩大排污权交易市场份额。在全市推进环境污染责任保险试点。

第四节 "两型社会"建设的主要特色与展望

在数年的"两型社会"建设实践中，无锡社会各主体从本市的经济社会和资源环境发展现状出发，以协调发展为切入点和目标，并由此形成自己的特色。

一 主要特色

（一）在探索"政市结合"的基础上实现发展方式的转变

21世纪以来，采取可持续的经济社会发展方式，继续保持城市经济社会向上的发展态势，是中央和地方政府的迫切愿望。同时，相当多的企业在市场需求的影响下，也渴望在政策支持下，从事更加节约资源、更加保护环境、更加具有效率的新兴绿色产业。随着科学技术的不断发展，政府和市场都发现，即使在转变经济社会发展方式的过程中有着短期的利益受损，在长期看来，以绿色循环经济为主的发展方式仍然适用于城市高增速的发展需求。因此，在政府和市场之间建立有效的沟通平台和合作机制，实现"两型社会"建设的"政市结合"至关重要。

无锡市委、市政府在充分调查研究的基础上，通过"目标规划、政策保障、资金投入、行政服务、法律监督"等方式，发挥了无锡相关企业在转变生产方式中的重要作用，使政府与市场形成合力，取得了一些成绩。一是全力推进先进制造业快速发展。无锡市政府先后制定出台了《关于加快推进智能制造的实施意见》《无锡市企业互联网化提升计划》《无锡市千企技改装备升级行动计划》，重点引导企业围绕智能制造各环节加大技术改造投入力度，到2015年年底，全市拥有省示范智能车间18个，数量居全省各市第三。二是实现了"两化"（信息化和工业化）深度融合。到2015年年底，全市累计拥有两化融合管理体系贯标试点企业9家，省级两化融合转型升级示范企业和两化融合试点企业分别达到30家和219家，无锡成为江苏省第二个"国家级两化深度融合试验区"城市。三是高端装备制造业发展得以推进，完成了无锡高端装备制造业、"两机"叶片及控制系统产业子基金设立方案（草案）编制工作。其中，无锡透平叶片有限公司升级为国际航空巨头的"战略供应商"，与罗尔斯·罗伊斯（Rolls Royce）签订了两款新型航空发动机转子叶片10年期的订单。四是传统产业改造不断升级。开展千企技改行动，2013~2015年，累计开工和竣工技改项目为4.6万余个，其中亿元以上项目有1100个以上。到2015年年底，全市技改投入占工业投资比重达72.3%，位列全省第一。五是淘汰落后产能初见成效。无锡在国内率先探索实践了"产能置换指标交易"，既支持了优势企业发展，又有效地减少了淘汰落后产能企业的损失。如无锡锡兴钢铁有限公司等一批工艺落后企业已实现关停并转。到2015年，无锡已累计化解钢铁产能337万吨、水泥产能71万吨。六是绿色节约循环发展深入人心。无锡市政府制定的工业用地高效集约利用政策，实施的"1236"节约集约用地战略，保证了全市单位建设用地GDP产出保持全省第一。无锡实施了高效集约用地激励机制，12家高效利用土地项目园区共腾退低效用地3500多亩。无锡推进了园区循环化改造，到2015年，90%以上工业园区实现资源循环化利用。

（二）在突出"宜居导向"的前提下实现生态环境保护

生态环境保护需要多主体的共同参与，特别是要争取普通民众的支持，"宜居"能够满足居民的最基本需求，是提升居民生活水平和价值追求的重要基础。因此，无锡在市委、市政府的领导下，通过将生态环境保护与建设"宜居城市"紧密结合起来，实现了动员全社会共同参与"两型社会"建设的态势。

生态空间保护初见成效。全市28.69%的土地被划定为生态红线保护区域，建立并实施了生态补偿机制。到2015年，全市林木覆盖率达到

27%，自然湿地保护率达到44%。水环境治理工程稳步推进，市民饮用水安全得到保障。无锡不断推进太湖治理工程，形成了环境监测监控全覆盖、污水集中处理全覆盖、"河长制"管理全覆盖的治水体系，连续8年实现了太湖安全度夏，成为全国首批"水生态文明城市建设试点市"。大气治理工程取得显著效果，空气质量不断提升。无锡制定实施了《无锡市大气污染防治行动计划实施细则》和《无锡市重污染天气应急预案》，全面实施了热电行业整合整治、工业废气治理、扬尘污染防治、机动车排气污染防治等重点工程。自实施新的环境空气质量标准以来，达标天数从2013年的201天增加到2015年的229天，6项主要污染物浓度逐年下降；2015年，无锡市环境空气质量达标天数占比为64.1%，较2014年上升6.4个百分点，其中细颗粒物浓度较2013年（基准年）下降18.7%，超额完成国家下达的下降7%的目标任务。

（三）在坚持"统筹发展"的思路中实现各类资源的节约

经济社会发展必须依托于各种自然和社会资源，资本市场由于其逐利本性，对于资源的使用消耗并无节制。因此，面对政府、市场与社会中众多的资源需求单位，全方位的资源统筹才能满足既节约资源又维持发展的时代要求。由此，无锡市市委、市政府在努力实现"五个统筹"[①]的基础上，不断创新资源节约和综合利用的体制机制。这一体制机制包括以下几个方面。

推进能源结构调整。通过制度体系建设、加强管理和积极开展项目，截至2015年年底，全市能源消费总量不超过5829万吨标准煤。原煤消费量占全社会能源消费总量比重在2010年基础上下降了超过10个百分点；天然气消费量年均增长15%，达到了20亿立方米，占全社会能源消费总量比重超过4%；市区天然气汽车已达到4800辆，比2010年增加了1500辆；全社会用电量年均增长6.9%以上，达到769亿千瓦时。2015年，万元GDP能耗较2010年下降了20%。按照现有的发展势头，预计到2018

---

① 五个统筹是指：统筹传统产业和新兴产业发展，推动产业结构向高端迈进；统筹经济发展和生态建设、民生改善，加快提升城乡宜居环境和居民幸福指数；统筹城市建设和农村发展，不失时机推进城乡一体化；统筹深化改革和依法治市，加快推进治理体系和治理能力现代化；统筹事业发展与人的发展，加快提升社会文明程度。

年，无锡全市能耗增量可以控制在76万吨标煤以内，非化石能源占一次能源消费比重提升至7%，万元GDP能耗较"十二五"期末下降9%。无锡为调整能源结构而开展的工作有：健全能源消费强度和消费总量"双控"机制，保障合理用能，拓展清洁用能，激励节约用能，限制过度用能，淘汰落后用能，确保民生用能，加快建设安全、清洁、高效、低碳的现代能源体系；加强能源消费准入管理，对能源消费总量超出控制目标的地区新上的高耗能项目实行能耗等量或减量置换；推动能源结构清洁化，推进重点行业、电力、热电联产、交通等领域的能源结构优化，促进天然气、可再生能源、新能源利用，加快清洁能源区建设，推进西区、南区燃机热电联产项目建设，实施近零碳排放区示范工程。

创新节地机制。在实施建设用地减量化战略，挖掘旧城镇、旧厂房、旧村庄的二次开发利用潜力，探索农村集体经营性建设用地入市政策等一系列工作的基础上，无锡在2015年获得了"全省国土资源节约集约利用模范市"。数据显示了无锡土地利用的向好趋势：单位建设用地GDP产出由2010年的4.13亿元/平方公里增加到2015年的5.71亿元/平方公里，年均增长6.7%；2016年1~6月，全市工业用地供地面积为321.48公顷，同比增长28.17%，高端化、绿色化成为项目的最显著特点。按照现今的发展趋势，无锡市计划到2018年，全市基本农田保护面积不少于164.82万亩，确保基本农田数量不少、质量提高、布局稳定，土地开发强度控制在33%以内，使用存量建设用地比例达60%，建设用地地均GDP产出为6.6亿元/平方公里左右，生态保护红线区域占全市土地面积比例达到28.7%。

创新节水机制。通过工程建设和划定标准，预计到2018年，无锡全市的万元GDP水资源消耗量低于53.1立方米。无锡创新节水机制开展的工作包括：推进更高水平节水型社会建设，实施雨洪资源利用和再生水利用工程；落实用水总量、用水效率控制红线，落实水功能区限制纳污红线；新建一批节水载体，扩大各类节水载体覆盖面。截止到2015年，无锡累计创建完成了256家省级节水型企业（单位）、10家省级节水型高校、76个节水型学校、27个省级节水型灌区、96个省级节水型社区、8个节水型工业园区、183个节水示范项目、9个节水教育基地，组织54家企业开展"八大工业行业节水行动"，超额完成省政府下达的载体建设任务。由此，无锡的用水效率明显提高，万元工业增加值水资源消耗量由 2005 年的 30.7 立方米下降到 2014 年的 10 立方米，万元 GDP 水资源消耗量由 111.5 立方米下降到 41.8 立方米，工业用水重复利用率从 60% 提升到 79%。

创新建筑节能机制。开展绿色建筑行动，积极推进既有建筑节能改造，自 2015 年起，新建建筑全面执行了 65% 节能设计标准，新建民用建筑全部按一星级及以上绿色建筑标准设计建造。其中，新建建筑节能设计合格率、施工合格率两项指标均达到 100%。同时，可再生能源建筑应用、绿色建筑和示范区建设以及既有技能改造方面的努力也为建立新的建筑节能机制提供了物质支撑。到 2015 年，无锡市基本完成国家级可再生能源建筑应用示范城市创建工作，全市在"十二五"期间每年新增的可再生能源建筑应用面积不少于 250 万平方米。2011~2015 年，无锡市新建绿色建筑总面积已经达到 1000 万平方米，完成了 1 个国家级生态城区和 5 个省级建筑节能与绿色建筑示范区的创建。在既有建筑节能改造方面，2011~2015 年，无锡市完成的既有民用建筑节能改造面积为 200 万平方米，其中居住建筑为 50 万平方米，公共建筑为 150 万平方米。

创新资源综合利用机制。无锡市通过完善再生资源回收体系，建立布局科学、健全完善的生活垃圾、废旧汽车（包括摩托车）、废旧家电、废旧电脑、废旧电子、废旧塑料、废旧轮胎、废旧纸张、污泥及危险废物的分类收集系统和综合利用处理设施，推进生活垃圾、废旧物品等的分类减量和科学管理，实现了各类资源高效循环利用。静脉产业园区、"双百工程"和城市矿产示范试点工作稳步推进。按照现今发展趋势，到 2018 年，无锡市工业用水重复利用率将达到 80%，工业固体废弃物综合处置利用率将达到 100%，市区生活污水处理厂尾水再生利用率将达到 33%。

（四）在"建设苏南现代化示范区"的进程中实现内外结合

城市的发展需要把握国家和区域发展政策调整的时代机遇，同时还需要从城市自身的实际情况出发，制定合理的城市发展战略，在充分获得外部资源支持的背景下，发掘自身的潜力至关重要。无锡市建设"资源节约型、环境友好型"社会正是实现了本市经济社会发展转型和国家建设"苏南现代化示范区"的有机结合。

苏南现代化示范区建设的重要方向之一就是为全国建设"两型社会"

提供示范。其基本目标是：建立经济发达、人口稠密地区生态建设与环境保护新模式，形成绿色、低碳、循环的生产生活方式。"十二五"期间，无锡市委、市政府在国家和江苏省委、省政府建设苏南现代化示范区的规划与实践指导下，突出无锡特色，将"两型社会"建设作为自身率先实现社会经济发展模式转型的主要突破口。无锡通过一系列工作，实现了生态文明水平的迅速提升。

一是贯彻创新发展理念，建设"两型"经济。无锡建立了有别于传统模式的"两型"经济，形成了科技含量高、经济效益好、资源消耗低、环境污染少、人力资源优势得到充分发挥的产业结构和生产方式，不断完善绿色循环低碳要求的产业发展体制机制。二是贯彻协调发展理念，建设"两型"城市。以资源节约和环境友好为特征的城市发展形态已基本形成，规划科学、布局合理、生产生活生态空间相协调、形态功能完善的城市发展格局已经形成，资源约束和环境压力得到有效缓解，综合承载力和综合服务功能得到最大限度的提升。三是贯彻绿色发展理念，建设"两型"环境。以太湖流域水环境综合治理和大气污染防治为重点的生态文明建设取得了重大进步，循环经济、节能减排、资源节约和综合利用实现了质的突破，以市场化为取向的改革正在有序推进，资源环境对经济发展的制约已被突破。四是贯彻开放发展理念，建设"两型"文化。全社会共建"两型社会"的局面已基本形成，资源节约、环境友好、可持续发展的理念已深入人心，并成为全社会普遍接受的价值观念和行动指南。五是贯彻共享发展理念，建设"两型"民生。"两型社会"改革成果最大限度地惠及广大市民，以创业带动就业的局面全面推开，"大众创业、万众创新"的良好氛围正逐步形成，人民群众收入水平得到明显提高，社会保障体系和公共服务体系更加健全，社会治理能力现代化水平和社会文明程度进一步提升，人民群众绿色福祉不断增加。

二 无锡市"两型社会"建设的展望

无锡市政府相关部门、企业和民众在"两型社会"建设实践中投入了相当多的物质和人力资源，取得了一些较好的经济、社会和环境建设成果，但"两型社会"建设还存在制度创新体系不够完备的问题，导致"两型社会"建设实践中的某些领域获得的制度支持不足。需要创新涵盖经济、行政、社会等多维度的制度，为建设"两型社会"保驾护航。因此，无锡市"两型社会"建设在注重具体实践的同时，还需要做好以下几个方面的工作。

创新建设"两型社会"的经济制度，大力发展生态经济。创新建设"两型社会"的市场机制。市场机制主要涵盖产权制度和价格机制，产权具有排他性和可让渡性的私有性质，这种私有性会促使主体自觉提高自然资源的初始利用率和循环利用率，而价格机制则能够及时反映出自然资源的稀缺程度，促使主体改进生产技术或寻求更加多样化的稀缺自然资源的代替品，来减少自然资源的耗费。创新建设"两型社会"的财税制度。利用财税制度来规范市场主体的行为，并合理调配自然资源，充分发挥政府的宏观调控作用，保证市场经济的可持续发展。财税制度主要涵盖政府的财政制度和国家的税收制度。节约和保护自然资源，修复和改善自然环境需要政府财政作为后盾，因此，要建立一个系统完整且具有稳定性的、能够支持节能环保工作的财政制度。同时，生态经济的税收制度就是各级政府通过制定税收制度，引导和鼓励各个市场经济主体在保证自身追求正当利益的同时，选择与政府进行的节约资源和保护环境活动相一致的行为，以此来达到节能环保的目的。创新建设"两型社会"的生态经济制度。生态经济制度涵盖绿色信贷、生态保险和生态补偿制度。无锡范围内的各级银行应当在对各类企业进行贷款发放的过程中，以国家发布的资源与环境基本政策和法律法规为依据和导向，对节能环保产业、企业和项目予以低息信贷支持，严格限制甚至拒绝对"两高"产业、企业和项目进行贷款，从而实现信贷资金的绿色配置。针对区域性的资源浪费和环境污染现象，必须建立生态补偿和生态保险机制，以节能环保为目的，根据开发资源与环境的成本及资源与环境的价值，通过市场调节和行政强制等手段，协调开发或使用自然资源和自然环境的相关当事人之间的利益关系。

创新建设"两型社会"的行政制度，改善目前的"生态行政"。"两型社会"的建设事关无锡的可持续发展，政府必须承担起应有的责任，对资源与环境进行有效管制和调配，发挥有效破除资源、环境困境，实现经济、生态以及整个社会和谐发展的主导作用。建立健全政府资源环境信息公开制度，及时有效地预防资源浪费和环境污染，将资源浪费和环境污染的负面影响降至最低。相关部门要保证资源与环境信息供需的对称性，及时建立和完善能够激发公众关注资源环境信息公开的激励制度与跟踪报告制度。建立健全生态政绩考核制度。在政绩考核中加入生态方面的标准，可以有效引导各级政府从单纯追求地区 GDP 增长的经济发展误区中走出来，使其逐步关注自然资源和自然环境状况。政府部门要通过以下几个方面的工作进一步完善现行的生态政绩考核制度：建立绿色 GDP 核算体系，确定公平统一的生态绩效考核制度；建立和完善生态政绩考核的激励、处罚与监督制度；建立健全政府资源环境问责制度，保证资源与环境保护和管理工作的持久性。资源环境问责制度是对各级政府和资源环境管理部门节能环保工作的情况进行监督，并依据法律法规对政府或各有关部门的有违节能环保的行为进行追责，具体包括：消除"官本位"思想和"权大于法"的观念，明确环境责任主体；在空间上，扩大资源环境问责的范围，在时间上，建立和完善资源与环境责任终身追责制度；实现资源环境问责法制化。

创新建设"两型社会"的社会制度，促使生态社会氛围的形成。在建设"两型社会"的过程中，确立以公众参与保护资源与环境为主的社会制度，为"两型社会"建设提供必要的社会心理、公共舆论、道德文化层面的支持。建立健全节能环保教育宣传制度，包括：面对全体社会成员的多层次、有针对性的节能环保教育制度，有助于全社会形成节能环保意识的宣传制度，资源与环境教育的考核制度。建立健全节能环保决策制定过程中的公众参与制度，重视听取社会各界的意见和建议，努力寻找经济增长、社会发展和资源与环境保护之间的最佳契合点，具体做法是：确立资源与环境的科学决策和咨询制度；确立对经济社会发展的各项重大决策的资源与环境影响的评价机制；建立和完善资源与环境的民主决策制度（包括听证制度），提高综合决策的民主化程度。建立健全有利于促进非政府环保组织成长的制度，推动民间环保组织的发育成长，具体措施有：建立科学统一的民间环保组织的资格审批制度；确立民间环保组织的权责制度，增强民间环保组织的自治能力；建立和完善民间环保组织融资制度和税收减免制度。

第八章
常州：产城融合探索

《苏南现代化建设示范区规划》提出，"在符合土地利用总体规划、城市总体规划和相关法律法规的前提下，在常州推动建设西太湖科技城，重点发展先进碳材料、科技金融和高端商务服务，成为产城融合创新示范区"。《中共江苏省委贯彻落实〈中共中央关于全面深化改革若干重大问题的决定〉的意见》以及江苏省两会上的政府工作报告明确要求：常州要深入推进产城融合综合改革试点，积极探索新型工业化与新型城镇化互动的产城融合发展模式与路径。

2014年、2015年、2016年的常州政府工作报告均对产城融合做了政策安排，为产城融合的发展提供了制度基础。2016年常州市政府颁布了《常州市国民经济和社会发展第十三个五年规划纲要》，明确提出了打造产城融合示范区的22项建设思路，完善了产城融合的机制。中共常州市委深入学习贯彻江苏省委十二届十次全会和"迈上新台阶，建设新江苏"系列会议精神，全面部署推进产城融合综合改革，努力走出一条具有常州特色的转型发展之路。

第一节 以改革创新推进产城融合工作

在苏南现代化示范区建设积极推进的背景下，常州积极打造产城融合示范区。自2013年以来，常州深入开展"产城融合创新示范区"的建设工作。"十二五"期间，常州在经济发展、人民生活、社会发展、民主法治、生态环境五大领域稳步推进，在城市发展和产业提升方面取得了显著的成效。首先，在城市发展方面，2014年的调查资料显示，常州基本实现现代化综合得分为 90.47 分。五大类目标的实现程度分别是：经济发展类 88.88%，人民生活类 80.52%，社会发展类 96.22%，民主法治类 99.82%，生态环境类 88.67%。在全部五大类 30 项 53 个指标中，常州有 46 个指标的实现程度达到目标值的 80% 以上，其中有 23 个指标已经达到或超过目标值，有 4 个指标实现程度在 60%~80%。其次，在产业提升和转型方面，据统计，2015 年，常州实现地区生产总值 5273.2 亿元，按可比价格计算增长 9.2%，其中第一产业增加值为 146.6 亿元，增长 3.2%；第二产业增加值为 2516.2 亿元，增长 8.5%；第三产业增加值为 2610.4 亿元，增长 10.5%。服务业增加值占 GDP 比重达到 49.5%，较 2014 年提高 1.5 个百分点，占比首次超过第二产业，经济结构实现由"二三一"向"三二一"的新格局转变。

一 常州产城融合理念的本土化与创新

常州推行产城融合示范区建设以来，通过积极探索，不断创新，产城融合综合改革成效已初步显现。围绕"城"，部分行政区划调整稳妥有序实施，公、铁、水、空等一批重大功能性基础设施建设加快推进，常州经发区、西太湖科技产业园、钟楼新城、凤凰新城以及金融商务区等重点区域不断充实发展内涵；围绕"产"，以重大项目为引领，"三位一体"持续推进工业经济转型升级，现代服务业提速发展，现代农业更重质效，通过强化创新驱动、促进集约发展，全市产业层次和产业布局正在向中高端、集聚化方向迈进；围绕"人"，持续推进"三优三安两提升"民生工程，城乡基本公共服务均等化水平逐步提高，群众幸福感和获得感不断提升。[①] 具体看来，常州市在产城融合的探索上积极立足本土，无论是产城融合的理念、顶层设计还是融合机制均总结出新的发展思路和实践路径。

产城融合是在我国转型升级的背景下相对于产城分离提出的一种发展思路，要求产业与城市功能融合、空间整合，"以产促城，以城兴产，产城融合"。产城融合要求以城市为基础，用城市承载产业空间和发展产业经济，以产业为保障，驱动城市更新和服务配套完善，以达到产业、城

---

① 韩晖：《常州：以五大发展理念为指引 推进产城融合综合改革》，中共江苏省委新闻网，2016 年 3 月 19 日。

市、人之间有活力、持续向上发展的模式。

产城融合示范区建设是新时期常州现代化建设的使命与任务。《2014年江苏省政府工作报告》明确提出："增强产业化对城镇化的支撑作用，完善城镇功能，壮大县域经济，促进产城融合，积极支持常州开展产城融合综合改革试点。"这是江苏省委、省政府基于常州当前的发展样态提出的新的发展方向。常州人均GDP于2015年达到112221元，按平均汇率折算达18018美元，服务业占比达到49.5%，超过了第一产业和第二产业。除此以外，常州城镇化率早在2013年就达到了67.5%，开始进入城市化过程的中后期，社会矛盾凸显。因此，在这一时期常州产业和城市发展迈向何方，如何发展，这是新时期面临的主要任务，即创新常州经济社会发展模式，提升常州经济社会发展质量，激发经济新常态下常州的持续发展动力。

常州积极探索具有地方经验的产城融合理念和内容。常州产城融合的总体定位是建设空间均衡协调、产业活力强劲、城市品质高端、服务功能完备、市民乐业幸福的产城融合发展示范区，实现产城配置合理、产城协调发展、产城相融相生，力争到2020年，基本建成"空间结构协调、产业活力强劲、城市品质高端、服务功能完备、市民安居乐业"的产城融合发展示范区。[1] 整体看来，常州确定以产业为基础驱动城市更新、完善城市功能，以城市为载体拓展产业空间、发展产业经济，通过产城融合发展，充分满足人的发展需求，达到人、产、城三者之间和谐共进，积极走出一条"以产兴城、以城促产、宜居宜业、融合发展"的特色之路。常州市产城融合需要在三个层面推进，从而打造既具常州特色，又具全国推广和示范意义的产城融合示范区。[2]

注重统筹推进。坚持规划统领，严格按照"多规合一"要求下的产城融合总体规划，引导优化未来的人口分布、产业布局、土地利用和城镇格局。加强区域统筹、市级层面的整体统筹，既要优化全市的功能布局和产业布局，也要促进市区、开发区、城镇、乡村之间的功能互补和融合。加强资源统筹，创新财政资金、人口集聚、项目招引、土地管理等工作的方

---

[1] 新华传媒智库：《产城融合，"刷"出一个全新常州》，《新华日报》2015年12月7日。
[2] 常州市委书记阎立于2016年3月在常州市委、市政府召开的产城融合综合改革领导小组会议中的讲话。

式方法，促进集约高效发展。

加快制度创新。重点围绕"构建人口自由流动与有效集聚机制"、"强化产业发展推进机制"、"创新财税金融服务机制"、"深化土地制度改革"、"严格生态保护制度"和"健全空间优化管理机制"六个方面的机制创新重点任务，先行先试、敢闯敢试，完善、制定、出台一系列配套管用的政策措施，促进管理运行科学有序、资源配置开放高效、产业推进联动协作、投资建设多方参与。

突出典型示范。围绕产城融合发展需要解决、突破的难点重点，分县（市）、开发区、乡镇、特色产业集聚区、城市重要功能区五类开展试点工作，争取用三年时间基本建成一批产城融合典型示范区。各辖市区和市级有关部门要加大对试点区域的政策扶持力度，加快编制试点推进计划，扎实推进试点进程。

二 建立产城融合的长效机制

产城融合的制度设计和科学规划是产城融合的顶层设计。所谓顶层设计是指运用系统论的方法，从全局的角度，对某项任务或者某个项目的各方面、各层次、各要素统筹规划，以集中有效资源，高效快捷地实现目标。常州产城融合的实行也需要科学的顶层设计，需要在制度建设和科学规划上下功夫。因此，常州市产城融合从一开始就注重制度创新和建设，在市级层面出台了一系列指导性文件，推动各项配套制度建设，并完善了空间规划和区域规划。

常州产城融合注重市级层面的总体规划。从2013年4月开始，按照国家和江苏省的总体要求，常州及时出台了《关于贯彻落实〈苏南现代化建设示范区规划〉的实施意见》（常发〔2013〕18号）等相关推进计划，进一步明确了"建成自主创新先导区、现代产业集聚区、城乡发展一体化先行区、开放合作引领区、富裕文明宜居区"的根本任务。

常州注重产城融合一系列配套制度和设施的构建。常州积极推进体制机制创新，加快建立与产城融合发展相适应的产业升级、生态建设、考核评价等体制机制，为产城融合发展提供了有力保障，促进了产城融合的新常州建设。比如，在自主创新方面，常州从20世纪90年代开始，就形成了一系列的创新制度。1992年11月，常州国家高新技术产业开发区获国务院批准建设。2006年,常州提出建设创新型城市的目标。2010年,常州市创新型试点城市获国家科技部批准建设。2012年8月,武进国家高新区获国务院批准建设。2013年4月,《苏南现代化建设示范区规划》提出了建设自主创新先导区的目标。2014年10月,国务院批准支持南京、苏南、无锡、常州、昆山、江阴、武进、镇江8个国家高新区和苏州工业园区建设苏南国家自主创新示范区。在机构设置上,常州成立了常州国家高新区苏南国家自主创新示范区建设工作领导小组,下设产业与创新、人才工作、财税金融和规划建设4个工作小组;出台了《关于建设常州国家高新区苏南国家自主创新示范区的实施意见》;编制了《常州苏南国家自主创新示范区空间计划（2015~2020年）》《〈苏南国家自主创新示范区发展规划纲要（2015~2020年）〉常州市实施方案》,并出台了2016年工作要点。

常州产城融合注重统筹协调和规划先行。产城融合的发展一方面是城市和产业的共生,另一方面则需要良好的规划和布局。常州注重产城融合空间规划、区域规划定位和优化行政规划,这为此后的融合之路奠定了坚实的规划基础。首先,在完善空间规划方面,常州规划了"一纵三横"的总体空间布局:"一纵"即南北发展带,向北跨江联动苏中、苏北,向南辐射浙北、皖南;"三横"即沿江（长江）、沿湖（滆湖、长荡湖）、宁杭发展轴。其次,常州对不同类型的城区做出了不同的规划和调整。按照老城区改造、核心区提质、工业区布城、新城区强产的思路,重点推进城市中心区、常金统筹核心片区、西南门户片区、东部片区、沿江片区"一中心四片区"建设,推动人、产、城在空间分布上更加合理均衡。最后,优化行政区划。2015年,江苏省政府发布了《关于调整常州市部分行政区划的通知》。该通知显示:撤销常州武进区和戚墅堰区,设立新的武进区;撤销县级金坛市,设立常州金坛区;将原武进区的奔牛镇划归常州新北区管辖,将原武进区郑陆镇划归常州天宁区管辖,将原武进区邹区镇划归常州钟楼区管辖。以上行政区划的调整为常州产城融合发展优化了发展空间。

三 创新产城融合样态

产城融合的形式需要充分考虑本土的产业类型、城市形态和人口结构。常州在推进产城融合时注重强化分层分类引导,根据全市及各板块生产生活实际需要,按照市级中心、副中心、区（县）中心、重点城镇及社区的等级层次合理配置服务功能，设计出推进产城融合的几种路径。

中心城区加快更新转变，提升综合服务功能，重点发展现代服务业，适度保留都市工业，加强历史文化资源保护，改善提升人居环境。常州老城区中以青果巷改造和运河五号街区建设为代表的改造项目，突出了产业"退二进三"，重点发展文化创意和设计产业。比如，在对青果巷的改造中，首先，恢复茶楼、说书场；其次，逐步修缮街区中的保留民居，改善市政基础设施；最后，对居民生活及产业发展进行统筹规划。运河五号街区是常州构建"运河历史文化产业带"的重要节点，其建设围绕"运河文化、工业遗存、创意产业"三大主题，旨在打造一个类似北京798的艺术街区，吸引各类设计创意人才、企业来落户创业。

新城新区加强功能复合，加快配置集生产生活服务于一体的多元化功能，在引导产业集聚集群特色发展的基础上，提升就业吸纳能力和人口集聚水平，使城市功能与产业发展紧密结合。比如，钟楼新城建设按照"先规划再建城，先建功能再开发，先做环境再开发，先拆迁再拍卖"的思路，以"生态、科技、高产"为方向，科学规划了六大功能区，集聚了12家央企、94家高新技术企业、48名国家"千人计划"人才，拥有1家国家级科技企业孵化器，创成国家级科技创新示范区，并成为全国2000多个省级开发区中首个国家级生态工业园，其中以华润等为代表的新能源、电子信息、先进装备制造等新兴产业欣欣向荣。

区县中心及重点城镇加速提升拓展，加快特色化、规模化产业发展，强化基础设施和公共服务设施建设，提高生产生活服务便利化程度，增强对当地农业转移人口和外来人口的吸引力，如金坛区的薛埠镇、溧阳的南渡镇、武进的雪堰镇、新北区的孟河镇等。孟河镇积极探索实施小城市层面负面清单管理和环境容量管理机制；完善城镇基础设施和公共服务设施，推进社会事业和建设类工程；全面推进农业产业园区建设，打造"现代农业产业园－孟河老镇区－小黄山风景区"生态旅游观光带。

第二节 筑牢产城融合的基础

产城融合的基础是产。常州处在产业发展转型和升级的新时期。2014年的数据显示，在现代化建设的指标上，常州实现程度在60%以下的弱项指标有 3 个，分别为城镇居民人均可支配收入（56.4%）、城乡居民收入达标人口比例（25.7%）、康居乡村建设达标率（20.9%）。另外，工业全员劳动生产率（65.1%）、农村居民人均可支配收入（62.9%）2 个指标实现程度也相对较低。常州在新时期的产业发展上急需突破，常州的产业结构需要再优化。

一　加快产业转型升级

产城融合的进一步深化，对产业的选择与优化提出了更高要求。传统产业需要转型升级，向价值链高端攀升，提升竞争力；战略性新兴产业要坚持创新驱动，形成规模化集聚化效应；现代服务业要突破发展生产性服务业、提升发展消费性服务业、培育发展民生性服务业，突出文化产业以及现代农业的特殊功能，满足现代人群的多样需求。在产业发展方面，常州根据自身的产业结构，按照《苏南现代化建设示范区规划》制定常州现代化建设规划，积极推动产业高端化、集聚化，加速工业经济转型升级步伐。稳步推进"七大工程"，即实施稳定增长提效工程，实施技术改造提升工程，实施智能制造提速工程，实施绿色发展提质工程，实施民营经济提级工程，实施竞争能力提档工程，实施服务效能提绩工程，从而促进工业经济转型升级。

目前常州以十大产业链建设为重点，加快推进战略性新兴产业发展，如南车戚墅堰机车有限公司已成功研制出一批具有自主知识产权的内燃机车。同时，企业加快开拓国际市场步伐，产品出口到沙特阿拉伯、伊朗、澳大利亚等多个国家。常州将整体城市定位为"智能装备制造名城和智慧城市"。常州积极探索"产"业创新之路，主要思路是一方面促进传统产业转型升级，另一方面积极打造"常州智造"和"常州服务"。

在传统产业方面，淘汰低产能的传统产业，大力实行技术改造，提升科技附加值。常州推进一批有效投入重大项目建设，紧抓北汽新能源、东风汽车等重大工业项目；推进一批技术改造升级重点项目，鼓励企业进行技术改造。常州超过 90% 的大中型企业建立了自己的研发机构，产业链条由制造逐渐往研发、服务两端发展。

常州积极打造就业吸纳能力强、附加值水平高、具有较高资源配置能力和较强国际竞争力的现代产业体系。常州实施智能制造提速工程。常州市推进"互联网+制造业"的结合，推进智能制造。一方面，常州加快智能制造装备发展，围绕《深化"三位一体"发展战略 落实"中国制造2025"常州行动纲要》，重点推进汽车、轨道交通等领域智能化发展。另一方面，常州加快智能车间培育，推动云计算、大数据等技术与制造业融合，培育了一批智能工厂；着力培育服务型制造业，推进工业设计、现代物流、电子商务、在线支持服务、融资租赁等加快发展，引导工业企业从单纯生产制造向制造与服务协同发展转变。

常州在产业发展上取得了显著成效。一是常州制造业的产业层次有效提升。常州以重大项目建设为引领，突出质量与效益，全面推进经济结构战略性调整和产业转型升级，加快构建现代产业体系，加快工业经济转型升级。2013年12月，常州明确了加快推进十大产业链建设、实施传统优势产业"双百"行动计划、培育创新型企业、"三位一体"提升工业经济综合竞争力的发展战略，全力构筑经济新常态下常州工业经济的新优势。2015年，"三车四新三智能"十大产业链占规模以上工业产值比重达到33.3%，整车、通用航空、碳材料等产业链实现重大突破，太阳能光伏、轨道交通等产业链具备全球竞争实力，高新技术产业产值占规模以上工业产值比重达43.5%，传统优势产业转型发展、集聚发展的水平进一步提升。除此以外，常州还积极推行现代服务业和金融业三年行动计划；建立了西太湖科技产业园、中关村科技产业园、中德创新园等一批新兴产业载体，按照"建链、强链、补链"要求，聚焦汽车整车、通用航空、轨道交通、智能装备制造、碳材料等十大产业链建设，推动产业优化升级。常州产能获得极大的增长。

二是现代服务业量增质优，"常州服务"名片初步形成。2014年3月，常州明确了"突破发展生产性服务业、提升发展消费性服务业、培育发展民生性服务业"的发展思路，全力推进服务业十大产业建设。2015年，常州完成服务业增加值2610.4亿元。"12301"中国智慧旅游公共服务平台、中兴能源云计算华东基地等一大批现代服务业重点项目落户常州。此外，在第一产业发展方面，常州现代农业加快发展。在农业种源、农产品加工、农产品物流等重点领域，打造了一批高水平的现代农业产业园区。据统计，目前常州服务业增加值占地区生产总值比重超过45%，高新技术产业产值占规模以上工业产值比重超过40%。常州综合物流园区、武进工业设计园、钟楼科技产业园等一批现代服务业新区拔地而起，太阳能光伏、碳材料、智能电网、新医药等十大新兴产业链产值超过3500亿元，无人机、智能装备、机器人等高端制造产品逐渐成为"常州智造"的名片。

二 深化产城融合可持续发展

科技创新是提升国家核心竞争力的必由之路。常州产城融合的发展需要全面提升科技创新能力。常州全面实施创新驱动、科教与人才强市发展战略，加快推进国家创新型城市、苏南自主创新示范区建设，不断增强科技进步对经济社会发展的支撑引领作用。

一是创新载体建设加快。常州积极推动创新载体建设，以常州和武进两个国家高新区为主阵地，联动发展一批科技产业园，常州科教城连续三年获得中国最佳创新园区第二名。高新区建设也全面按照产城融合部署进行。以常州高新区为例，常州高新区通过贯通城乡资源配置体系，在江苏省率先启动"多规合一"试点，进一步优化城镇、农业、生态三类空间布局，提升产城空间配置和产城融合形态。全方位推进园区体制机制改革，把现代服务业作为园镇融合的重要黏合剂，不断提升服务业发展的品质内涵。同时，在低效供给上做"减法"，在公共产品供给上做"加法"，在宜居宜业环境上做"乘法"，在无效供给上做"除法"，进一步加大对高能耗、高污染、低产出企业关停并转的力度，把资源要素从产能过剩、增长空间有限的产业中释放出来，有效提升全要素生产率。

常州以构建的科技创新平台为基础，全力构建人才公共服务体系，不断完善科技人才流动机制，鼓励高等院校、科研机构和企业创新人才双向交流。截至2015年年底，常州公共创新平台数量超过30家，建成的"两站三中心"1159家（其中省级以上602家）；孵化器、加速器面积累计超过800万平方米，在孵企业超过5800家，引进的领军型创新创业人才超过1400人；全市高技能人才达23.22万人，每万名劳动者中高技能人才有826人，连续两年居江苏省首位。

二是创新主体能力提升。常州积极推动企业创新能力提升，增强企业人才储备能力，积极引导大中型工业企业、规模以上高新技术企业建立研发机构。天合光伏科学与技术国家重点实验室、星宇车灯国家级企业技术中心、新誉风电装备技术研究院等一批国家级和省级企业研发平台顺利投入运营。常州深入实施"龙城英才计划"，瞄准重点产业，整合优势资源，加快高层次人才集聚。以常州高新区为例，常州高新区通过做强创新主体、重大创新载体、小微众创空间、科技金融服务以及集聚高端创新人才五大举措，激发微观主体创新活力，挖掘发展新潜力。常州高新区持续提升创意产业基地、三晶孵化器、"嘉壹度"青年创新工场等国家级、省级孵化、众创载体的品牌知名度和辐射影响力，构建涵盖技术交易、知识产权服务、大型仪器公用、投融资等环节的创业服务生态体系，全力打通从创新成果到现实生产力的转化通道。常州高新区还专门成立了常州市小微金融中心，为600余家中小企业提供了金融服务，服务金额达38亿元。

三是产学研合作不断深化。常州科教城作为区域创新之核心，积聚创新资源、孵化创新产业、引育创新人才、汇聚创新资本，正致力于打造产学研协同创新的示范基地。目前，入驻常州科教城机构总数为700多家，常州科教城集聚各类创新人才超万名。中科院常州中心现有14个分中心，建有30个专业实验室，已成为"国家技术转移示范机构"；17所著名高校入驻科教城，哈工大机器人等研发与产业化基地相继建成。常州科教城建有企业创研港、中试放大基地等企业成长平台，引进和孵化了500多家高科技企业。常州科教城以"项目合作为核心，各类平台为纽带"开展产学研合作。整合社会中介服务资源，建成"天天5·18"平台，打造功能齐全、线上与线下、有形与无形、区内与区外相结合的"一站式"科技服务中心，构建优质的科技服务生态体系。

三 多元主体共同推进产城融合

常州的产城融合需要发挥多元主体的作用，即政府、市场和社会，方能形成可持续的产城融合之路。常州各级政府要发挥统筹、规划和引导作用。政府应履行好自己应当承担的职责，不能缺位、错位。在产业规划上，力求科学合理，为产业发展提供"指南针"和"校准器"；在政策制定上，增强引领性、含金量，营造公平竞争的市场环境；在基础设施建设上,加大投资力度,为产业、城市和民生提供坚实的硬件支撑;在公共服务上,更好地为企业、为市民提供高效优质服务。

积极转变政府职能,不断提升对外开放水平,激发市场主体活力,为现代化示范区建设提供更加强有力的内生动力。按照"五张清单、四条主线、一大平台、六项改革"的基本框架推进政府职能转变和机构改革,切实清理权力家底,简政放权,提高效率,全力释放改革红利。目前,市级行政审批事项由2011年的380项减少到2015年的213项,工业项目审批时间压缩了1/3以上,政府投资项目时间压缩了近40%。2014年,常州被江苏省列为"简政放权加快政府职能转变综合改革试点""规范优化行政审批流程试点""开发区行政审批制度改革试点",2015年,常州被中央编办列为"综合行政执法体制改革试点"。

常州一向注重政府能力的提升,发布了《常州市深入推进简政放权放管结合转变政府职能工作方案》,积极坚持"五个转变",即:从重数量向提高含金量转变,从"给群众端菜"向"让群众点菜"转变,从分头分层级推进向纵横联动、协同并进转变,从减少审批向放权、监管、服务并重转变,从物理整合向化学整合转变。重点围绕阻碍创新发展的"堵点"、影响干事创业的"痛点"和市场监管的"盲点",拿出硬措施,打出组合拳,在放权上求实效,在监管上求创新,在服务上求提升。常州行政审批趋向"瘦身、高效、快捷"。同时,再造审批服务新流程,创新推行联合审图、联合踏勘、集中联检、会审会办等联合审批服务制度,审批整体办结时限缩短了1/3以上。

重点改革统筹推进。稳妥推进行政区划调整,积极破解中心城区发展空间有限、县区规模差异过大、常金一体化发展受限等突出问题。以人的全面发展为核心,以产业发展和城市建设深度融合为导向,加快产城融合建设步伐。进一步规范农村土地经营权流转,目前常州耕地流转面积达119.14万亩,占全市耕地面积的70.8%。2015年12月1日,常州撤销市级土地登记、房产登记"两个中心",不动产登记交易中心正式挂牌,实现登记"一站式"交易服务。通过整体发包、分块发包、入股保底分红等市场方式,深化农村社区股份合作制改革。推动农村产权交易市场建设,建成运行了武进区级和15个镇级平台。

激发市场的活力。2016年,李克强总理提到,激发市场活力,需要持续推动结构性改革。深入推进简政放权、放管结合、优化服务改革，激发全社会创业创新热情。常州深入推进财税金融等重点改革，同时稳步实施营改增等项目。激发市场活力的同时需要坚持以开放促改革促发展，推动国际化战略，加快国际合作步伐。产城融合关键在"产"。产业兴旺需要充分借助市场这双无形的手，通过深化改革、简政放权、完善市场体系、发展混合所有制经济等，释放市场活力，打开产业发展的广阔空间。搭好公平竞争平台，促进城乡要素自由合理流动。推广政府和民间资本合作方式，调动民间资本参与产业发展和城市功能提升的积极性。

发挥社会的参与作用。社会参与是社会治理的重要方式。社会治理，就是政府、社会组织、企事业单位、社区以及个人等诸多行为者，通过建立平等的合作型伙伴关系，依法对社会事务、社会组织和社会生活进行规范和管理，最终实现公共利益最大化的过程。社会治理需要民众参与，发挥民众的主体性，因此需要发挥基层组织、社会组织以及公众的作用。在城市规划中，广开言路、集思广益，多听取社会各界的意见；在产业发展中，发挥好行业组织的自律作用；在城市治理中，鼓励共同参与，努力营造文明、和谐、绿色的生产生活环境。

四 完善产城融合的动力机制

产城融合核心在"人"，人才队伍是关键。常州积极实施"千名海外人才集聚工程"、"龙城英才计划"和"技能龙城"建设行动计划等，积极吸纳人才，并搭建平台。2015年，常州研发经费支出占地区生产总值的比重达2.65%。2015年年末，常州孵化器、加速器面积累计超过813万平方米，企业研发机构超过1240家，引进领军型创新创业人才超过1400名，每万名劳动者中高技能人才数居江苏省第一位；常州拥有1800多个领军人才团队、近400名国家"千人计划"专家，创办了1000多家科技企业，实现了3000多项专利成果转化及产业化。常州科教城拥有来自全球1.6万名高科技精英，平均每天新增2.7件专利，每天新增1个产学研合作项目，年产出超过60亿元。这些都突出了企业创新地位，提升了创新平台功能，增强了创新动力。2016年，常州大力推进"龙城英才计划"和"技能龙城"建设行动计划，吸引更多高层次和高技能人才及团队来常州发展，以常州工业经济转型升级中的人才培训为例，常州注重加快全市企业家培训力度，通过举办常州创新创业工业领军人才专题培训班、"中国制造2025"企业家专题培训等，每年新增企业经营管理人才5万人以上。

五 强化基础设施和惠民工程建设

产城融合的基础是"城"。常州一方面强化基础设施建设；另一方面推动大量民生工程的落地，为产城融合之路的探索奠定了坚实的基础。在基础设施建设方面，加强枢纽型、功能性、网络化重大基础设施建设，加快推进沿江城际铁路、连淮扬镇铁路南延、盐泰常宣铁路常州段的布局联通；推动常泰过江通道的规划和建设，贯穿沿大运河城镇轴交通走廊，加快常州跨江融合；把数字化城管平台向更广范围延伸覆盖，加大"云+网+端"为代表的信息基础设施投入；积极推进城市快速轨道交通工程建设，完善公共交通服务，加强电力燃气供应等能源基础设施、垃圾污水处理等环境基础设施、文教体卫服务等民生基础设施建设，确保城市高效有序运行；修编城市防洪大包围方案并组织实施，提升流域性水利工程和城市防洪除涝基础设施建设水平，积极推进海绵城市建设，织好覆盖面积更广、响应速度更快、防御能力更强的"安全网"。

大力推进民生工程建设。2015年以来，常州以"三优三安两提升"（优质教育、优质医疗、优质养老、安心食品药品、安心饮用水、安心社会治安、提升生态绿城建设水平、提升大气环境质量）8件民生实事为重点，不断改善可持续发展的生态环境，营造安全稳定的社会环境，打造了舒适便利的生活环境。公共服务体系更加完善。2015年，城镇和农村居民人均可支配收入分别为42710元、21912元，城镇登记失业率控制在4%以内。社保参保覆盖面稳定在98%，初步实现社会保障制度城乡一体化。医疗机构布局更加优化，全市建制乡镇、街道均配置乡镇卫生院或社区卫生服务中心，农村三级医疗卫生服务网络健全，设备设施达到省定标准。医养融合服务模式全面推进，每千名老年人拥有床位44张。公办学校在义务教育阶段吸纳了13.6万"新市民"子女就读，吸纳力达到87%；"绿色客厅"遍布城区，市民每步行10分钟，就有公共绿地、公共设施和免费公园；城乡社区卫生服务中心全覆盖；全市100多个菜场实行了标准化改造，实现了环境商场化、食品安全化、价格大众化。基层社会治理创新不断加快，社区"减负增效"加快推进，全市城乡和谐社区达标率分别达到98.7%和98.2%。

第三节 全面提升产城融合的质量

一 着力加强产城融合软实力

对于产城融合，除了产业和城市的复兴与升级外，软实力的打造能够实现二者的有机结合。常州走产城融合之路，积极推进文化建设，提升社会和谐水平。文化建设的基本任务就是用当代最新科学技术成果提高人民群众的知识水平，通过合理和进步的教育制度培养社会主义一代新人，并用最能反映时代精神的健康的文学艺术和生动活泼的群众文化活动来陶冶人们的情操，丰富人们的精神生活。

常州广泛开展"道德讲堂"、志愿服务、"书香常州"等群众性精神文明创建活动，持续开展"文化100""社区天天乐"等惠民文化服务。提高城市文化品位，深入挖掘名人文化、红色文化、运河文化和历史遗迹、工业遗存的价值内涵，做优一批文创示范基地，做大一批文化骨干企业。在新区，新能源、文化创意等新兴产业聚集于此。近年来，奥体中心、大剧院、万达商圈、高铁站相继落成，新北区也成为常州外来人口增长最快的新城区。原来仅10多平方公里的常州老城区也在迅速扩张，如今常州建成区面积排名已经进入全国前20位。常州成功创建为"全国文明城市"，"道德讲堂"成为全国典型。平安常州、法治常州建设深入推进，四级公共法律服务体系基本建立。

文化事业繁荣发展，大运河（常州段）成为世界文化遗产，常州获批国家历史文化名城，"文化100""四个演""社区天天乐"等文化活动全年举办超过7000场，观众超过300万人。体育事业蓬勃开展，常州在第18届省运会中获得的金牌、奖牌和总分均位居江苏省前列，有7名运动员参加青奥会，共获得7枚金牌；"10分钟体育健身圈"建设高水平推进，戚墅堰区全民健身中心和新北区春江全民健身中心基本建成。

二 形成人口、产业和空间资源的有效配置机制

常州产城融合之路也是生态文明建设之路。常州生态文明建设跃上新

台阶。2012~2015年，生态文明建设工程综合考核连续四年名列江苏省第二，2014~2015年，群众对生态文明建设工作满意度连续两年名列江苏省第一。2015年，常州市空气质量优良天数达到258天，优良率为70.7%；地表水好于Ⅲ类水质的比例达到74.3%。积极推进绿色生产生活方式，加快推进清洁能源利用，天然气发电（热）装机新增120万千瓦，太阳能光伏发电装机容量超过20万千瓦，全面完成省定节能减排目标任务，建成国家绿色低碳循环交通示范市。

一是常州持续推进生态建设。[①] 2015年，常州市人大常委会审议通过了《关于加强生态红线区域保护的决定》，明确了生态红线区域一级、二级管控区保护要求，生态空间保护工作取得了积极进展。环境建设扎实推进，2517个生态文明工程项目基本完成，节能降耗预警持续保持绿色，江苏省下达的节能减排目标任务已经完成。围绕"增核－扩绿－联网"，持续实施生态源保护与建设、郊野公园、城镇公园绿地等六大类工程。二是持续推进污染治理。2013年以来，常州累计实施大气污染防治项目3072个；加强机动车污染防治，黄标车限行区扩大至122平方公里；深入实施公交优先战略，2015年，市民公交出行分担率达28.7%。三是深入推进法治环保。常州严格刚性执法，加大对环境违法行为的惩处和追责力度，提升环境监管水平和执法办案能力。2015年，全市立案查处环境违法行为1056起。四是不断深化生态文明制度改革。2015年，常州制定出台了《常州市人民政府关于贯彻〈江苏省大气污染防治条例〉的实施意见》《常州市建设项目主要污染物排放总量指标审核及管理暂行办法》《常州市排污权有偿使用及交易管理暂行办法》《市政府关于加快推进工程建设领域政府投资项目绿色采购的指导意见》《生态文明建设工作问责办法》，强化了党政领导干部和工作人员的生态资源环境保护职责。

常州生态文明建设成效显著。在城区内，常州市民步行不超过10分钟，就能到达公共绿地和免费公园。2014年，常州共建设生态绿道37条，长度超过200公里，包括慢行自行车道、慢行步道、交通接驳、驿站驿馆等，累计增绿3175亩。在城区外，郊野公园相互交融、连成一片。太湖重要岸线保护区、长江饮用水湿地保护区、西太湖湿地保护区等生态源保护

[①] 常州市环保局：《2016年生态文明建设情况汇报》。

建设工程相继落成。2015年，常州建设了生态绿城建设工程6大类224个项目，综合开工率为87.1%，水、大气环境质量以及主要污染物排放强度也均达到苏南现代化示范区建设指标阶段性考核要求。从2013年起，常州三年增绿近4万亩，联网600多公里，累计增加碳汇量4700多吨。生态绿城已经成为常州的城市品牌。常州在2014年度为民办实事工程满意度测评中名列江苏省第一，2015年度名列江苏省第二。常州对生态红线区域进行优化调整，划定生态红线区域911.12平方公里，占常州总面积的20.78%。

三 提升新型城镇化质量

常州加快新型城镇化需要规划先行，要及时修编城镇化发展规划，完善城镇化体系布局，强化规划管理，确定总体目标、形态布局，形成科学导向，做到统筹兼顾，实现集约高效；坚持产业优先，加快推动产城融合，优化生产力布局，提高城镇产业集聚能力，强化产业支撑，着力发展现代农业，让城乡居民各得其所；实现关键突破，以基础教育、医疗卫生优质资源的均等化为重点，稳步推进城乡公共服务和社会保障全覆盖，推进农村转移人口市民化；加大改革创新，通过创新城乡土地管理制度、探索建立多元化城镇化投融资机制、完善户籍新政等举措，着力解决土地、资金、人口问题。

常州以产城融合为切入点，争取成为国家新型城镇化综合试点。国家新型城镇化规划是常州现代化进程的重要平台。《国家新型城镇化规划（2014~2020年）》对常州现代化建设来说，是发展机遇也是发展约束，如何积极稳妥地推进是问题的关键。常州市委十一届五次全会提出常州实现现代化的"三期目标"，城镇化率于2013年、2015年、2020年分别达到67.5%、70%和75%。常州目前有70多万户农民和150万名外来人口。城镇化率由1979年的17%提升到2013年的67.5%，城乡基本社会保障覆盖率超过98%，但依然面临土地城镇化快于人口城镇化等问题。江苏省规划明确指出，重点推进苏锡常都市圈一体化发展，同时加强锡常泰板块跨江融合发展。这有利于提升常州区域中心城市地位，有利于促进常州与苏州、无锡的融合发展，有利于加快推进常泰过江通道、沿江高铁、连淮扬镇铁路南延等重大基础设施建设。

常州围绕新型城镇化建设目标，在城乡建设工作方面确立了8个重点，即区域协调发展、市域城镇体系、中心城区建设、公共服务设施配套、综合交通体系支撑、生态绿城建设、历史文化名城和美丽乡村建设。常州坚持以提升城镇化质量为主线，积极探索产城融合与城乡一体化互动发展的道路。截至2015年，常州按常住人口统计的市域城镇化率为68.7%，高出全国平均水平13.9个百分点，2014年全市城镇居民和农村居民人均可支配收入分别达到39483元和20133元；全市城镇体系和布局日益优化，连续4年全面推进薛埠等9个重点中心镇建设；全市公共服务持续改善，城乡基本社会保障覆盖率达到98%；现代产业体系有力地支撑了城镇化，建成的省级现代服务业集聚区有10个，农业优势主导产业产值占农产品产值比重超过80%。此外，为加快农业转移人口的市民化进程，常州已制作发放居住证100万余张，并明确居住证持有人在常州可以享受9类14项公共服务。

常州一直注重城乡一体化建设，推动城乡和谐发展，具体措施包括以下几点。① 一是突出城乡规划一体化，城乡空间形态有了新格局。二是培育新型农业经营主体，农业现代化水平有了新提升。常州为推进国家现代农业示范区建设，编制了基于"多规融合"框架下的《常州国家现代农业示范区建设规划》以及《全市农业布局规划》，确定了农业"1185"工程布局，为示范区建设奠定了良好的布局基础。除此以外，常州推进农民合作社规范化建设，出台了《关于开展农民合作社规范化建设活动的意见》，明确全市合作社规范化建设的目标和工作思路。三是完善农村基础设施，促使农村生产生活环境呈现新面貌。自2014年起，常州积极推进美丽乡村示范村建设，全市每年创建10个示范村，三年建成了30个美丽乡村示范村。到2015年年底，常州首批10个重点村完成创建工作，共实施重点建设项目54个，投入建设资金2亿元。四是推进富民强村，农村集体经济综合实力实现新跃升。2015年，常州村均集体收入达369.57万元，年收入千万元以上村达40个，分别比"十一五"期末增加了77.96%、333%。五是健全农村社会保障体系，农民幸福指数有了新提高。截至2015年年底，溧阳、金坛农村人均收入达到6500元，武进、新北达到8000元脱贫

---

① 常州市委农工办：《城乡一体化推进工作情况汇报》。

目标，惠及低收入农户2.03万户、低收入农民3.53万人。[①]

四 推进产城融合网络化

"互联网+"是知识社会创新2.0推动下的互联网形态演进及其催生的经济社会发展新形态。"互联网+"是互联网思维的进一步实践成果，推动经济形态不断地发生演变，从而激发社会经济实体的生命力，为改革、创新、发展提供广阔的网络平台。以"互联网+"为抓手，常州积极拓宽产业链，为产业经济发展和城市融合提供了新动力。常州紧紧抓住和利用好新一轮科技革命和产业革命的机遇，推进"制造业+互联网"技术的结合，推进智能制造，加快智能车间培育，推动云计算、大数据、移动互联等技术与制造业的跨界融合；支持工控软件开发应用机构开展基于数字化车间和智能工厂的工业互联网应用服务；加快电子信息产业和物联网产业发展，推进互联网产业与传统制造业全面深度融合。

在当前互联网技术蓬勃发展的背景下，"互联网+"将成为中国开发区升级发展的新动力，能够聚焦资源、让利市场、加强资产流动性。2013年，常州启动政府免费WiFi上网工程建设，在医院、公园、交通枢纽等公共场所向市民提供免费上网服务。2015年，常州依托电信、移动等通信运营商资源，推进无线城市建设，在文化、旅游、商业等公共场所实施免费WiFi深度覆盖。75个新建住宅小区被纳入光纤入户共建共享监督执行范围，其中，15个小区已竣工并交付使用。2015年4月29日，常州与腾讯公司签订"互联网+"战略合作框架协议，合作推进微信城市服务建设，共同打造"互联网+智慧常州"。

第四节 常州产城融合面临的挑战和问题

常州产城融合工作广泛深入的开展，为探索本土化的产城融合之路奠定了坚实的基础，为常州产业升级、城市发展创造了良好的环境，同时也出现了一些新的情况和问题。

[①] 常州市委农工办：《城乡一体化推进工作情况汇报》。

一 产城融合的机制有待进一步健全

常州产城融合取得了较大进展，但是融合机制需要进一步完善，"产业－社会－城市规划"需要进一步协调，"交通－就业－福利分布"需进一步整合，"产业园区－商务区－居住区"的融合需进一步加强。常州应以"产－城－人"互动为基点，推动产城融合发展：以城市为载体，由城市承载产业空间和发展产业经济，以产业为保障，由产业驱动城市更新和完善服务配套，以达到产业、城市与人之间有活力、持续向上发展的城镇化发展模式。

二 产业结构调整任务仍然艰巨

当前，常州经济增速逐步放缓。2016年的常州政府工作报告指出，常州面临经济结构依然偏重，调结构、转方式、增效益任务比较艰巨，重点领域和关键环节改革攻坚步伐有待加快，开放型经济发展水平需要进一步提升的问题。2016年第一季度，常州市GDP、工业、投资等主要经济指标增幅与2015年同期相比均有回落，其中GDP增速回落0.7个百分点；规模以上工业产值、固定资产投资增幅分别回落1.4个百分点、3.8个百分点；制造业PMI和非制造业PMI分别为48.7和49.2，均处于荣枯线以下；常州投资支撑动力不足，企业投资愿望不高，特别是民间投资出现了一定的下滑。2016年第一季度，常州固定资产投资完成额为767.47亿元，增长6.3%，且开放型经济提升乏力。受当前世界经济缓慢复苏、低速增长影响，外贸形势比较严峻，利用外资后劲不足。苏南地区产业结构仍然处于产业结构链条的中低端，工业全员劳动生产率有待进一步提升。2014年，苏南地区工业全员劳动生产率为28.1万元/人，实现程度为62.4%，较2013年有所增长（2013年实现值为25.9万元/人，实现程度为57.5%），但是距现代化目标值45万元/人，仍有很大差距。

在常州产城融合中，产业对城市发展的促进带动效应仍需进一步加强，城市对产业发展的支撑作用还有待继续强化。产城融合发展水平不高。产业与城市的交融联动，应达到产业发展与城市发展步调一致、互促互动，而现有产业园区与城市的融合尚达不到这一要求。比如，产城融合规划的统一性和科学性仍需要进一步强化，虽然一些局域发展规划对产城融合进行了较好的规划，但并不足以覆盖全域；部分工业企业和城镇布局的合理性仍需继续调整。

三 基本公共服务内容和质量与群众期望还有一定差距

在统筹探索常州产城融合模式的新时期，传统的公共服务已经远远不能满足居民的实际需求。服务人群局限、服务范围狭窄、服务方式单一、服务内容单调等现象日益突出，这严重影响了城市的繁荣以及人民满意度的提升。目前在常州探索产城融合的过程中，部分地区，特别是新区的公共服务资源满足不了一些特定人群的需求，如外来人口。往往在一些高新区，新城公共服务资源供给相对不足、对新兴产业和高端产业的发展也会造成影响。服务力量不足，管理水平不高等因素使得一些群众享受不了需要的服务项目，难以有效地提升群众的生活质量。

公共服务配套能力不强。虽然常州公共服务供给能力明显提高，但主要集聚在城市，如90%以上的大中型零售商业设施集中在城区，75%以上的优质中小学和二级、三级医院集中在城区；新城、园区的生产生活服务配套能力不足，生活及公共服务便利化程度不强，部分开发区与周边城镇建设脱节，还有部分开发区仍维持工业区模式，缺乏基本的居住和服务配套设施，对产城融合影响较大；在教育、医疗等人民群众高度关注的领域，仍需进一步深化改革。

居民收入水平实现程度普遍较低，民生幸福工程推进力度需要进一步加大。2014年，苏南城乡居民收入实现值较2013年有所上升，但离现代化目标值仍有较大差距，城镇居民人均可支配收入和农村居民人均可支配收入实现程度分别为61.1%和65.5%。按照2014年的实际收入基数计算，2014~2020年，苏南城镇和农村居民人均收入年均名义增长必须分别达到8.6%和7.3%，才能在2020年达到省定70000元和32000元的目标值，在经济新常态的大背景下，存在一定难度。从城乡居民收入达标人口比例看，2014年，苏南地区仅为15.4%，实现程度为30.8%，该指标在2020年要实现50%的目标值，每年需要提高3.2个百分点，难度很大。

四 政府职能转变、作风建设、法治建设等仍需加强

党的十八大指出，经济体制改革的核心问题是处理好政府和市场的关

系，必须更加尊重市场规律，更好地发挥政府作用。为此，要深化行政审批制度改革，继续简政放权，推动政府职能向创造良好发展环境、提供优质公共服务、维护社会公平正义转变，确保政府职能全面正确履行，建设法治政府和服务型政府。按照推进国家治理体系和治理能力现代化的要求，加快建设法治政府、创新政府、廉洁政府，增强政府执行力和公信力，努力为人民提供优质高效服务。

常州产城融合在政府政策创新、政府职能转变、作风建设、法制建设等方面做了较多的工作，为产城融合的发展奠定了坚实的基础。在产城融合发展解决和突破各种难点、重点的过程中，政府部门的统筹协调至关重要。这需要各辖市区和市级有关部门加大对试点区域的政策扶持力度，加快编制试点推进计划，扎实推进试点进程，尽快形成成熟的改革经验，并在全市进行推广。常州一直注重行政职能优化，但是在持续深化行政审批制度改革、提高简政放权的含金量、建立完善政府权力清单制度、平衡"管"和"放"方面仍然存在一定的不足。

一是监管理念不到位。很多政府部门"会批不会管"，"对审批很迷恋，对监管很迷茫"，对事中事后监管既不熟悉也不热衷，导致以批代管、以费代管和以罚代管的现象还比较普遍。二是监管体制不健全。一方面，多头监管、权责不对应问题严重，监管职责既交叉又缺位；另一方面，监管能力不足，信息不对称现象普遍存在。三是监管方式不科学。监管部门较多采用"静态式""运动式"的监管方式，平常监管不严，无心顾及问题隐患，问题暴露后才一拥而上。因此，需要进一步提升政府监管意识，落实监管责任；完善制度建设，创新监管方式；鼓励社会监督，强化行业自律，从而巩固改革成效。

五　产城融合区域生态承载力约束强，空间利用仍需进一步优化

常州生态文明建设取得了较大成绩，但是对照苏南现代化示范区建设要求，还远远没有达标。一是大气污染防治任务艰巨，产业结构、能源结构偏重的问题在短期内难以扭转，二氧化硫等排放强度下降难度加大，空气质量达标形势不容乐观。二是水环境形势依然严峻。城镇污水集中处理设施建设和运行管理存在不少薄弱环节，生活污水收集处理率提高难度大；河流水环境容量较小，引水活水机制不健全；湖泊富营养化下降

趋势尚不明显。2015年，常州单位GDP化学需氧量排放强度、二氧化硫排放强度、氨氮排放强度、氮氧化物排放强度分别是0.7千克/万元、0.7千克/万元、0.11千克/万元、1.5千克/万元，虽然已达基本现代化指标要求，但其下降进入瓶颈阶段，进一步下降的空间越来越小；地表水好于Ⅲ类水质比例虽然达到74.3%，但保持这一水平的难度很大。

常州城市空间利用仍需优化。自改革开放以来，常州新增建设用地不断增加，其中居住用地占25%，工业用地占75%。但是新增的居住用地主要集中在中心城区、县城区及城镇连片建成区，区域分布不尽合理。同时，小城镇的建设用地指标非常有限，严重影响小城镇城镇化的进程。《常州市土地利用总体规划（2006~2020年）》划定：全市基本农田保护面积为222.31万亩，其中金坛市61.28万亩、溧阳市91.33万亩、武进区60.75万亩、新北区8.95万亩。区县中的基本农田保护面积基本上是由小城镇承担，严重影响到小城镇城镇化的发展空间。

常州区域生态承载力有待增强，环境约束形势严峻，生态环境修复和质量改善有待加强。大气治理压力依旧。2014年，随着江苏省政府转发国务院"大气十条"以及省政府出台九项措施和八项要求，江苏省大气治理工作力度得到进一步强化，空气治理工作取得了一定的成效。江苏省及苏南空气质量达到二级标准天数的比例分别达到64.2%、60.5%，比2014年分别提高3.9个百分点、3.5个百分点，但是离80%的目标还有一定差距；苏南五市该指标的实现值均不高，镇江最高，为65.9%，南京最低，为51.6%，且南京较2014年有所下降。水污染治理和水质改善工作也任重道远。苏南五市该指标的实现值也不高，常州最高，达到68.6%，部分城市河道整治成效甚微，尚未从根本上解决问题。主要污染物减排压力不容忽视。2014年，常州的单位GDP二氧化硫排放强度达到现代化目标值，但是单位GDP氮氧化物排放强度未达标，常州这一指标的实现程度处于80%~90%。

第五节　推进常州产城融合的对策

"十三五"期间，常州市委、市政府将继续坚持"先行先试、高端引领、示范带动、统筹兼顾"的总体原则，全面落实"五位一体"总体布局,全力加快建设自主创新示范区、现代产业集聚区、城乡发展一体化先行区、开放合作引领区、富裕文明宜居区,不断推进常州产城融合工作。这需要开展以下几方面的工作。

一 注重统筹推进,完善产城融合机制

常州仍然需要进一步完善产城融合规划体系,统一指导和引导地级城市、县城(县级市)、集镇制订多层次产城融合规划体系。科学的城镇产城融合规划强调产业园区和城区的产业衔接、空间布局优化、社会文化建设、社区转型、生态建设、绿色交通、绿色市政和智慧发展等要素协同发展。常州应严格按照"多规合一"要求下的产城融合总体规划,引导优化未来的人口分布、产业布局、土地利用和城镇格局。

加强区域统筹、市级层面的整体统筹,既要优化全市的功能布局和产业布局,也要促进市区、开发区、城镇、乡村之间的功能互补和融合。加强资源统筹,创新财政资金、人口集聚、项目招引、土地管理等工作方式方法,促进集约高效发展。重点围绕"构建人口自由流动与有效集聚机制""强化产业发展推进机制""创新财税金融服务机制""深化土地制度改革""严格生态保护制度""健全空间优化管理机制"6个方面的机制创新重点任务,先行先试、敢闯敢试,完善、制定、出台一系列配套管用的政策措施,促进管理运行科学有序、资源配置开放高效、产业推进联动协作、投资建设多方参与。

常州应积极健全体制机制建设,从而完善产城融合机制。比如,在城乡一体化建设方面,需要深化农村集体产权制度改革,规范完善村民自治组织和农村集体经济组织运行机制;进一步健全农业支持保护制度,建立财政支持现代农业长效机制;创新农村金融产品和服务方式,推进农村产权抵押融资试点工作,积极推广"金农贷""富农贷"等融资服务产品,开展扩大农业有效担保物试点,探索农业贷款信用评定、正向激励和风险补偿机制;健全城乡发展一体化体制机制,推进向中心镇赋权工作,优化镇内设机构设置。[1]

---

[1] 常州市委农工办:《城乡一体化推进工作情况汇报》。

二 优化产业结构，奠定产城融合好的产业基础

《苏南现代化建设示范区规划》提出了优化产业结构的目标，围绕打造现代服务业高地和大力发展战略性新兴产业、先进制造业两大任务，对推动产业集聚发展做出了规划。建议省级层面加强产业布局协调，按照规划支持常州打造国家智能制造装备、先进碳材料产业集聚区。

坚持创新驱动，推进自主创新先导区建设，为产业布局和产业机构调整做准备。进一步增强企业创新主体地位，增强园区创新载体能力，提升国际化创新水平。深入落实创新政策试点、创新研发组织建设、创新创业人才改革、科技金融合作等改革举措，优化常州创新环境。加快完善科技要素市场，建立科技管理平台，优化区域创新布局，着力消除科技创新的体制机制障碍。积极完善创新创业生态系统，继续推进"创业常州"行动，支持众创空间建设，提升创新创业服务，打造创业高地。加快实施高水平创新型园区建设、高附加值创新型产业集群发展和高成长性创新型企业培育等行动计划，推进江苏智能装备产业技术中心、中科院遗传资源研发中心（南方）等载体建设，更好地服务于产业和企业创新需求。

以产城融合为目标，优化产业布局。按照"存量优化、增量向城市集聚"的原则，优化既有产业布局，推动增量产业向城市集聚发展。一是调整撤并现有发展不力、远离城市的产业园区，采取有力措施引导园区企业向基础好、集聚效应强、城镇化促进效应大的园区集中。二是加强产业园区与城市的产业对接，强化分工协作关系，产业对接包括产业内对接、跨产业对接。三是合理选择适应产业园区与城市现有基础与条件的主导产业并加以扶持，不断完善产业链，围绕产业链着重发展链条上游、下游环节，实现研发、生产、营销环节在城市与产业园区之间的合理布局。四是对于污染较重的产业，主要采取发展卫星城的思路进行布局规划和布局调整。同时做好制度创新，加快构建创新驱动发展的体制机制，如创新空间规划、创新土地政策、创新户籍制度等。这需要强化创新引领，集聚创新资源，发挥市场和政府的双重作用，引导创新要素向示范区集聚；释放创新活力，强化市场导向，激发企业及科技人才的创造能力；优化创新生态，促进区域创新一体化布局，加强科技资源整合和开放共享，发挥各自优势，提高区域综合竞争能力。

坚持转型升级，推进现代产业集聚区建设。以提升产业竞争力为方向，全面推动先进制造业、现代服务业和现代农业发展。在工业领域，围绕建设全国一流的智能制造名城和打造"工业明星城市"升级版的目标，深入推进"三位一体"工业经济转型升级战略，实施"中国制造2025"常州行动纲要。更大力度加快传统产业改造升级，引导企业加快技术升级、设备更新，进行绿色低碳发展。加快创新型企业培育力度，努力形成创新型领军企业、科技型上市培育企业和高新技术企业集群。在服务业领域，牢牢把握供给侧结构性改革、产城融合、居民消费升级的机遇，加快提升现代服务业集聚区发展水平，壮大一批服务业领军企业，打造服务业知名品牌。在现代农业领域，进一步强化农业生产、生活、生态多元功能，加快构建现代农业产业体系、生产体系、经营体系，全力建设国家现代农业示范区。

三 推动区域协调发展，推动产城融合的多样态化

《苏南现代化建设示范区规划》提出了推动有条件的省级开发区升级为国家级开发区。目前，常州只有武进、新北两个国家级高新区，在国家级经济开发区方面还是空白。常州支持常州经开区、溧阳经开区、金坛经开区等省级开发区进一步提档升级，为现代化建设提供新的动力。

区域协调发展是未来区域经济发展的趋势和方向，但是地方在推进区域协调发展方面面临诸多困难，苏南地区在跨市乃至跨省区域合作方面加强协调和指导，支持溧阳苏皖合作示范区建设、苏南丘陵山区综合开发、锡常泰跨江联动发展等，通过区域全方位合作更好地发挥苏南现代化建设的示范引领作用。

坚持协调发展，推进城乡一体化先行区建设。按照城市主体功能布局，引导城镇、产业和生态布局协调均衡。建设"一纵三横"城镇产业发展轴，增强常州主城集聚力和辐射力，努力将金坛发展为常州副中心城市，将溧阳建设为宁杭发展带副中心城市。进一步完善城乡功能品质，加快构建安全、便捷、高效、绿色的现代综合立体交通体系，清洁低碳、智能高效、多层互补的能源输配体系，安全有效的公共设施服务体系，并有序推进城市地下综合管廊、海绵城市和新一代信息基础设施等重大市政工程建设。继续优化镇村布局，完善农村居住、生产、生态、文化等功能，

推进村域道路、供水、供气、污水管网等基础设施建设。全面推进新型农村社区管理体系建设，发展有历史记忆、地域特色、民俗特点的乡村文化，因地制宜推进村庄特色化发展。

坚持开放引领，推进开放合作引领区建设。继续通过引进国际企业、拓宽开放领域、共建合作园区、引进国际人才等举措，推进企业、产业、园区、人才的国际化。积极参与"一带一路"建设，支持企业开展或参与境外重大基础设施和工程项目承包建设，推动钢铁、化工、建材等富余产能"走出去"。主动加强与上海的对接融合，承接上海自贸区和"四个中心"建设的功能辐射和产业转移。大力推进跨江联动发展，在过江通道、城际铁路、港口发展、产业园区、生态环境等方面加强合作，支持江苏中轴崛起。

坚持绿色共享，推进富余文明宜居区建设。实施环境总量和质量双管控，组织实施山水村田湖修复、主城区重污染源搬迁、煤总量控制、工业企业排放达标、农业污染综合治理、重点大气污染源超低排放等工程，全力加强生态文明制度建设。积极开展历史文化保护、传承和发展行动，组织建设一批文化工程，加强文化精品创作生产，构建现代公共文化服务体系。深入实施收入倍增计划，从优化收入分配结构、拓宽居民增收渠道、增加农民收入等方面，千方百计增加居民收入。大力推进新一轮茅山老区"百千万"帮扶工程、农村低收入人口精准扶贫工程，加快形成经济薄弱地区和农村低收入群体增收脱贫长效机制。

四　以人为本，需要导向，拓展公共服务新领域

党的十六届六中全会通过的《中共中央关于构建社会主义和谐社会若干重大问题的决定》以及党的十七大报告，均把基本公共服务均等化放在了重要位置，明确了促进基本公共服务均等化的方向和任务。基本公共服务均等化是建设社会主义和谐社会的基本要求，对缩小区域和城乡发展差距、促进社会公平公正、维护社会和谐安定、确保人民共享发展成果都具有重大的政治和经济意义。

常州十分注重实现基本公共服务均等化。以卫生服务为例，常州依托社区，积极提升城市社区卫生服务水平。近年来，常州按照"保基本、强基层、建机制"的总体要求，以深化医药卫生体制改革为契机，以实施卫

生惠民工程为着力点，坚持政府主导，强化责任落实，加强体系建设，完善运行机制，努力提升社区卫生服务水平。卫生服务工作虽然取得了积极的成效，但是还存在机构基础设施有待提升、人才队伍建设有待加强、家庭医生制度有待深化、分级诊疗模式尚未建立等问题。因此需要进一步科学规划布局、加强队伍建设、深化家庭医生制度、构建分级诊疗制度、巩固完善机构运行新机制。

在城乡公共服务推进方面，常州也做了积极的探索和规划。分权化背景下的事权与财权制度安排，使得基层地方政府的经济发展水平尤其是财政能力直接决定基本公共服务设施的供给水平，进而直接影响基本公共服务设施供给的均等化程度；基本公共服务设施在数量均等方面已经获得较大发展，尤其是在长江三角洲地区，但质量的均等化程度还远远不够。相比于数量，基本公共服务设施的质量是人民群众最为关心的问题，质量均等化实际上是基本公共服务设施均等化发展的最终目标；随着村、镇撤并工作的推进，集中化、规模化发展建设已经成为基本公共服务设施发展的总体方向，但由此带来的可达性问题是影响基本公共服务设施均等化发展，尤其是农村地区均等化发展的关键问题。而解决可达性这一问题的唯一出路就在于将基本公共服务设施的发展建设与城镇化的健康发展紧密结合起来。

五 构建全域生态体系，增加产城融合发展的空间利用

常州应该加强生态文明建设，提升现有产城融合水平。建设生态文明，增添产城融合发展新优势。构建全域生态体系，强化生态红线的刚性约束，严格控制开发强度，给自然留下更多修复空间，为子孙后代留下更多绿水青山。大力发展循环经济、推行绿色建筑，大幅提高经济绿色化程度，深入推进生态绿城和国家森林城市建设，进一步"增核""扩绿""连网"，打造一批有特色、有影响的生态建设精品工程，营造处处皆绿、人人可享的绿色生态生活空间。严格落实新《环保法》，多措并举铁腕执法，逐步实行领导干部造成生态受损终身追责制度，让保护者受益，让损害者受罚。

针对既有产业园区与城市融合发展水平不高的问题，常州应多管齐下，采取有针对性措施提升融合水平。一是加强基础设施条件建设，促进

产业园区与城市对接；二是延伸城市职能，建设公共服务平台；三是完善产业园区配套服务，使产业园区由单纯的生产区向功能齐备的城市新区转型，拓展城市空间；四是创新产城融合投融资体制机制，撬动社会资本参与产业园区建设。

提高城市密度，建设垂直城市。借鉴东京和香港模式，建设紧凑城市。在规划方面以核心产业为导向，围绕产业需求优化空间布局，在某些区域和建筑群中集中生产、服务与居住等大量功能，减少通勤压力，实现城市效率与生活品质的共同提高。推动都市圈或城市群产城融合。变革传统的规划层次，根据相互关系、功能定位、产业分工、动态演化趋势等因素，合理规划，形成中心城市、次中心城市、一般城市匹配，资源互补、产业关联、梯度发展的多层次都市圈；加快推动城市群城际轨道交通、高速公路、快速干线的无缝衔接和高效连通；推动跨区域社会保障制度的打通和公共服务的接轨。

推进生态人文创新型产城融合。遵循和谐、协调的产城融合观，高标准、高规格进行产城一体单元的规划、设计与建设，形成布局有序、协同配套的包括生产、生活、娱乐、健身、生态等功能在内的产城一体单元体系，促进城市与乡村融合，实现"产""城""人"与自然融合。适应城市、产业发展的科技需求，大力加强创新能力建设，打造创新型产城融合新城区。加强文化建设，围绕所在地特色文化，发展文化产业、建设各类文化载体和符号，提升产城融合区文化品位，实现文化与城市的融合，打造特色文化城市群。

第九章
苏州：城乡发展一体化实践

苏州紧紧抓住城乡发展一体化改革试点的重大机遇，坚持把解决农业农村农民问题作为全党各项工作的重中之重，采取有效措施大力推进城乡发展一体化，基本形成了以工促农、以城带乡、工农互惠、共同繁荣的城乡一体新局面。

第一节 城乡发展一体化的三个阶段

2008年9月，江苏省委、省政府批准苏州为全省唯一的城乡一体化发展综合配套改革试点市；2010年8月，国家发改委将苏州列为综合配套改革试点城市联系点；2011年12月，国家农业部将苏州列为全国农村改革试验区，要求苏州具体承担"城乡发展一体化改革"试验主题；2013年8月和2015年7月，农业部两次委托第三方对苏州农村改革试验区试点工作进行中期评估，苏州得到专家组的充分肯定和高度评价；2014年3月，苏州被国家发改委批准为综合改革试点市，重点推进城乡发展一体化综合改革试点。

苏州七年多的城乡发展一体化改革，按改革工作所围绕的重点内容，可大体上分为三个阶段。

第一阶段：2008年9月~2011年12月，苏州实施第一个城乡一体化"三年行动计划"。第一，提出五项具体任务，即五个"加快形成"：加快形成农民持续增收的长效机制，加快形成农村新型集体经济发展的动力机制，加快形成协调发展和构建和谐社会的制度环境，加快形成城乡公共服务均等化的运行体系，加快形成城乡一体化的行政管理体制。第二，提出八项改革目标,加快推进"八个一体化":城乡发展规划一体化,城乡资源配置一体化,城乡产业布局一体化,城乡基础设施建设一体化,城乡公共服务一体化,城乡创业就业一体化,城乡社会保障一体化,城乡社会管理一体化。第三,明确十项改革重点:建立土地资源增值收益共享机制,加快发展现代农业,完善农村"三大合作"改革,健全城乡统筹就业创业制度,提高农村社会保障水平,深化农村金融体制改革,加强农村生态文明建设,强化公共服务体系建设,构建统筹城乡基层党建工作新格局,推进农村行政管理体制改革。第四,强化六项工作抓手:加快推进农户向社区集中、承包耕地向规模经营集中、工业企业向园区集中的"三集中",不断优化城乡空间形态布局;加快实施以承包土地置换土地股份合作社股权、宅基地置换商品房、集体资产置换股份的"三置换",不断实现城乡土地资源合理配置;加快发展土地股份合作社、社区股份合作社、农民专业合作社、劳务合作社、富民合作社和合作联社等"三大合作"为代表的农民经济合作组织,不断推动农村集体经济发展壮大;加快落实城乡最低生活保障、养老保险和居民医疗保险的"三大并轨",不断完善城乡一体的社会保障机制体制;加快促进苏州的工业化、信息化、城镇化和农业现代化"四化"同步发展,补齐农业短腿,拉长农村短板,不断促进城乡要素双向流动;加快推进农村基础设施建设、城乡公共服务体系建设和美丽镇村建设,不断优化美化农村人居环境。

第二阶段:2012~2013年年底,苏州提前完成了江苏省政府下达的村庄整治任务,全面推进了美丽镇村建设。苏州对规划保留村庄,实施"六整治、六提升",即重点整治生活垃圾、生活污水、乱堆乱放和乱搭乱建、工业污染源、农业废弃物、农村河道,着力提升公共设施配套、绿化美化、饮用水安全保障、道路通达、建筑风貌特色化、村庄环境管理水平。对一般村庄(非规划保留村庄),实施"三整治、一保障",即整治生活垃圾、乱堆乱放和乱搭乱建、农村河道,保障农民生产生活条件。2013年,苏州开始按照"生活宜居、环境优美、设施配套、发展生产"的要求,积极推进美丽镇村建设,抓实抓好规划设计、资金筹措、工程施工、古村保护、产业匹配等环节,编制建设规划,细化区域功能定位,实施农村生活污水处理工程,启动农村生活垃圾分类处理工程,着力提升农村人居环境优化美化水平。

第三阶段：2014~2016年，实施第二个城乡一体化"三年行动计划"，加快推进"八大示范区"建设，即建设新型城镇化发展的示范区、共同富裕的示范区、"四化"同步发展的示范区、公共服务均等化的示范区、生态文明的示范区、和谐社会的示范区、土地节约集约利用的示范区与金融改革创新的示范区。

第二节 科学统筹城乡发展

苏州在推进城乡发展一体化改革进程中，以改善民生为目的、以改革创新为动力、以构建政策制度框架为平台、以优化配置资源为手段、以强化组织领导为保障，多措并举统筹推进城乡发展。

一 以创新体制机制为抓手

城乡发展一体化综合改革试点的关键，是在体制机制改革创新上敢为人先，寻求突破。苏州坚持创新体制机制，着力构建政策制度框架，最终将创新凝聚成为改革的强大推动力和牵引力。2011年以来，苏州市委、市政府1号文件连续四年均以城乡发展一体化为主题，明确改革重点，落实具体任务。在完成江苏省城乡一体化发展综合配套改革试点三年实施计划的基础上，又制订了国家城乡发展一体化综合改革试点三年实施计划，建立了强有力的领导决策体制、工作推进机制和挂钩联系制度，切实保障了城乡一体化改革发展有力有序推进。近年来，苏州又相继制定出台了推进农村土地使用制度创新、深化农村投融资制度改革、强化公共财政支农、建立农业保险和担保、统筹城乡就业社保、建立生态补偿机制、发展现代农业、壮大集体经济、深化股份合作改革、创新社会管理体制机制、规范农民安置房建设、机关部门挂钩帮扶薄弱村、"百村示范千村整治提升"、治理农村生活污水、建设农村产权交易中心、健全美丽村庄建设考评标准、推动现代农业建设迈上新台阶、建立职业农民社会保险补贴制度等130多项政策意见，有力增强了改革发展内生动力，有效推动了城乡一体化改革发展进程。

二 科学统筹城乡规划

城乡规划的衔接是统筹城乡发展的前提。传统城市规划只是以服务市区为主要任务，缺乏从城乡一体化的高度全面规划人口发展、土地利用、城镇村落布局、产业聚集、环境保护、生态涵养等，不仅约束了农村发展，而且限制了城市的发展。苏州重视规划在城乡发展一体化中的先导作用，推动城乡规划一体化全覆盖。

苏州科学统筹城乡规划的最早做法是"三个集中"。一是推进农村工业企业向园区集中。将以前村村点火、处处冒烟的农村分散工业企业向镇村工业园区集中，在集中的同时优化产业结构、提升产业层次、淘汰落后产业，提高投资密度和产出率。至2015年年底，工业企业向园区集中的比例达92%以上。二是推进承包耕地向规模经营集中。鼓励农户将承包耕地流转给经营大户或村集体，提高规模化经营和组织化水平。创新现代农业发展机制，积极落实优质粮油、花卉园艺、特种水产、生态林地为主的"四个百万亩"农业产业布局，建设永久性基本农田保护区，探索建立以土地股份合作制为基础的农业产业化园区和试验区，形成一批特色产业基地，加快推进现代农业园区化、合作化、农场化。至2015年年底，承包耕地实现规模经营比例达91%以上。三是推进农民居住向新型社区集中。按照现代社区型、集中居住型、整治改造型、生态环保型、古村保护型五种类型，把全市2.1万个自然村庄规划调整为具有一定规模或历史文化的村落1268个、新型集中居住点860个，提高农民居住集中度，促进中心镇和新市镇加快发展，目前已完成了1268个重点村庄和295个特色村庄的规划编制。至2015年年底，58%以上的农户集中居住，约有57.21万户、160万农民实现了居住地转移和身份转变，城镇化率接近80%，农村劳动力非农化转移率达到90%以上。

近年来，苏州先后出台了《苏州市村庄规划建设管理指导意见》《市区镇村布局规划》等文件，按照"多规融合"的要求，镇级按照城镇规划区、工业生产区、农业发展区、农民居住区和生态保护区五种功能进行分区规划。2015年，苏州市中心城区2015~2020年开发边界划定工作完成，划定按照"土地规划控制总量，城乡规划优化布局"原则，做到土地利用规划和城乡规划"两规合一"。"国土一张图"综合监管平台通过验收，将全市土地利用、土地规划、耕地保护、征地审批、供地审批、矿产资源、地质调查等基础数据全部纳入平台，布局合理、层次分明、功能明确、特色鲜明的城乡空间格局初步形成。

三 优化调整行政区划

城市相对农村具有更强的聚集力和辐射力，因而可以创造更高的效率、形成更高的劳动生产力，对一定区域范围的发展具有带动力。苏州是长三角地区的重要中心城市，把苏州这个中心城市建设好，提升中心城市的首位度，在推进苏州城镇化和城乡一体化中更好地发挥龙头作用，意义重大。

改革开放以来，苏州以保护古城、建设新城的思路建设中心城市。通过重新修编规划和调整行政区划，使中心城市空间规模不断扩大，中心城市面积由20世纪80年代初的150多平方公里拓展到目前的2700多平方公里，其中建成区面积由30多平方公里扩展到300多平方公里。城市形态在发展中不断变化调整。20世纪80年代，苏州在古城西建设新城区，形成古城和新城的"双城形态"。20世纪90年代，随着苏州高新技术产业开发区和苏州工业园区的建设，"古城居中、东园西区、一体两翼"的城市新形态形成。2001年，苏州撤销吴县市建立吴中区和相城区，在苏州城区规模进一步扩大的基础上，形成由平江区、沧浪区、金阊区组成的老城区和工业园区、苏州新区（高新技术产业开发区和虎丘区）、吴中区、相城区的"五区组团"城市新格局。近年来，苏州各区域积极推动转型升级和二次产业发展，按照城市规划加快推进城市建设，逐步形成各区域的建设发展特色；特别是在2012年吴江市撤市建区后，苏州进入了建设大城时代的新时期。苏州市委、市政府提出了"一核四城"的城市建设新的战略布局："一核"即以苏州古城为基础的老城区，平江、沧浪、金阊三区合并，建立姑苏区，同时建立苏州历史文化名城保护区，形成文化旅游、科技商贸和名城保护的新优势，更好地发挥苏州城市核心的引领作用；"四城"即城东的综合商贸城、城西的生态科技城、城南的太湖新城、城北的高铁新城。实施"一核四城"的战略布局，不仅是在"五区组团"基础上城市建设发展的新提升，而且可以大大促进城市区域功能提升，进一步提高中心城市首位度，增强中心城市产业聚集度、经济文化辐射力和综合竞争力，更好地发挥中心城市在城乡一体化改革发展中的龙头作用。

强县扩权，优化县级城市发展环境，增强其发展实力。目前苏州4个县级市全部位居全国百强县前十，各县级市的城镇化率都超过75%。苏州经济发展的最大特点之一，就是张家港、常熟、昆山、太仓等几个县级市和苏州市区"六大经济板块"优势互补、良性互动，中心城区与县级城市之间形成共生共荣的关系，这与一些地区存在的城市之间层层吸纳资源与层层边缘化现象形成鲜明对比。

苏州还充分发挥小城镇沟通城乡、促进城乡一体化发展的独特作用。在规划的引导下，通过乡镇合并、区镇合一、强镇扩权，过去数量过多、规模过小、过于分散的小城镇发展格局呈现规模适度、合理布局、综合功能日益增强的趋势。苏州没有出现许多地区高速城镇化阶段城市对农村的过度剥夺、农村经济凋敝、生产力要素过度外流等现象，其中的主要原因是：大量发展活力充沛的小城镇，成了农村地区自下而上的要素集聚中心，避免了许多单中心城镇化地区出现的农村地区生产要素的过度外流现象；小城镇相对发达的基础设施和服务体系，使其成为城市资金、人才、技术等要素向农村扩散的平台；苏州的小城镇利用其优越的区位优势和积累的产业基础，八仙过海各显其能，通过兴建各类开发区，吸引了庞大的外来投资，更进一步增强了农村地区发展的活力。由此可见，数量众多且分布相对均衡的县城镇、中心镇、特色镇，成为城乡交流的纽带，成为苏州推行城乡基础设施和公共服务均等化供应的基础平台，在集聚人口和产业要素等方面发挥着巨大的作用，吸纳了全市半数的城镇人口和数量众多的外来人口，乡镇工业产值曾占据全市工业总产值的"半壁江山"。

苏州在快速城镇化阶段能在很大程度上避免出现城市人口过快膨胀带来的城市病，其原因就在于苏州在注重提高中心城市的首位度的同时，发展壮大县级城市，积极培育中心镇，从而形成大中小城市分工有序、优势互补的空间格局。苏州4个县级市和众多星罗棋布的小城镇长期承担了工业发展缓冲器和蓄水池的责任，减轻了中心城市的压力，使其得以"优雅"地发展。不仅如此，乡镇的工业小区还自觉承担起中心城市高等级开发区的配套、服务功能，使其得以实现向高层次产业的升级跨越。

四 加强城乡生态保护

苏州河湖纵横、湿地遍布的水乡景观，造就了独具特色的人居天堂。苏州人耐心呵护、精心雕琢着以水、绿、湿地为突出特色的地域生态系统，在推动城乡发展一体化过程中，牢固树立生态文明理念，把生态建设放在突出地位，把良好生态作为最大财富，把改善生态融入城乡经济社会发展全过程，建立了生态建设的长效机制，优化了城乡生态环境，使苏州的天更蓝、地更绿、水更清，在更高层次上促进了人与自然的和谐相处、协调发展。

苏州因水而秀美，面对工业化带来的环境危机，苏州以水环境治理为主要抓手，促使城市水环境治理的管理机构、人才、技术、资金、设施向农村延伸，加快城乡一体化的安全水利、生态水利、民生水利、现代水利及资源水利建设步伐，使苏州以"江南水乡"为本底的城乡人居环境特色与品位得到进一步提升。苏州在全国率先推行城乡统一饮用水水源、统一输水管网、城乡饮水同水同质，于2011年完全实现了城乡"一张网、一个价"一体化供水目标。苏州高度重视水环境质量的提升，坚持不懈地通过城乡河道综合整治、控源截污、生态修复等工程手段，配合创新的运营、监管、长效管理等机制，促使城乡水环境质量实现稳步提升。城市化地区加快城乡并网的污水配套管网建设，村庄集中地区加快小型污水处理设施建设，纯农业地区积极探索生态化处理方式，进一步提高农村地区污水处理水平。2011年，苏州集中式饮用水水源地水质实现100%达标，太湖、阳澄湖保护区农村生活污水处理率分别为78%和72%，其他农村地区生活污水处理率达到51%。苏州通过实行城乡水务一体化管理机制创新，将众多相关部门承担的水利管理职能划归到水务局，实现了城市与农村、地下水与地表水、水质与水量、供水与排水、用水与节水等涉水事务的一体化管理。

苏州把"绿色苏州"建设提升到经济社会可持续发展的战略高度，以森林公园、湿地公园、生态园、现代农业园区等为抓手，统筹推进生态绿化建设、森林资源保护、生态湿地恢复、林业产业发展等。加强沿江、沿湖、沿河、沿路等生态林网、经济林网建设，构建起一个布局合理、物种丰富、水绿相融、具有苏州特色的现代林业生态系统。全市森林资源总量从2003年的91.75万亩增加到2011年的183.25万亩，翻了一番，平均每年增加面积超过10万亩，陆地森林覆盖率由12.53%上升到25.03%。

在苏州这样的城镇密集地区，村庄是最为脆弱的，极易被现代城市文明所吞噬。从"十一五"开始，苏州就将村庄环境整治作为新农村建设工作的重点，把农村生活污水、生活垃圾、河道疏浚、畜禽粪便、农业面源污染作为整治重点，农村环境面貌发生了很大的改变。在村庄环境整治中，苏州充分尊重城镇和乡村在产业结构、功能形态、空间景观、社会文化等方面的差异，努力打造彰显江南水乡特色的乡村风貌。苏州在集中整治解决突出问题的同时，加快推进村庄设施维护、河道管护、绿化养护、垃圾收运等体制改革，使村庄环境管理逐步走上制度化轨道。

2014年5月，苏州"百村示范千村整治提升"三年行动计划正式实施，按照该行动计划，在2012年全面完成村庄环境整治和2013年探索美丽村庄示范点建设的基础上，根据镇村布局规划优化方案，按照城乡基础设施和公共服务均等化目标，努力打造100个美丽村庄示范点，提升1000多个保留村庄的康居建设水平，并与保护和发展"四个百万亩"相结合，加大土地流转和农田整治力度，整合乡村土地资源，有效培育发展乡村旅游、传统工艺、特色种养等特色产业，努力形成"一村一品""一村一业"的村庄特色，进一步提升村庄品位和发展活力，为促进农业发展、农民富裕和农村繁荣奠定坚实基础。

美丽村庄建设成效明显。在相城区阳澄湖生态休闲旅游度假区澄林路沿线，农房外立面、路面等整饬一新，100多家渔家乐招牌醒目，与道路另一侧的阳澄湖美景相得益彰。整个阳澄湖生态休闲旅游度假区实现了村庄环境整治提升全覆盖。截至2015年，相城区全区创建了36个市级美丽村庄示范点和三星级康居乡村，经过三年打造，该区镇村面貌焕然一新，村庄环境深受百姓好评。同时，美丽村庄建设还带动了农村产业发展。

农村生活污水治理也好，同步开展的美丽镇村建设也罢，所有的努力，都只是为了让苏州农村更美丽。

第三节　协调推进城乡产业发展

推动城乡发展一体化，必须统筹城乡产业发展，按照三次产业协调发展的原则，着力形成城乡产业分工合理、生产要素和资源优势得到充分发挥的产业发展格局，走城乡经济发展融合之路。

一　以农业现代化带动农村现代化

发展现代农业是统筹城乡产业发展的重要内容。伴随着工业化、城镇化的快速推进，苏州农业赖以生存的土地资源大幅减少，农业在国内生产总值中占的比重越来越低，粮食等一些重要农产品对外部市场的依赖越来越高，农民收入增长越来越依靠非农产业。2011年，苏州农业在GDP中的比重已降到2.2%。在工业化、城镇化快速发展的同时，苏州把现代农业作为不可替代基础产业、苏州率先基本实现现代化的重要内容，按照城乡统筹改革发展新要求，强化现代农业发展的科技支撑和物质装备条件，全面提升农业的科技化、信息化水平，拓展现代农业的发展空间和功能，优化现代农业发展的制度环境，加快落实以百万亩优质粮油、百万亩高效园艺、百万亩生态林地、百万亩特色水产为主要内容的"四个百万亩"产业布局，强化推进"接二连三"，大力发展农业加工业和农产品现代营销，不断延伸农业产业链，提升农产品附加值和产出效益，加快推进农业向集约化、高效化和规模化转型，成功走出一条具有苏州特色的现代农业发展之路。2015年年底，全年新增高标准农田面积为5330公顷，高标准农田比重达到68.5%；设施农（渔）业面积46800公顷；现代农业园区总面积70600公顷；农业综合机械化水平达88%，农业现代化综合指数连续五年居江苏省首位。

苏州现代农业发展的经验表明，在工业化、城镇化快速发展过程中，农业的基本功能应该不断得到扩展和深化，农业不仅为我们提供所需的农产品和就业，而且提供良好的生态系统，具备生活、教育和文化载体等多样化的功能。经济发展水平越高，社会越进步，农业功能的多样化趋势越明显，农业将愈益起到不可替代的作用。苏州不断强化和拓展农业功能定位，建立永久性农业发展区，从2005年开始基本农田保有率一直保持在100%。突出农业生产、生态、生活等多样化功能，大力发展有机农业、生态农业、绿色农业，在发挥农业食品保障、原料供给、就业增收等功能的同时，更加注重生态保护、观光休闲、文化传承等功能，传承和展现江南鱼米之乡、优美田园风光，实现了农业经济效益、社会效益、生态效益的有机统一，为整个经济社会全面协调可持续发展提供了可靠的保障。

苏州发展现代农业的重要经验是，在工业化、城镇化达到相当程度后，必须由农业支持工业、为工业提供积累转向工业反哺农业，加强对农业的保护和支持，健全工业反哺农业的政策保障机制。一是强化财政投入，增加对农业基础设施投入力度，对农业科技、农业技术推广、农产品质量安全以及农业服务体系建设等加大支持力度,对农业龙头企业和农业专业合作组织加大扶持力度。近年来,苏州在财政支农方法上不断创新,整合资金并行切块下达,对重点区域、重点方向、重点项目重点支持,促进简化扶持资金拨付程序,畅通拨付渠道,禁止人为设堵。二是加大以生态补偿为主的政策补贴力度。在积极落实国家粮食直补、农资增支综合补贴、良种补贴、农机购置补贴等惠农政策的同时,以基本农田、水源地和重要生态湿地、生态公益林为生态补偿重点,通过财政转移支付,对因保护和恢复生态环境及其功能,经济发展受到限制的地区给予经济补偿。三是扶持新型农业规模经营主体。张家港市从2006年开始,对流转土地按每年每亩300元给予补贴,补贴标准逐年增加,昆山市的补贴标准达到每亩400元,其他市区也都出台了相关的扶持政策。四是创新农业投融资体系。苏州注重培育适应"三农"发展需要的各类新型金融组织,积极探索政策性保险金融对农业发展的支持力度,加强财税政策与农村金融政策的有效衔接,充分发挥财政资金的导向功能,有效引导外商资本、民间资本、工商资本等多渠道、多形式、多层次筹集农业建设资金,引导更多信贷资金和社会资金投向"三农"。

二 协同推进城镇化和新农村建设

农村的发展离不开城市的辐射和带动,城市的发展也离不开农村的促进和支持。推动城乡发展一体化,必须使城市和农村紧密地联系起来,实现城镇化与新农村建设"双轮驱动",在吸纳更多农村人口进城落户定居的基础上,增强乡村地区的活力,让留在农村的人口安居乐业,做到进城和留乡各得其所,促进城乡协调发展和共同繁荣。苏州打破"城市中心主义"的发展理念,按照"生产发展、生活宽裕、乡风文明、村容整洁、管理民主"的要求,统筹规划城市和农村建设,调整优化工业与农业、城镇与农村的空间布局,科学确定城市发展区、永久性农业发展区和生态保护区,加强农村基础设施建设,加大农村环境整治力度,改善农村人居环境,在空间形态上使城镇更像城镇、农村更像农村,农村既保持鱼米之乡优美的田园风光,又呈现先进和谐的现代文明。

努力打造彰显江南水乡特色的乡村风貌。长期以来,苏州100多万户农民分散居住在2万多个自然村,村镇缺乏统一规划,村庄布局零星散乱。

农民住宅过于分散，不仅造成了土地资源的浪费，而且增加了基础设施建设和配套的成本，加大了农村环境卫生及治安管理的难度。无论从改善农村人居环境、提高农民生活质量，还是从节约资源、顺应基本现代化要求来说，都应该积极推进农民居住适当集中。苏州坚持分类指导，本着既要适度集中又要方便群众生产生活的原则，加快镇村合理布局与建设。对于工业规划区、城镇规划区，加快改造步伐，建设与城镇建筑风格相融合的新型社区。对于农业发展区、生态保护区，加强环境综合整治，建设具有江南水乡特色、适合生产和人居的新型村庄。积极引导分散居住农户、新建翻建农户向城镇及其周边地区的新型社区集中，提高城镇人口集聚水平和资源利用效率。同时，注重保护具有历史文化遗产和水乡特色的村庄，避免村庄在建设中被破坏和灭失。通过上述措施，苏州避免了"千村一面"的现象出现，涌现出一批基础设施配套、产业特色鲜明、生态环境优美、农民生活富裕的示范村。

创新农业经营体制和集体经济产权制度。苏州在整治村容村貌、改善农村生产生活条件的同时，注重改革创新，为农村增添内生动力。苏州在稳定和完善农村基本经营制度的基础上，以包括农民专业合作社、社区股份合作社和土地股份合作社三种基本类型在内的农村"三大合作"改革为抓手，把农村分散的资源、技术和资金等各类要素进行有效整合，引导农民走向新的合作和联合，让农民成为股东，对集体资产、土地等生产要素的产权归属、配置使用和收益分配关系进行一系列创新。这符合党的十八大提出的"发展农民专业合作和股份合作"的精神，在促进农民增收、发展壮大新型集体经济、促进农民共同富裕中发挥着越来越重要的作用，为农业农村发展增添了新活力，为"苏南模式"赋予了新的内涵。

苏州发展农民专业合作社，带领农民开展专业化、标准化生产经营，农民专业合作社起到了组织农民、落实政策、对接市场等作用，提升了农民的市场竞争能力，让农民更多地分享了农产品加工和流通领域的利润。近年来，为适应市场竞争的需要，苏州引导农民专业合作社联合发展、抱团进城，既打通了农产品销售渠道，增强了合作社的营销能力，又减少了农产品流通中间环节，降低了农产品流通成本，增加了合作社收益，有利于促进农民持续增收。苏州经验表明，扶持农民专业合作社，就是加强统一经营和服务，就是扶持农业和农民。

发展各类农村股份合作组织，让农民成为股东，是苏州"三农"工作的重要创新。一类是土地股份合作，就是引导农民把依法取得的土地承包经营权转化为长期股权，通过直接经营、参股经营或租赁经营等方式，获得收益并按股分配的一种土地经营制度的创新。至2015年年底，全市累计已成立土地股份合作社744家，入股面积为121万亩，占农民承包土地面积的56%，占全市农地流转总面积的61%。另一类是社区股份合作，就是将村级集体经营性净资产折股量化给本集体经济组织的成员，通过明晰集体经济的产权，完善集体收益的分配方式。早在2001年，吴中区就率先在金星村组建了江苏省第一家农村社区股份合作社，2010年，金星村社区股份合作社农民人均分红为10180元，户均为2.7万元。截至2011年年底，苏州已累计成立社区股份合作社1243个，入社农户为111.7万户，经营性净资产为249.6亿元。在组建社区股份合作社量化集体资产的基础上，苏州又引导农民以现金出资，通过增资扩股，组建富民合作社。富民合作社主要利用集体非农建设用地，建造标准厂房等物业设施，取得出租收益，实现按股分红。从2001年年初昆山陆家镇成立全市第一家富民合作社起，经过不断总结推广、发展和完善，富民合作社已遍地开花，成为促进农民持续增收的重要载体。截至2011年年底，全市已成立富民合作社339家，股金总额为34.4亿元，涉及农户9.3万余户，占全市农户总数的8.1%，当年分红总额31950万元。苏州富民合作社与国际上以获取投资性收益为特征的"新一代合作社"的运作机理是完全一样的。近年来，苏州出现了一些以乡镇为单位组建的大型富民合作联社或实体，2012年2月成立的苏州工业园区唯亭富民集团公司，总资本达19亿元。富民合作社呈现出联合、抱团发展的趋势。

作为我国经济最发达的地区之一，苏州在快速工业化、城镇化过程中，通过引导农民发展股份合作，特别是盘活存量建设用地，落实集体留用地政策，在城镇规划区或经济开发区为股份合作经济预留非农建设用地，扶持农民股份合作组织介入农村集体经营性建设用地开发，按规划要求集中开发，统筹建设集贸市场、标准厂房、集宿楼、仓储物流设施、第三产业经营用房等一些效益好、见效快的投资性物业项目，让农民更多地分享土地增值收益，不仅确保了集体资产的保值增值，促进了村级集体经济不断壮大发展，而且开辟了农民增加投资性收入、财产性收入的新渠道。2005年以来，苏州村级集体经济收入始终保持两位数以上增长。2011年，全市农村集体经济总量达1050亿元，村均集体收入突破500万元，村村收入超过百万元，在江苏省处于领先水平。全市一半以上的村净资产超过千万元，其中36个村净资产超过亿元，有180个村级单位收入超过千万元，占13.12%，其中11个村级集体收入超过5000万元。村级集体在快速发展的同时，收入结构进一步优化。2011年，资产资源租赁收入已占到村级集体收入的60%以上，成为村级集体经济收入的主要来源，以财产性、物业性收入为主的稳定性收入已占到村级集体总收入的76%。集体经济实力的壮大，为苏州城乡发展一体化提供了巨额、持续的资金来源。苏州农民收入的约1/3来自财产性和投资性收入，这与各种股份合作组织发展形成气候、多数农民持股有直接关系。苏州经验表明，在工业化、城镇化过程中给农民留一份土地，让农村股份合作经济组织有一份土地发展物业经济，让农民更多地分享土地增值的收益，是增强农村自身发展实力的重要手段。

以下两个案例很好地说明了苏州"三化"与"三农"融合互动的成功经验。

案例一：昆山市锦溪镇长云村。该村是一个纯农业村，无论是村庄规模，还是村级实力，在苏州农村都排不上号。但2012年以来，一场农业发展方式的创新实践，让长云村名声大噪。长云村以前拥有鱼塘1500亩、耕地1000亩，但由于诸多原因，曾经有很多土地抛荒、转租转包现象。2012年，该村土地股份合作社开始探索创新经营模式，决定通过退塘还田，走集体化的经营道路，并通过包工定产的方式调动种田者积极性。通过几年的实际操作，长云村股份合作社规模经营给村级集体带来了不少的收入，村级集体收入2012年为268.94万元，到2015年村级集体收入为930多万元，可支配收入为630多万元。老百姓在土地流转上获得了收入，每亩土地流转费目前已达1050元，同时一些五六十岁的人员参加示范方农业劳动，每月按时领取工资，贴补家用。2016年，该村通过进一步优化产业布局、发展乡村旅游等，实现村级集体收入超千万元。长云村的实践是苏州创新农业经营方式，促进农业增效、农民增收的一个缩影。

案例二：吴中区东山镇杨湾村西巷自然村。在2016年清明小长假期间，西巷自然村的民宿——"西巷栖居"生意火爆，一期的3栋楼9个房间在假期半个月前就被订光了，清明三天全部住满。据悉，这里的房价并不便宜，分为980元、1180元和1380元三种规格，但依旧一房难求。2014年，吴中区以东山镇西巷自然村为试点，成立农房专业合作社，以租赁的形式把民房改造成民宿，费用均由村里承担，民宿由台湾专业团队打造。民宿是近年来苏州农村涌现出的一个新业态，有利于增加农民收入、增强城里人的休闲体验、传承农村文化。打造民宿最关键的是要让农民增收致富。农民通过一套三四百平方米的农房入股合作社，每年能获得分红3万~5万元；三年后，合作社根据经营情况，每年还会发放不低于5%的二次分红。事实上，民宿增加农民收入只是一方面，带动地方产业经济是其更高一层的目标。

2014年，苏州建立了农村产权交易中心，按照确权、赋能、还利于民的总体目标，深入推进农村集体资产股权固化和"政经分离"改革试点。截至2015年，全市社区股份合作社股权固化改革试点村（社区）累计达到777个，"政经分离"改革试点村（社区）累计建成158个，新增的农村"三大合作"经济组织为123家，累计达到4535家，加强了农村集体资产监督管理，各类合作经济组织实现分红超过40亿元，巩固提升了新型合作经济组织的发展水平。

第四节 协调推进城乡社会事业与社会治理

苏州在城乡一体化改革中，高度重视城乡基础设施的一体化建设。坚持"城乡共建、城乡联网、城乡共享"的原则，积极推进城镇基础设施向农村延伸，重点推进城乡道路、供水和污水管网等公用设施的城乡一体化"无缝对接"，统筹推进城乡道路、水利、电力、电信、环保、信息化等基础设施建设，促进城乡基础设施共建共享，形成城乡基础设施一体化建设的格局。

一 统筹城乡社会事业发展

苏州在推进城乡发展一体化过程中，逐步打破了公共服务体制城乡"二元"分割状态，构建了城乡一体、普惠均等的基本公共服务制度。以教育为例，苏州统筹发展学前教育、义务教育、高中阶段教育，促进城乡学校做到统一管理体制、统一规划布局、统一办学标准、统一办学经费、统一教师配置、统一办学水平"六个统一",实现城乡学校"六个一个样",即学校校园环境一样美、教学设施一样全、公用经费一样多、教师素质一样好、管理水平一样高、学生个性一样得到弘扬。"六个统一"的教育体制极大地提升了教育的公平性。

城乡社会保障是社会公平的均衡器。整合"碎片化"的社会保障体系,建立健全城乡一体、衔接良好的社会保障体系,是城乡一体化改革的难点所在。苏州积极探索创新,注重社会公平,突破城乡居民身份界限和制度壁垒,构建"三大并轨"的社会保障体系,实现了城乡社保"制度合一"。

从2003年起,苏州就在全国率先进行了建立农村社会保障体系的探索,对务农人员参保缴费实行财政补贴制度,县级市(区)和镇级财政补贴50%~60%,打破了原先主要以个人缴费为主的筹资方式,从而激发了广大农民参保积极性。2009年开展城乡一体化发展试点后,苏州加快推进各项社会保障的制度整合。在最低生活保障方面,2011年,苏州率先在江苏省乃至全国实行城乡低保标准并轨。在医疗保险方面,2003年,苏州就从制度设计上将进入乡镇、村各类企业务工并与之建立劳动关系的农村劳动力,全部纳入城镇职工医疗保险体系,2009年开展城乡发展一体化试点后,加快将城乡各类企业务工的非农就业的农民工全部纳入城镇企业职工医疗保险的步伐。在建立城镇居民医疗保险和农村新型合作医疗保险的基础上,苏州按照城乡统一的居民基本医疗保险制度框架,加快推进农村新型合作医疗与城乡居民医疗保险并轨步伐,努力实现城乡居民医疗保险政策制度一体化、待遇水平一体化、经办管理一体化以及医疗救助一体化。到2011年年末,苏州在实现了社会医疗保险制度城乡居民全覆盖的基础上,全部完成了五市七区新型农村合作医疗向城乡居民社会医疗保险转轨,建立了比较完善的一个体系两种制度并存的格局,即覆盖城乡全体社会成员的职工医疗保险、居民医疗保险和社会医疗救助"三位一体"的社会医疗保障体系,城镇职工医疗保险制度和城乡居民医疗保险制度并存发展,除常熟仍由卫生部门管理外,其余均纳入人力资源和社会保障部门统一管理,农村居民与城镇居民享受同等医疗保险待遇。在社会养老保障方面,苏州制定了农村和城镇基本养老保险关系转移接续办法,通过积极的财政补贴政策引导农村居民参加城乡居民养老保险，对原参加本市农村养老保险的农村居民，按规定换算、转移后纳入城乡居民养老保险体系，实行统一的城乡居民养老保险。2012年，苏州全面完成了农村养老保障制度与城镇养老保障制度并轨，建立了比较完善的一个体系两种制度并存的格局，即覆盖全市城乡的统一的社会养老保险体系、城镇职工基本养老保险制度和城乡居民社会养老保险制度并存发展。苏州城乡社会保障"三大并轨"的探索在全国处在领先地位。

苏州在进行社会保障城乡一体化体系设计时，还充分考虑了城乡不同体制之间的无缝对接，积极探索城乡各项社会保障制度间的衔接和转换，从而使城乡居民无论处于何种状态，都能获得同制同权的社会保障，其个人权益都能获得认可和保障，从而为城乡居民共享经济与社会发展成果提供了通道，为其他地区提供了示范案例和有益经验。

促进城乡就业公共服务的均等化也是苏州近年城乡一体化改革力度较大的一块领域。就业是民生之本。推动城乡发展一体化，必须把农村劳动力就业纳入整个社会就业体系，逐步实现城乡劳动者就业政策统一、就业服务共享、就业机会公平和就业条件平等。在工业化、城镇化快速发展过程中，苏州农民就业创业渠道不断拓宽，农民收入结构发生根本性变化。全市近90%以上的农村劳动力实现稳定非农就业。2015年，全市农村常住居民人均工资性收入为15109元，人均工资性收入占农民人均纯收入的比重为59%。苏州在推进城乡一体化过程中，认真贯彻劳动者自主就业、市场调节就业、政府促进就业和鼓励创业的方针，不断优化城乡劳动力就业结构，拓宽就业创业渠道，积极探索建立城乡平等的就业制度。

第一，建立城乡一体的就业和失业管理制度。苏州将农村劳动力就业纳入整个社会就业管理体系，建立健全了城乡劳动力资源调查制度和就业、失业的界定标准体系，规范了就业和失业登记管理，完善了城乡一体的就业和失业管理制度。

第二，实行城乡统一的就业促进政策。给在劳动年龄内有就业愿望和就业能力的农村劳动力发放统一的就业登记证，鼓励各类培训机构为农民开展多层次、多形式职业培训，提供免费的职业介绍和职业培训服务。

第三，建立统一的城乡就业困难人员援助机制。苏州以创建充分就业社区和充分就业村为载体，以城镇零就业家庭、农村零转移贫困家庭等困难群体为重点，将城镇就业再就业援助优惠政策向农民延伸，援助就业困难的农村劳动力和被征地农民就业。给农村就业困难对象发放再就业优惠证，通过提供社保补贴鼓励用人单位吸纳农村就业困难人员。为通过初次技能鉴定的农村就业困难人员发放一次性职业技能鉴定补贴。拓宽公益性岗位的范围和规模，把农村"四保一协"（保洁、保绿、保通、保安和劳动保障协理员）的岗位纳入公益性岗位范畴，在公益性岗位优先安置农村零就业家庭人员等就业困难对象。积极发展劳务合作社，主要吸收被征地农民和有劳动能力、有就业愿望，但难以找到合适工作岗位的农村剩余劳动力，鼓励劳务合作社对外提供劳务、承接工程、参与社区服务等。

第四，充分发挥失业保险对预防失业、促进就业的保障作用。苏州开展扩大失业保险基金支出范围试点，从失业保险基金结余部分提取资金，用于职业介绍补贴、职业培训及技能鉴定补贴、社会保险补贴、就业岗位补贴以及小额担保贷款贴息等，进一步提高了失业保险基金使用效益。

第五，鼓励农民投资创业。苏州以被确定为首批国家级创建创业型城市为契机，制定了"政府推动创业，社会支持创业，市民自主创业"的方略和一系列优惠政策：降低个体工商户和小企业优惠门槛，给予创业引导性资金和租金补贴、税收优惠、融资信贷支持，给予引进的高层次创新创业人才优惠政策，给予有创业愿望人员免费创业培训，对成功创业人员实施社会保险补贴，对就业困难人员创业提供一次性创业补贴，建立创业服务体系等。营造了良好的城乡居民创业大环境。以本地特色产品为载体，鼓励通过结合区域经济特点开展"一镇一品"特色产业创业活动，发挥"一镇一品"的创业示范引领作用。随着农村家庭财富逐步积累和投资领域逐步拓宽，以房屋出租、股息与红利、土地经营权入股为主体的多元化收入成为农村居民财产性收入的主要来源。2011年，苏州农村居民家庭人均财产投资性收入为6480元，占农民收入的比重从2003年的不足5%迅速上升到37.6%。近年来，农民收入比重有所变化，农民工资性收入比重有所上升，而财产性收入比重有所下降，2015年，苏州农村常住居民人均工资性收入为15109元，同比增长8.1%，对可支配收入增长的贡献率为59.1%；人均经营净收入为5025元，同比增长9.5%，对可支配收入增长的贡献率为19.6%；人均财产净收入为2712元，同比增长9.9%，对可支配收入增长的贡献率为10.6%。

二 创新城乡社会治理机制

城乡一体化不仅体现为城乡产业结构和空间地域的变迁,而且是社会结构转型的过程。城乡之间愈加频繁的要素流动,尤其是本地农民的集中居住和大量外来流动人口的流入,给社会管理提出了新的课题。针对这些变化,苏州在完善城乡社会管理体制方面进行了有益的探索。

健全城乡社区管理体制,加强基层社区服务功能。社区是社会的有机组成部分,承担着繁重的提供社会管理服务和维护社会和谐稳定的任务,是社会管理体系的落脚点。为适应社区管理扁平化的趋势,苏州加快转变基层政府职能,完善社区管理体制,建立了以村(居)委会为主体、以社区管理服务站(综合服务中心)为平台、其他各类社会组织和社区居民广泛参与的新型社区管理体制。苏州把加强和创新社会管理同提高社区服务水平和服务质量紧密结合起来,把完善服务作为社区建设的根本任务,整合社区资源,按照功能完善、充满活力、作用明显、群众满意的要求,以社区服务中心为载体,建设以社区党员服务、养老服务、法律服务、就业服务、卫生医疗服务、困难群众帮扶服务等为内容的服务平台,构建"一站式""一条龙"的规范化服务体系,促进政府公共服务、居民志愿互助服务、商业性便民利民服务向社区覆盖,形成了"建设网络化、管理人性化、服务精细化、队伍专业化"的社区创新管理模式。

探索政社分开和"政社互动"的社会治理新机制。随着城乡一体化的发展,利益主体日益多元化,社会结构的内在变化呼唤政府和社会各归其位。必须改变社会是政府附属物的传统观念,明确政府与社会的边界,规范政府与社会的职能,促进社会各类角色的合理分化,让社会组织拥有其应有的社会地位,使其在协调利益关系、维护社会秩序和增进社会合作中发挥更大的作用。太仓在全国率先开始了"政社互动"的理论研究和实践探索。近几年来,通过试点和面上推广,太仓"政社互动"理念深入人心,实践充满活力。所谓"政社互动"是"政府行政管理与基层群众自治有效衔接和良性互动"的简称,其核心理念是社会主体平等尊重、多元主体合作共治。太仓的做法和经验是以规范行政权力、提升自治能力、解放社会活力为主要任务,通过梳理"两份清单"、签订"委托协议"、实施"双向评估"等基本程序,加快构建政府治理、社会自我调节和居民自治良性互动的社会治理新格局。2014年11月，苏州"政社互动"项目从24个入围项目中脱颖而出，获得第三届"中国法治政府奖"。在城乡一体化建设中必然会涌现出大量如"政社互动"始发地太仓城厢镇和双凤镇那样的新型社区，"政社互动"较好地实现了社会治理体系的重构，增强了政府的社会治理能力，也成功实现了政府治理方式的转型。

创新流动人口管理服务体制。苏州越来越显现出移民城市的鲜明特征，2015年的户籍人口为667万人，而登记的外来流动人口为698.1万人，与户籍人口形成了倒挂状态。许多外来流动人口在苏州扎下了根，成为名副其实的"新苏州人"。这些"新苏州人"为苏州的社会经济发展做出了重要贡献，与此同时，如何促进"新苏州人"融入苏州，这也给社会管理带来了挑战。2011年4月，苏州在江苏省率先实施流动人口居住证制度，实现了保障和服务的"一证通"，保障了流动人口办理居住证后能够在社会保障、医疗卫生、计生服务、子女就学、住房政策、职业介绍、法律援助等方面和本地市民享受同等待遇，促进了各级政府把公共服务和公共产品向流动人口延伸，惠及广大流动人口。2016年1月15日，苏州正式实施《苏州市流动人口积分管理计分标准》，积极开展流动人口基本公共卫生服务均等化试点，推动流动人口随迁子女平等接受义务教育，成为全国首个义务教育发展基本均衡市。

第五节 城乡发展一体化面临的问题和对策

一 苏州城乡发展一体化面临的问题

在总结苏州城乡发展一体化成绩的同时，我们也要清醒地看到，当前，苏州在改革工作推进过程中遇到了一些问题，主要体现在以下几个方面。

城乡发展形态、城镇空间体系需要进一步完善。"一核四城"多中心城市空间格局和功能已初步形成，但高水平的产城融合机制尚未建立，有待于进一步提升和完善。城镇体系结构需要进一步优化，中心城市、县级市和小城镇之间的功能联系和合理分工格局尚未形成，特别是"双基点"城镇化格局尚未建立，即中心城市和四个副中心城市要加强对先进生产要素的集聚，实施创新驱动，加快转型升级步伐，推动功能性城镇化的发展。以 50 个镇为主的就地城镇化发展需持续推进，以实现产业结构、就业结构、布局结构、社会结构向城镇化转型，农村人口的生产方式与生活方式达到城镇水平，形成区域的"城市性"。

缩小城乡差距任务仍然艰巨。2015 年，苏州城乡居民收入比缩小至 1.97∶1，但农民持续增收长效机制尚待进一步健全和完善，城乡要素平等交换和公共资源配置方面仍然存在制度性障碍，城乡交通及公共基础设施、公共服务供给尚有差距，农村教育、医疗和社会保障水平与城市相比仍有差距。

社会治理体制不适应城乡一体化快速发展。社会治理不适应工业化、城镇化快速发展及流动人口激增的形势。社会治理体制改革相对滞后，城乡公共服务需要加强，公共资源配置不够合理，人口服务管理水平有待提高，社会综合治理和社会管理创新能力需要加强。

城乡生态环境和可持续发展面临挑战。苏州巨大的经济总量布局在有限的地域空间中，人口和产业大量集聚使得社会经济发展与脆弱的生态环境承载能力之间的矛盾更加突出。能源消耗总量较大，节能减排任务繁重，经济转型压力加大。

公共服务供给能力面临挑战。随着苏州社会经济的不断发展以及城乡一体化的持续推进，人们对社会公共服务产品的需求逐渐进一步扩大，发展型政府社会公共服务产品供给能力的短缺逐渐凸显出来，这将制约新型城镇化和城乡一体化持续健康发展。因此，发展型政府向服务型政府的转型面临着进一步的压力。

土地利用方式需要进一步转变。随着经济社会不断发展，土地资源利用与发展的矛盾日益突出，苏州全市土地开发强度已经达到了 28%，比江苏省平均开发强度高出 7 个百分点；建设用地结构不合理，全市镇村建设用地占建设用地比重偏高；土地利用依然粗放低效；耕地和基本农田保护压力较大，基本农田、规划空间等土地要素破碎化现象严重，集中连片程度较低，保护质量有待提高。外延扩张式传统土地利用方式已经走到尽头，转变土地利用方式，节约集约用地势在必行。

二 进一步推进苏州城乡发展一体化的对策思路

"十三五"时期，是苏州率先全面建成小康社会的决胜阶段和积极探索开启基本实现现代化建设新征程的重要阶段。苏州应以人的城镇化为核心,加快推进国家新型城镇化综合试点工作,加快推进城乡一体化发展。

推进农业供给侧结构性改革。进一步优化"四个百万亩"空间布局。将高标准农田划为永久基本农田,统一上图入库,实行永久保护。稳定110万亩水稻种植面积,扩大优质品种覆盖面积。发展多种形式适度规模经营。大力培育家庭农场、专业大户、专业合作社、合作农场、农业龙头企业等协调发展的多元农业经营主体,鼓励有条件的地方组建村级集体合作农场。加快农业园区化发展战略,持续提升国家级、省级园区水平。加大新型职业农民培育力度,加快建成以中青年为主体、专业层次分明、年龄结构合理、技能领先实用的新型职业农民队伍。推动农业绿色发展,建立产地证明和质量安全追溯制度,实行农产品质量全程监管。促进三次产业融合发展,延伸产业链,打造供应链,形成全价值链,提升农产品附加值和农业综合效益。加快培育一批领军型、旗舰型农业龙头企业。发展农产品现代流通业态,推进市场流通体系与储运加工布局有机衔接。开展农户与农超、农企等的产销对接,大力发展休闲度假、创意农业、农耕体验、乡村手工艺等,培育一批精品线路、富美乡村。深化小型农田水利工程产权制度改革,创新运行管护机制。加强农机农艺融合,推进农业科技创新和推广转化。推进"互联网+"现代农业新业态。提升农业社会化服务水平,健全覆盖全程、综合配套、便捷高效的社会化服务体系。推进粮安工程建设步伐,完善粮食产后服务体系。扩大农业保险覆盖面,推广粮食、牲畜等大宗农产品保险,探索蔬菜、水产等领域的险种,降低农业种养风险。

深入拓展农民增收渠道。健全城乡一体化的职业培训补贴制度和就业援助制度。发挥创业投资、小额担保贷款以及创业孵化基地的作用,引导和扶持农民创业,充分发挥创业带动就业、促进增收的作用。制定大学生从事农业创业的扶持政策。支持农民领办农民合作社、组建家庭农场等,落实定向减税和普遍性降费政策。加大市(区)层面统筹配置资源力度,引导村级集体以镇(街道)为单位抱团、联合、异地发展,促进新型集体经济持续做大做强。加强农民合作社规范化建设,构建与农民更为紧密的利益联结机制,提高股份分红水平。大力发展农村劳务合作，支持有条件的地方引导农民利用闲置房屋组建民宿合作社，统筹规划、整合资源、特色发展，让农民共享增值收益。发展农村电子商务。通过政府与社会资本合作、贴息、基金投资等方式，带动社会资本投向农村新产业新业态。实施精准帮扶，扎实做好对全市低收入农户、贫困边缘农户和困难农村家庭的建档立卡工作，加大对低收入农户的社会保障投入和就业扶持力度，建立健全失业保险、社会救助与就业扶持的联动机制。支持金融机构发放农村创业小额担保贷款，向低收入家庭成员实施创业倾斜，并由财政给予贴息支持。鼓励有条件的地区采取集体配股、集体送股、以工代赈等办法，帮助低收入农户加入各类集体经济组织，实现脱贫致富。

持续推进美丽镇村建设。加大"百村示范千村整治提升"三年行动计划实施力度。鼓励有条件的地方整村推进三星级康居乡村建设，要求风景旅游区、现代农业示范区、环太湖和阳澄湖地区、高速公路沿线等周边村庄在2~3年内全面建成三星级康居乡村。完善村庄管理长效机制。重视被撤并镇改造提升，探索以产业为支撑、各具特色的美丽宜居小镇建设模式。选择若干个被撤并镇分类进行改造提升，统筹基础设施建设，完善配套公共服务，加强环境综合整治。继续推进农村生活污水治理，加大被撤并镇生活污水治理力度，确保到2017年全市农村生活污水处理率在80%以上。突出重点村、特色村先行，实施农村垃圾分类和资源化综合利用试点工作，实现试点村餐余垃圾、绿化垃圾、农业垃圾等可降解有机垃圾的就近堆肥处置。持续开展"绿色苏州"建设，加强森林资源保护，加大森林抚育力度，加快生态修复。推进农村绿化工程建设，加强湿地保护与恢复，加快推进农业面源污染治理示范区建设，实施化肥、农药"零增长"行动，开展规模畜禽场综合治理行动。开展农业废弃物转化利用，加快农村河道生态环境建设。

不断改善农村公共服务。加强农民安置房建设，确保到2017年年底基本解决已动迁农民住房安置问题。加强对农民安置小区、城乡接合部和城中村的管护治理。重视重点村、特色村更新改造，引导重点村、特色村农民自我更新农房。全面推进城乡大病保险制度，健全城乡医疗救助制度，完善社会保险待遇标准动态增长机制。提高普惠性民办义务教育学校的办学条件。完善"五位一体"养老服务保障体系，新建一批农村养老床位、日间照料中心、医务室等配套设施。推进"智慧农村"建设，完善农村社区服务中心功能，提升其服务水平。以建设法治型党组织为引领，推行综合网络化服务管理模式，促进乡村治理精细化。规范完善村民自治组织和农村集体经济组织运行机制，深化以村民会议、村民代表会议、议事协商、民主听证为主要形式的民主决策。持续落实经济薄弱村专项财政补贴政策，提高村级运转保障能力。建立农村社区减负增效长效机制。深入开展社会主义核心价值观和中国梦宣传教育，加强农村思想道德建设，推动核心价值观进村入户、融入生产生活和乡规民约，提高农民文明素质和农村社会文明程度，树立健康文明新风尚。

深化农村各项改革。推进农村集体资产收益分配权固化改革、农村土地承包经营权登记颁证等农村改革试点工作，特别是在完成村级集体资产收益分配权固化改革的基础上，继续深化改革，加快"政经分开"改革试点工作，开展公共服务财政承担机制。开展房地一体的农村集体建设用地和宅基地使用权确权登记颁证试点工作。完善农村集体资产清查登记、经营、招投标等各项制度建设。试点开展对农村集体建设用地、镇级农村集体资产的清产核资，划分镇级农村集体资产与国有资产，落实监管主体责任。出台关于加强镇级农村集体资产监督管理的实施意见，理顺农村集体资产监管体系。加快建成覆盖全市的信息化监管平台。加快构建市、县（区）、镇（街道）三级农村产权交易市场体系。按照"多规融合"的要求和"数质并举保耕地、多规融合优布局、节约集约促发展、城乡一体护权益"的理念编制实施"三优三保"专项规划。加快盘活闲置、低效存量建设用地，优化生产、生活、生态空间。在县（区）层面编制"一村二楼宇"项目总体规划，建设富民强村载体项目。进一步完善生态补偿政策，重点加大对公益林、湿地、水源地保护的补偿力度，加大生态补偿资金安排、使用考核力度，提升生态补偿资金使用成效，构建更加科学、合理的生态补偿评价体系。

加大对"三农"的投入，在强化保障上凝聚新合力。健全"三农"投入稳定增长机制，确保"三农"投入力度不减弱、总量有增加。推进涉农资金整合统筹，完善资金使用和项目管理办法。深入研究国家金融支持政策导向，充分发挥政策性银行、大型国有商业银行的主力作用，进一步做大做强城乡一体化基金、农业农村信贷担保。加快农村金融产品和服务创新，完善政策性农业保险。积极引导工商资本和社会资本投向农业农村，探索在农业农村基础设施建设中运用PPP模式。继续做好集体经济薄弱村挂钩帮扶工作，支持经济薄弱村联合建设物业载体项目，切实增强经济薄弱村和边缘村的"造血"功能。

第十章
镇江：生态文明建设

2013年3月8日，习近平总书记对出席十二届全国人大一次会议的江苏代表提出"让生态环境越来越好为建设美丽中国做贡献"的要求。2013年7月，江苏省委十二届五次全会对加强生态文明建设做出专门部署，会上印发了《中共江苏省委江苏省人民政府关于深入推进生态文明建设工程率先建成全国生态文明建设示范区的意见》和《省政府关于印发〈江苏省生态文明建设规划（2013~2022）〉的通知》，计划用十年左右时间，实现生态省建设目标，率先建成全国生态文明建设示范区，把江苏建成经济发达与生态宜居协调融合、都市风貌与田园风光相映生辉、人与自然和谐共生的美好家园。2014年12月，习近平总书记视察镇江时强调，保护生态环境、提高生态文明水平，是转方式、调结构、上台阶的重要内容。经济要上台阶，生态文明也要上台阶。

镇江是一个自然环境优美、山水资源丰富的生态宜居的城市，在生态文明建设方面有许多优势和基础条件。近年来，通过创建国家环保模范城市、园林城市、生态城市和人居环境奖等一系列活动，城市的生态环境状况明显好转，生态文明建设走在全国前列。

第一节 生态文明建设的主要做法

一 加快产业结构升级

镇江在生态文明建设实践中，通过产业结构优化调整、生态环境建设和环境综合整治措施的实施，资源能源利用效率明显提高，生态功能显著加强，生态安全得到可靠保障，人居环境得到明显改善，资源约束趋紧、环境污染严重、生态系统退化的问题得到解决，全市环境质量得到全面改善。

建设生态工业体系，大力发展低碳型新兴产业。镇江全面促进低碳型工业发展，建设了一批低碳示范试点，利用各种资金支持低碳技术研究与开发，加强对低碳技术开发的信贷支持，不断提高低碳产业自主创新能力，推动低碳经济发展。重点发展壮大符合低碳经济发展要求的高端装备制造、新材料、新能源、新一代信息技术、航空航天技术、生物技术与新医药等战略性新兴产业，并力图将高端装备制造、新材料、新能源、航空航天等新兴产业发展成为优势主导产业，促使其尽快形成爆发式新增长点；加快培育生物医药、节能环保和物联网等产业，使这些产业形成竞争优势。

积极发展生态农业，围绕特色农业，加快农业规模化、产业化发展。以精品农业为特色，重点发展优质粮油、特色园艺、特种养殖、高效林业、休闲农业五大特色农业产业。加快发展农业产业化龙头企业和专业合作经济组织，提高龙头企业科技创新能力，扩大龙头基地规模，在农产品优势区域，推广"龙头企业+合作社+基地+农户"的产业化发展模式，建设一批与加工企业相配套、示范效应大、标准化生产好以及带动面大的农产品原料基地，促进规模化、品牌化和外向化，推进产业化开发进程。

加快建设现代服务业集聚区，围绕镇江"一核、一带、两轴"① 建设开发空间。现代物流业主要打造沿江、沿沪宁高速、沿运河、沿扬溧高速物流产业带。科技信息服务业主要依托丁卯、宝华科技信息服务集聚区以及其他的科创园和商务楼宇。文化旅游主要打造沿江文化旅游产业带、茅山文化旅游集聚区。产品交易市场依托丹阳眼镜、汽配等特色产业的生产基地和沪宁高速接线、312国道和润扬大桥南接线形成的区域，布局建设大型产品交易市场集聚区，打造城市产品主要集散地。

优化工业园区和产业集中区，推进重点园区特色化发展。镇江7个省

---

① "一核"：镇江中心城市发展核，是全市经济社会发展的核心带动区。"一带"：沿江产业和城镇发展带，主要包括下蜀、高资、润州工业园、大港、扬中、丹阳沿江地区以及江北新民洲、高桥等，是全市工业经济的主要支撑。"两轴"：西部产业城镇发展对接轴和东部产业城镇拓展轴。

级以上开发区要加强产业导向，按照"特色化、差别化"发展的原则，进一步明确各工业园区的总体战略和发展导向，加大各类特色产业园区建设，重点培育一批在自主创新、节能环保、产业链和产业集群等方面有明显优势的专业园区。将丹阳经济开发区、扬中经济开发区创成国家级经济开发区，将丹阳、扬中和丹徒创成省级高新技术产业园区。

镇江紧紧围绕苏南现代化建设示范区产业定位，做强产业特色，大力推进产业高端化、高技术化和服务化，提升发展质量和效益，切实增强竞争力，逐步构建以现代服务业为主体、战略性新兴产业和先进制造业为支撑、现代农业为基础的现代产业体系。

加快战略性新兴产业突破发展。加快战略性新兴产业规模化、集聚化、高端化，立足镇江优势，重点发展高端装备制造、新材料两大优势主导产业。在高端装备制造业方面，重点围绕"海陆空"，做大做强船舶制造及海工配套、汽车制造及配套、航空航天三大特色产业；在新材料产业方面，重点发展高性能合金材料、碳纤维及其复合材料等板块，培育一批战略性新兴产业集群，使其成为全国重要的高端装备制造、新材料产业基地。积极推进北汽华东（镇江）产业基地、中船船舶与海工配套产业园、镇江航空航天产业园、鱼跃医疗设备及高值耗材生产项目、恒神碳纤维及其复合材料深加工、中陆航星产业化生产基地及飞机组装项目等一批特色产业项目建设。

推动制造业优化升级。走新型工业化道路，推进工业化和信息化的深度融合，鼓励发展智能制造、绿色制造，引导制造业高端化、低碳化发展。大力发展拥有自主品牌和核心技术的制造业，提高自主设计、制造和成套生产能力，提升制造业核心竞争力。加强质量和标准化建设，着力培育一批著名品牌和龙头企业。坚持运用清洁生产技术、信息化技术和节能降耗工艺，加大轻工、建材、造纸等传统产业技术改造的投入力度，进一步提升产品附加值和竞争力。继续推动淘汰落后产能化解过剩产能，推进企业兼并重组和改造升级。

加速发展现代服务业。做强现代旅游、现代物流、文化创意等特色主导产业。提升现代商贸、商务金融、软件信息服务等重点产业，加快培育发展电子商务、健康养老、节能和环境服务、总部及会展经济等新兴服务业。加快推进镇江港口物流基地、江苏历史文化产业园、世业洲旅游度假区、中华健康园、台江软件园、润兴路科技一条街等项目建设。

实现现代农业高效发展。突出优质粮油、特色园艺、特种养殖、高效林业、休闲农业五大特色产业，延伸产业链条、壮大产业规模、提升产业知名度。大力发展专业大户、家庭农场、合作社、龙头企业、社会化服务组织等新型经营主体。健全农业社会化服务体系，完善农业物流体系和农产品市场体系，扎实推进高标准农田建设，提高现代农业装备水平，不断提高农业现代化水平。深入推进句容国家现代农业示范区、镇江新区"中国-意大利农业创新示范园"等一批重点项目建设。

推进产业"三集"发展。优化产业布局，重点规划建设一批产业集聚区，完善市场化运作、项目招引和功能配套，引导和鼓励要素资源向园区集中，提高产业集中集聚集约发展水平。[①]

优化产业结构，加快产业转型升级步伐。镇江三次产业结构由 2010 年的 4.1∶56.4∶39.5 调整为 2015 年的 3.8∶49.3∶46.9，服务业增加值占 GDP 比重较 2010 年提高了 7.4 个百分点。新兴产业和高新技术产业快速增长，新兴产业销售收入占工业销售比重达到 46.1%，比 2010 年提高了 16.6 个百分点；高新技术产业产值占工业总产值比重达 48.6%，居江苏省首位。[②]

二 推行绿色循环低碳生产方式

2012 年 11 月，镇江被列为全国第二批低碳试点城市。虽然是"第二批"，但此时低碳城市的建设经验，在国内仍是一片空白。也恰恰在这无任何经验可以借鉴的征程上，镇江创新探索的智慧和勇气彰显无遗。2014 年，镇江已成功入选首批国家生态文明先行示范区和江苏省唯一的生态文明建设综合改革试点市，着力开展了以下几方面的工作。

深入推进低碳城市建设。镇江围绕率先成为全国低碳示范城市的目标，拓展联合国气候变化大会、中美气候领袖峰会成果，在低碳技术、低碳能源、低碳交通等领域加强国际合作，申请加入 C40 城市气候领导联盟，筹办国际低碳技术产品交易博览会。推进"生态云"二期建设，实现

---

① 镇江市政府：《镇江市"十三五"时期国民经济和社会发展基本思路》，2015 年 4 月 9 日。
② 镇江市发改委：《关于镇江市推进苏南现代化示范区建设的情况汇报》，2016 年 5 月 25 日。

碳排放、污染物排放和资源利用状况看得清、道得明、控得住、管得好、成效显。大力推进"产业碳转型、项目碳评估、企业碳资产、区域碳考核"。加快推广 LED 照明、新能源汽车等低碳产品。积极推进扬中绿色能源岛建设，争取在省和国家层面立项，新建分布式光伏发电装机容量40兆瓦；瞄准零碳目标，推进雷公岛开发。构建循环经济体系，积极创建国家可持续发展实验区，扎实推进丹阳国家循环经济示范市建设；加快镇江新区国家级园区循环化改造示范试点，支持丹阳、扬中和句容的开发区争创国家级生态工业园，丹徒开发区争创国家级循环改造示范园区。

大力推进清洁生产。以大中型企业、能耗水耗高和污染大的企业为重点，推广节能、节水等先进适用技术，鼓励企业通过技术改造，采用国内外的先进工艺和设备，实现物料循环利用，减少物料使用、能量消耗和污染物的排放。所有新建、扩建、改建项目必须充分体现清洁生产内容，采用的工艺必须是能耗低、排污少的清洁工艺，把"三废"消除在工艺过程之中。建立健全企业自愿和政府支持相结合的清洁生产机制，扩大自愿性清洁生产审核范围，对超标、超总量排污和使用、排放有毒有害物质的重点企业实施强制性清洁生产审核；加大清洁生产改造方案实施力度，推进低费及无费方案全面实施，加大对中高费方案的政策支持力度，促进企业提高实施率。

强化能源节约利用。实施单位能耗和能耗总量双重控制，提高能源使用效率。以提高综合能效为核心，大力推进造纸、化工和电力等重点行业领域的节能减排工作，围绕锅炉（窑炉）改造、余热余压利用、电机系统节能等环节，推广冷却循环水系统节能、水动风机冷却塔等重点节能技术，严把能耗准入门槛，加强投资项目节能评估，严控高耗能项目建设。深入推进建筑、交通等重点领域节能，大力推广太阳能光热、地热等可再生能源在建筑中的应用，在交通运输行业开展"低碳公路"、"绿色运输"和"绿色航道"等示范工程建设。

促进资源循环利用。完善城乡废旧物资回收利用网络，不断提高废旧物资分拣、处理与利用水平，加快培育一批规模化、专业化再生资源回收企业。建设再生资源回收市场，将再生资源回收市场作为社会公益设施纳入城市基础设施建设中进行统一规划、配置。原则上在每个郊区定点整合、规范设置一个再生资源回收市场，确保再生资源回收市场同时具有储存、集散、初级加工、交易和信息收集发布等功能。同时依托市场建立统一的物流配送体系,将该体系纳入镇江市物流服务站(点)规划,为其配置专用物流设施设备。

推动低碳环保大数据产业发展。通过建设包含低碳城市建设管理云平台、电能云和环境智能监测分析平台等综合的镇江低碳环保大数据产业,实现对企业能耗、污染等重点指标的有效、实时监测。引进相关节能环保领域企业 10~20 家,形成产业规模集聚,实现整体产值接近 60 亿元。

开展国家低碳城市创建活动。以江苏省首批低碳试点企业为代表,加强示范引领,鼓励企业开展低碳试点建设。积极发展碳资产、碳基金等新兴业务,探索建立区域性碳排放权交易市场。开展关键低碳技术攻关,积极推进低碳技术的推广应用。

三 实施主体功能区发展战略

实施主体功能区发展战略,按照尊重自然、突出特色、协同保护的原则,构筑区域一体的生态空间架构,完善生态廊道与绿道网络,保护重要生态功能区。

加强重要生态功能区保护。认真落实《江苏省生态红线区域保护规划》,加强对饮用水源保护区、清水通道、森林公园、风景名胜区、自然保护区的保护。重点保护河流源头地区及沿岸水源涵养区;加强湿地资源保护;加强对大中型湖泊水域岸线的科学利用和规范管理,有效打击破坏湖泊健康生态的行为。推进退渔(圩)还湖(河)和生态清淤,改善湖泊水生态环境。积极争取石臼湖、固城湖、高邮湖列入国家湖泊生态环境保护试点,确保河湖生态安全。

完善生态廊道与绿道网络。大力推进水系和道路生态廊道建设,重点建设水生态廊道,加强两岸防护林体系建设及湿地资源保护与修复。依托重要生态功能区,重点推进绿道建设,优化休闲空间布局。

按照人口资源环境相均衡、经济社会生态效益相统一的原则,根据镇江资源与环境的自然和经济属性,尽快编制完成镇江主体功能区规划,构建高效协调可持续的国土空间开发格局,初步形成区域功能明确、产业布局科学的可持续发展格局。

坚持环保优先,合理选择发展方向,限制制造业发展规模,禁止污染型产业进入，依托优势生态环境和土地资源，积极发展现代农业和生态旅游。严格控制新增建设空间，推进集镇和农村社区建设，提高基础设施配套水平和公共服务能力，引导人口合理分布。限制开发区域主要分布在句容东南部、沿江部分洲岛及丹阳和新区少量乡镇以及生态红线二级管控区、基本农田保护区等地区。

划定优化开发区域，率先转变经济发展方式，优化国土空间开发结构，不断提高经济开发密度和产出效率，推动产业结构向高效和高附加值转变，加快发展现代服务业和高新技术产业，全面提升要素集聚能力和区域辐射带动能力。优化开发区域主要分布在中心城区、县城和开发强度较高的乡镇等地区。

在推进生态文明建设中，镇江注重从源头抓起，编制了《镇江市主体功能区实施规划》，并出台了《关于推进主体功能区规划的实施意见》及一系列配套制度政策。通过这一规划设计，镇江以乡镇（街道）为单位划分优化开发、重点开发、适度开发、生态保护"四大区域"，并由此划定具有刚性约束的生态红线，促进生态空间与建设空间的合理配置。

镇江主体功能区的科学划定，事实上已为镇江人许以这样的生态未来：到2020年，镇江的建设空间有望控制在30%左右，生态空间和农业空间则高达70%，这其中有120万亩生态林地、140万亩优质水稻。在功能清晰的地区空间格局下，人口、经济和生态环境正在协调发展。

四　坚持生态领先，推进特色发展

镇江以习近平总书记视察镇江为强大动力，以"镇江很有前途"为巨大激励，在江苏省委、省政府和镇江市委的领导下，深入研究和对接国家规划，围绕"五个推进计划"，坚持生态领先，推进特色发展，励精图治建设"强富美高"新镇江。

发展质量稳步提升。2015年，镇江地区生产总值、一般公共预算收入分别达到3500亿元和300亿元，分别增长11.3%和16.8%，增速均高于江苏省平均水平，产业转型升级步伐加快。

改革开放有序推进，双向开放与合作新格局初步形成。坚持市场化导向，有序推进市级投融资平台与商事登记制度改革。不断加大简政放权力度，不断深入重点领域改革，探索建立项目"多评合一"制度，创新生态补偿、区域碳排放考核等体制机制。先后建成中瑞生态产业园和海峡两岸（镇江）新材料产业合作示范区。

建设生态文明城市。镇江先后成为国家低碳试点城市、国家生态文明先行示范区和江苏省唯一的生态文明建设综合改革试点城市，成功创建为国家生态市和国家森林城市，荣获"中国人居环境奖"。在全国率先创立城市碳峰值、碳平台、碳评估和碳考核的"四碳"创新机制，首创低碳城市建设管理云平台，为全国推进优化开发区域率先实现碳排放峰值目标提供了经验和借鉴。扎实推进低碳城市"九大行动"及"两个片区"、"一湖九河"、长江镇江水域等环节综合整治工程，深入实施蓝天碧水绿地工程，促使生态环境质量得到全面提升。"十二五"期间，单位GDP化学需氧量（COD）、二氧化硫、氮氧化物排放强度削减率提前完成目标任务，全年空气质量达二级标准的天数比例达到70%，地表水优于Ⅲ类水质的比例达到73%。[①]

科学谋划发展定位。"十二五"之前，基于当时的发展背景，镇江为积极融入苏南板块，主要采取"速度追赶"战略路径，更多地考虑经济总量和发展速度，发展方式相对粗放。进入"十二五"后，镇江市委和市政府主动调整发展思路，逐步明确"质量超越"战略路径。注重转变发展方式、生态保护和结构优化，确立生态领先、特色发展的基本思路，转变城市发展理念。紧紧围绕"生态领先、绿色发展"的主线进一步加快发展方式的转变，采取"特色引领"战略路径，着力打造特色产业、建设特色城市、构建特色文化，在生态宜居、产业升级和民生幸福等多领域形成镇江特色名片。发挥比较优势，促进区域合理分工，提升示范区整体竞争力，进一步明确了"四基地一中心两城市"，即"建设全国重要的高端装备制造基地、新材料产业基地和区域物流基地、技术研发基地、创意生活休闲中心，成为现代化山水花园城市和文化旅游名城"的发展定位。

镇江认真贯彻落实《苏南现代化建设示范区规划》，全力推动产业集中集聚集约发展（简称产业"三集"发展），明确了20个重点规划建设的先进制造业特色园区，不断推动以高端装备制造和新材料两大产业为引领的先进制造业发展，取得了明显的成效。2015年，在镇江20个先进制造

---

① 镇江市发改委：《关于镇江市推进苏南现代化示范区建设的情况汇报》，2016年5月25日。

园区中，应税销售超200亿元的有1个，超100亿元的有2个。先进制造园区共实现应税销售1211.6亿元，同比增长12.6%，占镇江工业比重达34.5%，比2014年提高了2.7个百分点；实现入库税收45.2亿元，同比增长24%，占镇江工业比重达50%，比2014年提高了4.9个百分点。高端装备制造和新材料等两大主导产业实现销售收入突破1000亿元。

坚持规划引领、特色发展。按照"五个明确"（明确园区面积、明确边界、明确主导产品和主打产品、明确发展目标、明确推进机制）的要求编制了产业发展及空间布局规划，经专家评审、审查修改等严格程序后公布实施，将其作为园区建设和发展的路线图，以引领基础设施、招商引资和项目布局。与此同时，制定实施了《镇江市工业产业链发展行动计划（2014~2016）》，引导园区以现有龙头企业为支撑，以推进强链延链补链为抓手，重点培育发展10条技术含量高、市场前景广阔、具有自主知识产权和可持续发展能力的核心产业链，2015年，十大产业链实现销售3927亿元，占镇江工业比重达46%，比2014年提升0.8个百分点。

坚持生态导向、绿色发展。全面落实"生态领先、特色发展"战略，大力推进工业绿色发展，成功打造全国工业绿色转型发展试点城市、全国工业领域电力需求管理示范区两个"国字头"品牌，节能工作持续保持在江苏省"第一方阵"。结合"两个片区"环境综合整治，大力淘汰落后设备、化解过剩产能，深入开展化工专项整治行动。"十二五"以来，累计完成淘汰落后产能项目201个，淘汰水泥及熟料产能554万吨、火电机组33万千瓦、电镀生产线160余条、铅蓄电池产能66万千伏安时、钢铁产能22.5万吨，淘汰其他落后工艺装备或生产线800余台套（条），关闭化工企业210家，镇江化工园区企业集中度位列沿江八市第一。[①]

推进生态文明建设特色综合改革试点工作，着力探索五大类22项生态文明建设体制机制创新。在生态补偿方面，在江苏省率先建立并实施生态补偿机制，建立超亿元的"生态补偿资金池"，起草了《镇江市主体功能区生态补偿资金管理办法（暂行）》，已经正式实施。

在排污权由此使用和交易方面，出台并实施了《镇江市主要污染物排污权有偿使用和交易管理办法（试行）》，制定了《镇江市主要污染物排污

---

① 镇江市经信委：《全市先进制造业集聚区建设情况汇报》，2016年5月25日。

权有偿使用和交易管理办法（试行）》，下发了《关于明确镇江市主要污染物排污权有偿使用收费标准和交易基准价的通知》，明确收费标准。在企业刷卡排污方面，成立了镇江市刷卡排污项目工作领导小组，编制完成了镇江市刷卡排污总量控制系统建设方案。

推进特色低碳城市建设，建立低碳"镇江模式"。经各方专家研究探讨，初步形成的"镇江模式"的具体表述为：坚持可持续发展理念，首创城市碳平台，构建碳峰值倒逼机制，实施"四碳创新"和"九大行动"，共建共享低碳城市。大力推进镇江"生态云"建设，按照"国内领先、国际水平"的总体定位，"生态云"一期上线运行，同时按照实际的要求，加快数据和业务整合。充分整合土地、环境、产业和节能、减排、降碳等要素，打造数据、管理、服务、展示、交易五大中心，促进数据、业务、服务、资源整合，涵盖空间、资源、低碳、生态、产业、文化六大领域，建设大数据时代的镇江生态文明建设管理云平台，为全市生态文明建设提供技术支撑。

镇江市现代化进程中的生态文明建设实现程度逐年提高，已达到较高水平。2015年，对照苏南建设目标，镇江基本现代化综合实现程度为91.4%，其中，经济发展为90.6%，人民生活为78.5%，社会发展为96.3%，民主法治为100%，生态环境为92.3%。与2013年相比，综合实现程度提高了7.7个百分点，其中，经济发展提高了8.3个百分点，人民生活提高了4个百分点，社会发展提高了8.2个百分点，民主法治与2013年持平，生态环境提高了12.8个百分点，生态文明建设成效显著。[1]

第二节 加快绿色城镇化步伐

生态是镇江最大的优势，山水是镇江最好的资源。在苏南现代化示范区建设中，虽然镇江经济实力不如其他城市，但是镇江有比较优势，有特色优势，在苏南城市新一轮"同台竞技"中，镇江不必与其他城市硬碰硬、拼总量、拼实力，而应扬长避短，充分挖掘自己的优势和潜能，合理定位城市发展方向，打造现代化建设的"镇江特色"。

---

[1] 镇江市统计局：《镇江现代化进程监测情况汇报》，2016年5月25日。

一　建设生态城市

镇江中心城区的发展定位是加强名城保护开发，大力发展现代服务业，提升现代化与国际化水平。丹阳建设江南水乡特色的现代化工贸城市；句容利用茅山、宝华山等山体自然优势，建设以休闲度假旅游、文化创意等为特征的现代化宜居城市；扬中推进整岛城市化，建设生态优良的现代化水上花园城市。

注重辖市中心城区与开发区的联动发展，引导形成产业与城市相协调的空间发展格局。科学规划城镇体系，优化镇村布局，规划建设重点中心镇，建设一批具有镇江特色的工业商贸强镇、文化旅游名镇和生态宜居城镇。加强对五洲山、十里长山、横山等主城与东西两翼之间生态屏障的保护，强化南山风景区保护性开发，加快世业洲国际旅游度假区和江心洲生态农业岛建设，高水平打造北部滨水区，同时加大对宝华山、茅山和圌山等重要生态空间的保护力度，维护市域优质生态大环境。

重视非建设空间的基底作用，改变以往只关注建设用地布局的区域空间组织理念，非建设空间在自然环境维护、农业生产、生态保育、城镇空间优化等方面扮演了重要角色。从区域空间的自然条件和结构入手，将非建设空间作为城市形态结构规划的基底和限制性要素。

根据区域空间的自然、社会、经济特征和生态功能要求构建生态网架，将其作为城市生态系统的母体和运行基础。以城镇之间的山林、水体、基本农田、人工防护林为主骨架，以城镇内部的绿地系统为次骨架，以交通走廊和河道绿化带为连接体，打造区域生态系统安全格局。在开放、可扩展的生态空间组织框架下，采用有机生长的理念进行城镇空间结构优化和布局，让市域空间形态能够在发展过程中实现持续改进，而不是在"城市病"不断涌现后才被动"诊治"。

加快生态新城建设。高标准编制区域空间规划并力争获得国家批准，努力成为"国家新型城镇化样板区"。在官塘片区，完善路网和水系，开工建设凤栖湖；在高校园区，建成镇江高专、市委党校，完成江大京江学院、江科大新校区主体建筑封顶，完成共享区图书馆和体育馆主体。结合连淮扬镇铁路建设，打造镇江东站综合交通枢纽。推进上湖湿地生态化修复，建设生态绿廊。开展专业化招商，推动一批功能性重大项目签约落户。

二 推动创建国家生态文明先行区

为推进生态文明建设进程，镇江提出打造生态文明先行区的建设规划和发展蓝图。2013年12月28日，镇江生态文明先行区建设启动。镇江生态文明先行区建设，得到了国家发改委等有关部门和江苏省委、省政府的大力支持，并被列入《苏南现代化建设示范区规划》。目前，镇江申报的国家生态文明先行区已通过江苏省初审，镇江被确立为全省唯一单独上报国家的地级市。

按照规划，镇江生态文明先行区以十里长山和丹徒新城以南区域为主体，东起京杭大运河，西至句容地界，北起十里长山及丹徒新城勤政南路，南至沪蓉高速公路，规划面积为220平方公里，其中规划建设区约为134.1平方公里。整个先行区自东向西分为四大模块，分别是桃花岛模块、杜鹃花岛模块、茶花岛模块和长春花岛模块。生态文明先行区开发建设面积只占总面积的35%，另外65%为生态空间。生态文明先行区将被打造成高密度、混合型立体城市，塑造局部人口高密度、整体开发低强度的"生态城市"。

镇江以生态文明先行区建设和综合改革为主线，以民生环保为宗旨，积极打好水、气、声、渣四个方面的攻坚战。

2015年，镇江重点在"两线四点"上下功夫。围绕主线、严守红线，全力推进生态文明建设。深入开展三大生态环境综合整治，完成年度各项整治任务。做好"覆盖拉网式"农村环境综合整治，完成96个村的整治任务。采取最严格的措施保护生态红线，督促各辖市区明确各保护区的边界，设置界牌、界桩。同时，加强对饮用水源保护区、风景名胜区、资源开发区等的环境监管。

在环境执法上，严格执法、规范执法。贯彻国务院《关于加强环境监管执法的通知》精神，全面实施行政执法与刑事司法联动，实现行政处罚和刑事处罚无缝衔接，对涉嫌犯罪的，迅速移送司法机关。在环境监测上，实现信息化、一体化。加大资金和技术投入，强化在线监测、全时段监测，增强环境监测的覆盖面、准确性和及时性。

大力开展环境管理试点创新。一是"刷卡排污"试点。围绕污染物排放存量、增量、减量三本账,构建总量管理和排污权交易协调调控体系及排污权综合信息管理体系。在企业排污口安装电磁阀系统,设定排污指标,指标用完后排污阀门自动关闭。计划首先启动试点,然后逐步推开。二是绿色考核机制。争取将省辖市的绿色考核机制向辖市区延伸,将资源利用率、环境污染代价、生态产品贡献作为评估考核框架,委托第三方考核,实施动态评估和差异化考核。

三　重点抓群众关注的热点环保问题

开展环境保护的全面排查。对辖市区执法情况进行稽查,对整改情况实施执法后督察,确保执行到位、整改到位,对偷排偷放等违法行为重拳打击,并将违法企业列入"黑名单",向社会公开。继续开展环保专项行动,做好重金属污染防治、太湖流域电镀行业整治、化工生产企业专项整治、饮用水源保护和地下水污染防治等工作,对医疗固体废物、污水处理厂污泥、餐厨垃圾等处置情况严格监管,加强与地方海关、检验检疫部门在进口固体废物加工利用企业上的协作监管。同时,健全重大工程项目社会稳定风险评估机制,完善各类环保应急处置方案,加强日常应急演练,确保遇到环保突发问题时,能够及时有效处置。

由于历史原因,镇江东部谏壁地区和西南部韦岗地区的环境问题持续多年,群众反映强烈。镇江成立由市长任组长的两个领导小组,强力推进这两大重点区域环境整治工作。

在谏壁地区,一个拥有100项环境整治工程的计划全面推开,目标是用3年时间,彻底改变谏壁地区的环境。而在韦岗地区,扬尘是最大的环境污染。为此整治行动计划逐步关闭所有采石场以及水泥、建材等高能耗企业,同时用5年时间彻底修复山体,让该地区变成镇江的重要生态屏障。

"青山绿水"工程为更多市民构筑宜居环境。镇江市内26座山体,曾经荒烟蔓草、有碍观瞻,如今却成为点缀市区环境和市民生活的26座山体公园。水环境的质量也在不断提升。2015年,经过多轮整治后,镇江决定实施更高标准的"一湖九河"水环境综合整治工程,计划用3年时间,让城市水环境达到"岸青水绿,鱼虾洄游"的生态要求。

目前镇江新城建设和老城改造齐头并进,南徐新城初具规模,北部滨水区日益秀美,丹阳、句容、扬中也在不断加强城市绿化和美化建设。而美丽乡村打造，更是在镇江范围内全面展开。在中国社科院最新发布的全国宜居城市排名中，镇江位列第九。过去这几年，伴随生态红利惠及越来越多的人，生态文明理念开始在市民中广泛传播，并越发成为共识。更健康、更低碳、更生态，成为绝大多数镇江人的价值追求和生活选择。骑"公车"、登青山、行绿道，人与自然和谐相处，堪称镇江的生态城市风景。

第三节　加大污染综合治理力度

一　切实打好治污减排攻坚战

在大气污染治理上，重管理、重落实，严格贯彻国务院出台的"大气十条"和江苏省政府制定的《大气污染防治条例》，完善镇江大气污染防治行动方案。学习借鉴兰州经验，出台控煤、控尘、控车管理办法。对重点控制区的火电、钢铁、水泥、化工等行业以及燃煤锅炉项目，严格执行国家新的大气污染物特别排放限值；在推进火电等重点行业减少排放上，严格贯彻国务院出台的"水十条"，制定镇江水环境污染防治行动方案。持续开展城市河道环境综合整治，实施市区水系贯通和引排工程，提高污水收集管网覆盖面和收集能力，完善河道清淤和引水换水机制。

加强环境综合整治。在谏壁片区实施索普集团、谏壁电厂污染治理等20家企业治污工程，扎实推进运河整治、道路建设和居民搬迁；在韦岗片区加快关停小矿山、小水泥、小石灰窑，大力开展生态修复。在"一湖九河"实施水质净化工程并加强长效管理，力争主要水体全面达到Ⅲ类水标准。认真做好水土保持、湿地修复等工作，切实保护好长江生态环境。扎实开展新一轮太湖流域治理。加快工矿废弃地恢复治理。强化大气污染防控，狠抓粉尘、尾气、扬尘和油烟四类专项整治，启动高资片区大气污染整治工程；扎实做好秸秆综合利用和禁烧、工业污染防治等工作，确保全市空气质量良好以上天数全省领先。

镇江GDP能耗由2005年的1.02吨标煤下降到2010年的0.82吨标煤，累计下降19.6%；单位工业增加值能耗由2005年的2.42吨标煤下降到2010年的1.09吨标煤，累计下降55.0%；万元GDP用水量由2005年的

465立方米下降到2010年的153立方米；规模以上工业增加值用水量由2005年的50立方米/万元降到2010年的33立方米/万元。"十一五"期间，镇江工业废物综合利用率由2005年的91.6%提高到2010年的92.9%，提高了1.3个百分点；① 危险废物处置利用率达到100%；污水处理规模不断扩大，城市污水集中处理率达到85%，市区污水处理厂的污泥部分由谏壁电厂实行无害化焚烧。

加大城乡用地整治挖潜力度，强化用水定额管理和总量控制，加快构建覆盖全社会的资源循环利用体系，推动园区生态化、循环化改造，率先实现省级以上开发区循环化改造全覆盖，加快"城市矿产"、再制造业的规模化和产业化发展，提高资源利用效率。

推广使用清洁能源，分析镇江能源使用情况，借鉴国内外先进经验和技术，多渠道开发利用清洁能源，提高清洁能源普及率。开展煤炭消费总量控制试点，研究制定和实施煤炭消费总量控制方案，严格控制煤炭消费总量。结合"西气东输"工程，大力实施清洁能源区建设规划，推广使用天然气、太阳能、水能等清洁能源，减少煤炭、重油等高污染燃料的使用。积极推进太阳能光伏、生物质能、垃圾等可再生能源的利用，不断提高新能源在能源消费中的比重，加快构建新能源产业链。

二 强化工业废气污染防治

推进电力、钢铁、水泥等重点行业的除尘改造，进一步提高工业烟尘、粉尘的处理效率，对烟尘排放浓度不达标的火电厂进行除尘器改造，将现役烧结（球团）设备全部改造为袋式或静电等高效除尘器，推广使用干熄焦、转炉干法除尘技术，要求20吨以上的燃煤锅炉必须安装袋式或静电除尘器，对20吨以下中小型燃煤工业锅炉推行使用含灰量小于15%的低灰优质煤。实现电力行业全部脱硫、脱硝改造，开展非电力行业脱硫、脱硝试点，要求钢铁行业新建烧结机时配套建设脱硫脱硝设施、新建水泥生产线时安装效率不低于60%的脱硝设施。淘汰关闭落后产能与污染严重企业，基本完成水泥、钢铁等行业落后产能的淘汰与关闭工作。加快发展集中供热系统，扩大供热范围，实现城区无新建及扩建以煤、重油等为燃

---

① 镇江市经信委：《镇江市化工产业循环经济发展规划》，2013年4月21日。

料的锅炉等装置（集中供热、电厂锅炉除外）。

治理大气污染，大气环境质量率先达到国家标准。对电力、钢铁、建材、石化等行业的二氧化硫、氮氧化物、烟尘、挥发性有机化合物等主要污染物排放总量实施控制。深入治理机动车尾气污染，适度控制燃油汽车增长速度，加强黄标车限行区域划定和管理，加快淘汰老旧机动车。推进加油站、油库和油罐车油气回收综合治理，加快车用燃油品质升级，全面供应符合第五阶段标准的车用汽、柴油。加强场地扬尘、餐厨油烟、秸秆焚烧等污染的监控和治理。严格执行新的《空气质量标准》，深入落实《"绿色青奥"区域大气环境保障合作协议》和《江苏省大气污染防治行动计划实施方案》，实施大气环境PM2.5监控，实行大气环境质量联合监测和大气污染联防共控，争取大气环境质量率先达到国家标准。

三 水污染治理

保障城乡饮用水水源水质安全。修编饮用水安全保障规划，按照《镇江市县级以上集中式饮用水水源地保护区划分方案》《镇江市典型乡镇集中式饮用水水源地保护区划分方案》，深入开展集中式饮用水水源地专项整治，完成扬中新坝华威取水口（备用水源）、句容二圣水库水源地、丹徒江心洲水源地、丹阳埤城北魏取水口等典型乡镇集中式饮用水水源地一级保护区和长江征润州水源地、长江丹阳黄岗水源地、长江扬中二墩港水源地、句容北山水库水源地等市县集中式饮用水水源地二级保护区整治。2015年，镇江完成了凌塘水库备用水源地的规划、保护工作。

全面推进区域集中供水，加快建设供水管网和增压站，实施农村安全饮水工程，清理淘汰取水量1万吨/日以下的水源地取水口，实现城乡一体化供水。加强饮用水水源地风险防范和应急处理，实施水源保护区外汇水区有毒有害物质管控，严格管理与控制一类污染物的产生和排放，建立重点污染源档案，完善饮用水源应急预案。对所有集中式饮用水源实现在线监控，开展市县集中式饮用水源地水质全指标监测分析和生物毒性、重金属及POPs等危害人体健康的污染物监测示范。加快城乡供水管网和二次供水设施改造，提升龙头水水质。

加强水污染防治，提升区域水环境质量。采取流域治理、系统治理和连片整治等不同模式，建立以小流域为单元的污染综合防治体系。建设大中型湖泊水质、水量同步检查与信息共享系统。确保饮用水源地、清水通道等重要生态功能区水质安全,确保饮用水源地水质达标率达到100%。加强跨界河流断面水质目标管理,积极预防与处置跨界水污染纠纷。开展城市河道环境综合整治,加强工业及城镇生活污水治理,重点针对化学需氧量(COD)、氨氮、总磷和总氮等开展控源截污、引流清淤,改善水环境质量。

四 加强环境基础设施建设

加强工业废水处理设施建设和管理。加大六大重点行业提标改造力度,加强工业废水处理设施建设。工业园区内企业废水在内部达标的基础上,统一排入污水处理管网集中处理。加大工业污染源的监管力度,规范工业企业排污行为,严厉打击偷排、漏排、超标排放等环境违法行为,确保工业废水全部稳定达标排放。继续加快城镇污水处理设施建设。加快推进雨污分流管网及污水处理设施建设。推进老城区、开发区、建制镇污水管网建设工程,提高现有污水处理厂的负荷率和城镇污水管网覆盖率。新开发的城区及开发区按分流制铺设污水管道,旧城区结合旧城改造由合流制逐步过渡到分流制。

加强工程减排,加快污水和垃圾处理等环境保护设施建设,全面实施燃煤企业脱硫脱硝工程,加大化工、印染、造纸、火电、冶金和建材等重点行业污染治理力度。合理控制养殖规模,优化养殖场布局,加强畜禽养殖清洁生产、粪便无害化处理和资源化利用。大力发展中水回用和雨水利用,加快火电、化工、纺织、冶金和造纸等高耗水企业节水技术改造,推广使用节水新技术、新工艺、新设备和新器具,推进农田节水灌溉设施建设,鼓励在城镇实行分质供水。

优化城市绿地布局,推进城市景观林,城区公共绿地,环城绿带,沿江、沿湖、沿河和沿路生态防护林建设,开展绿色村庄建设活动,建设绿色苏南,推进山体复绿。

五 土壤污染防治

深入开展土壤污染普查,重点推进沿江工业带、城镇工业集中区等重污染区的监管和调查,开展工业场地修复治理。大力保护未污染耕地,全面推广测土配方施肥，使用生物农药和高效、低毒、低残留农药；积极推进农业土壤修复与综合整治试点示范，加强农业面源污染治理。

严格控制新增土壤污染。严格执行国家规划环评和项目环评有关政策，在重点规划环评和排放重金属、有机污染物的工矿企业项目环评文件中强化土壤环境影响评价的内容，防止在产业结构和布局调整过程中产生新的难以治理的土壤污染。新增工业用地必须开展土壤环境调查评估，并报镇江市环保局备案。在耕地和集中式饮用水水源地等土壤环境保护优先区域，禁止新建有色金属、皮革制品、石油煤炭、化工医药、铅蓄电池制造等项目，从严控制优先区域周边新建污染项目。

强化土壤环境监管。继续开展重点地区土壤污染状况加密调查，查明主要粮食产区、蔬菜基地等耕地土壤环境质量状况，完成耕地土壤环境安全性评估和等级划分。开展粮食产区、蔬菜基地和集中式饮用水水源地土壤环境质量动态检测，掌握土壤环境变化情况。定期对排放重金属、有机污染物的工矿企业以及污水、垃圾、危险废物等处理设施周边的土壤进行监测，对造成污染的要限期治理。强化被污染耕地安全利用和被污染地块开发利用的环境风险控制。制定并实施被污染耕地土壤环境风险控制方案，将污染严重且难以修复的土地，划为农产品禁止生产区域。搬迁关闭化工、电镀企业等原厂区污染地块改变用途或变更使用权的，必须开展土壤环境风险评估，并对土壤进行修复治理，被污染地块修复后环境质量不能满足用地要求的不得进行二次开发利用。

六 积极推进生活垃圾分类收集处置

建设完善生活垃圾收集、转运及无害化处理系统，积极配套完善垃圾转运站、垃圾收集房、垃圾箱等收集设施设备，以及"组保洁、村收集、镇转运、县处理"四级收集系统和生活垃圾收集专业队伍，进一步健全垃圾收运网络体系，使垃圾收集体系覆盖镇江全市。根据居民生活习惯及镇江城乡实际，逐步建立垃圾分类收集标准，积极开展生活垃圾分类投放收集试点工作，加强对垃圾分类全过程的控制管理，提高垃圾分类收集水平。新建餐厨垃圾处理中心，推进餐厨废弃物资源化利用和无害化处理，完善餐厨废弃物收运体系，基本实现镇江及各辖市区餐厨废弃物集中处理设施全覆盖。

镇江全市各建制镇建设了压缩式垃圾中转站，垃圾处置四级机制进一步完善。镇江在10个镇开展了垃圾分类试点工作，率先在全省实施秸秆禁烧全境覆盖，7个辖市（区）均为省级秸秆综合利用示范市（区），全面推广秸秆肥料化为主、能源化为辅的秸秆综合利用方法，秸秆综合利用率达到90%以上，高于全省平均水平。

综合处置固体废弃物，提升其资源化利用水平。加强垃圾处置管理的城乡和区域统筹，优化垃圾填埋场和焚烧点布局；积极推广垃圾分类和循环利用，推动垃圾无害化、减量化、资源化处理。大力推进农作物秸秆、畜禽粪便等农业废弃物资源化综合利用。统筹废旧物资加工与综合利用企业的布局，建立大宗固体废弃物拆解、处理，贵重物资回收与再利用的区域共建机制。

第四节　推进生态文明建设面临的问题及对策

一　需要突破的难题

产业结构和工业布局不合理。长期以来，镇江经济发展以重化工业为主。2012年，重工业产值占规模以上工业总产值的比重达到80%以上，其中化工、造纸、建材、电力等传统产业产值约占镇江工业总产值的29%，SO_2和COD的排放量分别占到镇江工业排放总量的90%和60%以上。[①] 这类"两高一低"的产业既是经济发展的支柱，也是污染环境的元凶。镇江城市规划先天存在一定的缺陷。东部地区（谏壁化工区）由于处于城市常年上风向，各种污染物不断向市区上空输送，成为一个集中的污染源。而城市西部地区（高资镇）由于承接了一批从市区搬迁的化工企业，成为一个新的污染集中区。这两个工业园区是环境污染的主要区域，也是治理的重点和难点区域。

能源消费结构不合理。镇江能源消费以煤炭为主，新能源消费比例偏低。随着城市化、工业化进程加快，能源需求量大幅度增加，污染物排放大量增加，排放总量难以控制。据测算，2015年，镇江SO_2、NO_x排放量

[①]《生态立市，加快建设"美丽镇江"》，《京江晚报》2014年1月13日。

分别达到 8.6 万吨、9.5 万吨。即使火电厂、水泥厂及钢铁厂采取脱硝和脱硫工程等减排措施，SO_2、NO_x 排放量仍然难以控制。这不仅使节能减排的压力增大，而且由此带来的环境污染问题也越来越突出。如灰霾污染就与城市能源消费结构和污染物排放有直接关系。

有些企业缺乏环保责任意识，环境管理制度不健全。企业是实施节能减排的主体。近年来虽然政府出台了一系列激励政策推动企业实施节能减排，但有些企业缺乏责任意识和动力机制。一方面，市场行情影响企业实施节能减排的盈利能力，另一方面，企业认为政府出台的节能减排政策激励力度还不够，自身没有较高的积极性，在决定是否采用节能环保方法时往往进行权衡和博弈。还有部分企业管理制度不健全，违法排污时有发生。

二 对策思路

（一）构建绿色行政体系

发挥政府的主导作用，对于新兴产业，重点要把好"三关"，即环评、能评和碳评关。从源头上把好企业的入门关，不能等到其发展壮大了再去治理。无论是经济发展消耗的能源量和污染物排放的绝对量，还是单位 GDP 消耗的能源量和污染物排放的相对数量都要有效控制。

健全绿色政绩考核制度。健全体现科学发展观要求的干部政绩考核体系，在原有政府领导干部政绩考核指标的基础上，转变以 GDP 为核心的政绩观，强化绿色经济和生态环境考核指标，增加生态文明建设考核指标，对生态环保工作不能达到要求的领导干部实行问责制度。由镇江市委、市政府出台《镇江市各级人民政府主要领导生态文明实绩考核办法》，每年考核一次，考核结果作为评价政绩、评定公务员年度考核格次、实行奖惩与任用的依据之一。

提升政府绿色决策水平。规范政府官员的生态文明道德，制定《政府官员生态文明道德规范》。确立政府作为生态文明建设引领者的态度、行动和形象，强化政府生态文明行为的自觉性。在重大事项和项目的决策过程中，优先考虑环境影响和生态效应。对涉及影响群众环境权益的重大事项，严格执行集体决策、社情民意反映、专家咨询、公示听证、环境评价、责任追究等制度。设立地方政府的正式、独立、法定的决策咨询委员会，完善决策咨询委员会的系统网络。健全生态环境保护决策责任追究制度，对造成严重后果的决策者终身追究责任。

完善生态文明政策制度。根据国家和江苏省相关法律法规和意见措施，进一步完善生态文明建设的地方性法规、规章和政策，围绕水、大气、土壤等污染防治对象，资源有偿使用、生态补偿、生态修复、应对气候变化以及循环经济、绿色消费、节能减排、清洁生产、生态保护、城乡统筹等重点领域，制定完善地方性政策和措施，加快建立环境公益诉讼制度，建立完善生态补偿制度，完善环境污染责任保险制度，逐步建立符合时代要求、符合科学发展、符合镇江实际的生态文明建设的制度体系。

实行严格环境保护执法监管。坚持对污染环境、破坏生态行为"零容忍"，敢于铁腕执法、铁面问责，切实扭转违法成本低、守法成本高的状况，做到在生态环境保护问题上不越雷池一步。加强部门协作，完善环保、住房城乡建设、能源、林业、国土资源、水资源、风景园林、渔业管理等部门多方联动的执法机制。推动环保司法创新，实现环保行政执法与司法的有效衔接，建立环保局、法院、检察院、公安局联系会商和联合查办案件制度。完善环境问责及纠错、生态环境矛盾定期排查、重点环境问题事后督察等制度，对环境违法行为严格追究有关责任。加大对重点用能单位执法检查力度，对严重违反节能法律法规的行为进行公开通报，并限期整改。

（二）完善生态文明制度体系

推行"三色GDP"核算制度。在经济发展中反映环境污染和资源消耗的价值。所谓"三色GDP"，一是"红色GDP"，即传统意义上的GDP，是指国家或地区在一定时期内生产活动的最终成果。二是"黑色GDP"，即因环境污染带来的GDP，是指环境污染造成的经济损失及其治理成本综合计算得到的GDP。三是"绿色GDP"，用"红色GDP"减去"黑色GDP"减去资源消耗后再加上环境效益得到的价值。为顺利推行"三色GDP"核算制度，建议地方政府在衡量城市发展水平时，不要以传统的GDP指标排名，而是将经济发展过程中的资源消耗、环境损失和环境效益一并纳入评价体系之中。这对于推进生态领先、打造生态文明先行区，具有十分重要的引导和保障作用。

(三) 扩大公众参与

拓宽和畅通公众参与的渠道。在政府、公民、企业和非政府环保组织之间建立有效的伙伴合作关系，扩大公众参与，使非政府环保组织作用得到充分发挥的机制。研究制定生态文明建设公众参与办法，主要包含政府及企业环保信息公开公告制度、环保决策和会议的听证会制度、专家协助公众参与制度等内容，推进公众参与规范化、科学化、法制化，积极鼓励社会各界人士参与生态文明建设。

引导非政府环保组织健康发展。各级政府及有关职能部门要按照"积极引导、大力扶持、加强管理、健康发展"的方针，改革和完善现行民间组织登记注册和管理制度，促进非政府环保组织的健康发展。各级政府部门要积极制定扶持政策，主动帮助环保组织发展，创造有利条件，协助非政府环保组织开展环保公益活动。加强对非政府环保组织的管理，加强指导和培训，提高环保从业人员的素质和专业能力，促进非政府环保组织及社会公众依法、理性、有序参与生态环境保护。

加强宣传教育。重视生态文明宣传教育，把宣传教育工作作为生态文明建设的重要组成部分。编印生态文明建设市民手册和中小学读本，开展与生态文明建设相关的各类群众活动等。充分利用广播、电视、报刊和网络等新闻媒体，广泛开展生态文明建设的舆论宣传和科普宣传，提高全民的生态文明素质，发展生态文化。

营造浓厚氛围。大力营造生态文明建设的浓厚舆论氛围。各机关、学校、企事业单位、街道和社区等要充分利用报纸、广播电视、黑板报以及宣传栏等各种宣传阵地，大力宣传生态文明建设的目标、意义和要求。各部门、各单位要精心策划和组织形式多样的活动，动员广大市民投身生态文明建设中去，努力形成全社会关心、支持和参与生态文明建设的局面。

(四) 突出山水特色

镇江是独特的山水城林城市，应把生态文明建设放在突出地位。必须坚持生态保护、修复、整治、建设和改革"五箭齐发"。保护是第一位的，对生态资源必须坚持保护性开发的基本原则。在水系治理中，要以建设山水花园城市为核心,完善控源截污建设,构建引水活水系统,加强生态修复和景观提升,实现"水清岸绿、鱼虾洄游、环境优美"的目标。在山体保护中,要坚持以科学发展观为指导,立足镇江城市自然人文特点,坚持"经济社会与环境"协调与"建设开发与保护"并重,加强对山体自然风貌的控制与保护。

加强生态保护与修复,优化城市绿地布局,推进城市景观林、城区公共绿地、环城绿带和沿江、沿湖、沿河及沿路生态防护林建设,开展绿色村庄建设活动,建设绿色镇江。推进山体保护复绿,综合整治关停矿山,实施工矿废弃地恢复治理工程,加快镇江国家级矿山地质环境治理示范工程建设,建设宜居宜业宜游的现代化山水花园城市。

第三编　苏南现代化建设示范区评估

第十一章
苏南现代化建设示范区主要进展评估

2013年4月，经国务院同意，国家发改委印发了《苏南现代化建设示范区规划》。5月，江苏省委、省政府出台了《关于贯彻落实〈苏南现代化建设示范区规划〉的实施意见》《苏南现代化建设示范区"十二五"期间推进计划》。规划建设苏南现代化示范区，是党中央、国务院从全局出发做出的重大战略决策，是落实党的十八大精神和习近平总书记对江苏工作最新要求的重大战略行动。

近年来，江苏省委、省政府积极支持苏南各地先行先试、高端引领、扬长补短，努力推进全面建成小康社会与基本实现现代化的进程。近期，经省委同意，我们先后在南京、无锡、常州、苏州、镇江五市及部分县（市）进行了调研，与江苏省有关部门交流了意见，以此为基础对苏南现代化示范区建设进程做了评估。

《苏南现代化建设示范区规划》提出，努力把苏南地区建成自主创新先导区、现代产业集聚区、城乡发展一体化先行区、开放合作引领区、富裕文明宜居区。近年来，苏南各地深入学习与践行习近平总书记的系列重要讲话精神，朝着这些目标推进现代化建设，同时积极探索政府治理体系、治理能力现代化的路径，取得了重要进展。

第一节 自主创新先导区建设的主要进展评估

苏南地区全面实施创新驱动战略，推动区域创新资源整合，构建协同有序、优势互补的区域创新体系。加快培育创新型领军企业、科技型拟上市企业、高新技术企业为骨干的企业创新梯队。创新型企业和行业骨干企业牵头组建国家和省级产业技术创新战略联盟达45个，超过全省的2/3；截至2015年年底，苏南地区高新技术企业达7270家，占全省的70%，新增企业国家重点实验室7家，总数达到11家，占全省的78%。苏南地区围绕产业发展目标，引进国内外高校院所共建的新型研发机构190所。2015年，苏南地区全社会研发投入占GDP比重达2.75%，科技进步贡献率达61%，高新技术产业产值占规模以上工业比重超过45.1%，每万人发明专利拥有量达20件，高出全省平均水平40.1%。苏南10个国家高新区中已有8个被评为科技部支持创建创新型园区或创新型特色园区。

深化科技体制改革和机制创新。苏南地区对国家级示范区赋予市级科技管理权限，对省级示范区赋予县级科技管理权限，提升示范区的活力；累计转化技术成果1000多项；推动中关村自主创新政策在苏南落地，惠及一大批创新创业人员。2015年，苏南现代化示范区内的9986家企业享受科技税减免超过200亿元。

开展区域创新试点。苏州工业园区开放创新综合试验获国务院批复。苏州工业园区、无锡高新区、苏州高新区的4个示范工程进入国家高新区创新驱动发展示范工程行列。南京国家科技体制综合改革试点城市建设深入推进，江北新区出台了促进自主创新政策，吸引国内外高端人才与团队。

努力建设具有全球影响力的产业科技创新中心。苏南遴选建设纳米技术、医疗器械、智能装备、激光与光电、环保装备、通信与网络6个产业技术创新中心，打造产业创新的核心引擎。建设江苏省产业技术研究院，遴选23家专业性研究所，发展会员单位172家，推进重大产业技术的研发与转化。加快建设全国首个未来网络小型试验网、纳米真空互联实验站、国家超算无锡中心等重大科技研发生产基地。建设江宁高新园、苏州工业园科教创新区、苏州科技城、无锡太湖科技园、宜兴环科园、常州科教城、昆山阳澄湖科技园、江阴滨江科技城、镇江知识城9家创新核心区、国家级创新型园区、创新型特色园区。

不断优化以科技人才创业为特色的创新创业生态。目前苏南已集聚国家"千人计划"人才500多名，省"双创计划"人才1810名，占全省的60%；加快培育和建设苏州自主创新广场、南京麒麟生态科技城、无锡太湖国际科技园、常州科教城等科技服务示范区。2015年，苏南五市科技服务业收入占全省的72%。

构建科技金融发展机制。苏南地区正加快建设苏南科技金融合作示范区，培育壮大创业投资和资本市场；建立科技金融风险补偿资金池；以支持种子期、初创期科技小微企业首次投资为重点，推动天使投资与科技创业的紧密结合，实现创投机构管理资金规模超过1700亿元；加快推进科技信贷，加快发展科技支行、科技信贷业务部、科技保险支公司、科技小额贷款公司。

开放创新水平明显提升。苏南地区有省级外资研发机构564家，占全省的91.6%。苏南地区支持企业开放配置全球创新资源，开展国际科技合作。2015年，建立了中国以色列常州创新园、中丹合作南京高新生态生命科学园、新加坡国立大学苏州研究院、苏州"中芬纳米创新中心"、牛津大学（常州）国际技术转移中心等。

第二节 现代产业集聚区建设的主要进展评估

推进创新型产业集群建设。苏南地区不断加强政府对创新型产业集群式发展的引导和扶持。苏南地区累计建有10个国家高新区、4个省级高新区，是全国高新区最为密集的区域。2015年年底，苏州拥有省级以上各类专业园区基地、产业集群90个。无锡加快国家传感网创新示范区建设，产业集群形成规模。宜兴环保科技园承载全国40%左右的常规水处理设备供应，汽车尾气催化剂、催化净化器产销规模位居中国行业第一。南京建成了3个国家级新型工业化示范基地、6个省级新型工业化示范基地、20个省级服务业集聚区。常州培育了机器人、碳材料等具有国际竞争力的战略性新兴产业集群。镇江以省级以上开发区、省级现代服务业集聚区为重点推进20个示范园区建设。

建设苏南先进制造业基地。苏南地区实施企业制造装备升级计划和企业互联网化提升计划，以及智能制造工程和高端装备创新工程。苏州重点发展新能源、新材料、高端装备、智能电网和物联网、集成电路等领域的制造业。无锡推进智能制造发展，全市已拥有省示范智能车间18个。南京每年启动10家智能工厂示范工程建设。常州重点推进汽车、轨道交通、输变电、现代农装、光伏、新材料等领域智能化发展。

强化产业转型升级载体建设。苏南地区现有省级以上开发区56家（全省131家），其中国家级开发区23家；省级以上新型工业化产业示范基地46家，其中国家级14家，超过千亿元的工业开发区22家。苏南与苏中、苏北结对共建7家园区，6家出口加工区升级为综合保税区。苏州拥有国家级开发区14家、省级开发区3家、综合保税区7家、保税区（保税港区）1家，已成为全国开放载体最为密集的地区。南京推进开发园区创建省级以上产业特色园区、生态工业园区、知识产权园区、创新型园区，推进江北新区建设。常州科教城连续三年获得"中国最佳创新园区"第二名。

加快产业集约发展。苏南地区积极促进企业向园区集中、产业向高端集聚、资源高效集约利用，不断提高集聚集约水平。苏州加快低碳发展和绿色发展，"中国能效之星"企业数保持全省领先。无锡推动绿色节约循环发展，全市单位建设用地GDP产出保持全省第一；推进园区循环化改造，90%以上工业园区实现资源循环化利用。常州实施绿色发展提质工程，推进化工行业综合整治，推广循环经济示范典型。南京探索能源消费总量和碳排放总量双控机制，江宁经济技术开发区等省级低碳试点园区建设水平不断提升。镇江着力打造一批先进制造业特色园区、现代服务业集聚区和现代农业产业园区。

深化产业结构调整。苏南地区着力推动产业结构向中高端迈进，加快构建以现代服务业为引领、新兴产业为亮点、先进制造业为支撑的现代产业体系。2015年，苏南五市高新技术产业产值占全省高新技术产业产值的57.7%，占苏南规模以上工业总产值的比重达到45.1%，比全省高5个百分点；战略性新兴产业年均增长15%以上；超百亿元工业企业达到97家。2015年，苏州市规模以上新兴产业产值占全市规模以上工业的比重达40%。镇江市高新技术产业产值占全市规模以上工业总产值的比重达48.6%。

积极推动苏南地区农业现代化建设。被监测的4家苏南示范区（太仓、昆山、无锡、苏州相城区）都迈入了基本实现农业现代化阶段，并处于全国前10名以内。2015年，苏南五市高标准农业比重达59.7%，农业综合机械化水平达86.3%，规模设施农业物联网技术应用面积占比达13%，农业信息化覆盖率达58%。

第三节　城乡发展一体化先行区建设的主要进展评估

构建城乡一体化的空间规划布局。苏南地区积极引导公共资源均衡配置，完成了"多规融合"试点规划编制。无锡把重点镇和特色镇（街道）建设成为新型城镇化和一体化的重要载体。常州通过镇村布局规划，促进农民居住逐步向城镇和市区（中心村）集中，加快便民服务中心建设。

完善城乡基础设施统筹对接。苏南地区重视推进城乡重大基础设施建设统筹安排、对接延伸。苏州城乡基础设施基本实现一体化，环境治理基础设施向农村拓展。常州基本实现供水、供电、电信、网络、数字电视城乡一体化。无锡市电力、路桥、供水等基础设施基本实现城乡大接轨、大贯通。南京建成了6条地铁线，拥有8600多辆公交车，提高了城乡交通的便捷度。宁镇扬同城化步伐加快，实现公交一卡通，确保三市市民享受同城待遇。

推进城乡基本公共服务均等化。苏南地区加快构建适应新型城镇化的公众出行服务体系，率先实现镇村公交全覆盖，不断推进农村公路提档升级，将基本公共交通服务扩大到行政村。南京、苏州成功创建国家"公交都市"示范城市。苏南地区普遍实施流动人口居住证制度、与居住年限等条件挂钩的基本公共服务提供机制。溧阳市构建了城区公交、市镇公交、镇村公交三级公交网络，成为全国城乡客运一体化的典型。

实现城乡社会保障制度逐步接轨。苏南地区基本形成了城乡一体化的养老、医疗保障体系。2015年，苏南地区城市社区居家养老服务中心实现全覆盖，农村覆盖率达到95.8%；每千名老人拥有的各类养老床位数达到46.25张。

创新城乡一体化发展的体制机制。苏南地区积极建立农村产权交易机制，推进农村集体资产股权固化和"政经分离"。苏州率先进行改革，积累了经验。无锡65%的村完成了集体经济改制任务，近70%的农民拥有了集体经济股权。常州60%的村完成了社区股份合作制改革，农业企业上市实现零的突破。

美丽乡村建设成效显著。南京推进全域美丽乡村建设，基本建成江宁、高淳两个示范片区。苏州创建美丽村庄示范点86个、三星级康居乡村

100个,农村人居环境显著改善。无锡形成一批在国内享有较高知名度的"休闲乡村""最美乡村"。

第四节 开放合作引领区建设的主要进展评估

外贸发展方式加快转变。近年来,苏南地区进出口总额占全省的比重维持在85%以上。2015年,苏南五市进出口总额达到4651.6亿美元。外贸结构持续优化,一般贸易快速发展,进出口年均增长2.6%,占苏南进出口比重比2012年提升3.5个百分点。加工贸易转型升级持续推进,民营企业迅速崛起,占苏南进出口比重较2012年提高了3.2个百分点。服务贸易快速发展,占苏南外贸比重稳步上升;服务外包产业走在全国前列,南京、苏州、无锡进入全国21个服务外包示范城市榜。

利用外资结构持续优化。2015年,苏南地区实际利用外资173.47亿美元,其中服务业实际利用外资占比达到51.2%;苏州战略性新兴产业和高新技术项目实际利用外资占实际利用外资的48.2%。外资增资并购趋势上升,2015年,苏州589家外企增资扩股,新增协议外资51.2亿美元,占协议外资总额的57.3%。外资新业态新模式发展良好,2013~2015年,苏南地区新设外资研发机构128家、跨国公司地区总部和功能性机构152家,苏南地区另有10家外资企业在境外上市。

推动开发区转型升级创新发展。64家特色产业园区中,超过六成形成以战略性新兴产业为主导的产业结构。昆山海峡两岸电子商务经济合作试验区,拓展了以跨境电子商务深化两岸产业合作的新路径。昆山综合保税区开展内销产品返区维修业务,率先复制上海自贸区集中汇总纳税等成功经验。苏南各市积极复制推广上海自贸区改革创新措施,外资快速审批、扩大金融业开放、创新海关特殊监管区域功能等工作走在全省前列。

"走出去"战略稳步推进。2015年,苏南境外并购项目为131个,同比增长43.9%。苏南地区积极推动企业抱团走出去,重点支持苏州和无锡企业投资建设埃塞东方工业园和柬埔寨西港特区2个国家级经贸合作区。一批重大项目成功落实,2015年,南京市的苏宁云商出资22亿美元认购阿里巴巴集团增发股份项目;苏州市新批境外投资项目的中方协议投资额为20.5亿美元,比2014年增长20.4%;无锡市有46家企业境外上市。

第五节　富裕文明宜居区建设的主要进展评估

城乡居民收入持续较快增长。苏南五市城乡居民人均可支配收入均保持全省领先水平，2015 年，苏南地区城镇居民人均可支配收入达 40328 元，农村居民人均纯收入为 19700 元。南京市深入实施全民创业工程，提高了经营性收入。苏州市鼓励发展吸纳就业能力强的产业，努力推进高质就业和稳定就业。苏南地区建立了城乡困难群众精准帮扶机制。无锡市以低保家庭、低收入家庭和特殊困难人员为重点，创新帮扶政策和工作机制，构建符合苏南发展需要的住房保障与供应体系，有效改善居民的居住条件和水平。

公共服务体系日趋完善。南京市重点解决"最后一公里"终端服务可及性和质量效益问题。苏州市建设现代综合交通运输体系。南京市支持学前教育普惠优质发展，全面保障残疾儿童、少年，留守儿童、少年，外来务工随迁子女平等受教育权利。镇江市加快构建以分级诊疗为核心的现代医疗卫生体系，发展康复、老年护理机构和多元化医疗健康服务业。

公共文化产品和服务供给能力不断增强。苏南地区大力推进市、县级市（区）级公共文化设施提质升级。苏州着力打造"世界遗产城市"和"全球创意之都"品牌。苏南地区不断推进文化服务标准化建设。苏州制定了"基本公共文化服务保障标准"、"公共文化机构服务标准"和"公共文化服务绩效评估标准"，初步形成了标准化工作机制。

地域特色文化日益彰显。南京市加大历史文化街区和古镇古村落保护力度，保护明代、民国等不同时期的都城格局，实施整体格局与风貌保护复兴工程；打造"雨花英烈精神"等红色文化品牌，加强爱国主义教育基地的建设。苏州市着力培育城市精神，弘扬"张家港精神""昆山之路""园区经验"。

人居生态环境逐步改善。苏南各市均进入国家环保模范城市行列，实现国家生态市全覆盖。无锡市积极建设国家低碳试点城市、循环经济示范城市工作，南京市全面开展山水林田湖自然生态系统保护与修复工作，成功创建国家生态市和国家森林城市。常州市大力开展智慧城市建设。

社区服务管理水平持续提升。苏南获评"全国社区管理和服务创新试验区"的地区达到 10 个，社会组织培育孵化基地总数达 234 个，南京、无锡、苏州初步建成市、县、街道、社区四级社会组织培育孵化网络。苏南地区积极推进养老机构体制机制改革。全省已有 177 家公办养老机构实现了公建民营，其大多分布在苏南地区。常州市建成了 1 个省级健康养老服务业集聚区。

第六节　政府治理现代化建设的主要进展评估

推进简政放权，加快政府职能转变。深化"5 张清单、1 个平台、7 项相关改革"，构建便利创业创新的体制机制，是苏南现代化示范区建设中地方政府治理现代化探索的重点。

推进行政审批制度改革。近年来，江苏省政府加大取消、下放行政审批事项力度，对苏南地区共取消、下放、减少行政审批事项 587 项，占原行政审批事项总数的 66%。

推进相对集中许可权改革。2015 年，苏州工业园率先开展相对集中行政许可权改革，成立行政审批局，实行线上线下"一站式"办理，建立审批监管联动机制，获得了较高的企业群众满意度。镇江市实施"多评合一"改革，项目评估及手续办理周期缩短到 50 个工作日以内。常州市采取了"多图联审"的简化、优化投资建设项目审批流程的创新举措。

推进监管执法体制改革。综合行政执法体制改革覆盖了苏南五市，按照"三合一"模式设立市场监管局，市级行政编制减少了 10%，县级行政编制减少了 20%。昆山市张浦镇开展"经济发达镇体制改革"试点工作，将 34 个事业单位及其下属机构整合重组为 9 个职能机构，集中审批、综合执法，该镇获得第七届"中国地方政府创新奖"。句容市推进"多规合一"改革试点工作。

推进供给侧结构性改革。2016 年 4 月，按照中央的要求与部署，江苏省委、省政府出台了《关于推进供给侧结构性改革的意见》，提出了去产能、去库存、去杠杆、降成本、补短板五大任务的行动方案。江苏省政府对 191 项中介服务事项进行清理，确定保留中介服务项目 75 项，中介服务项目精简幅度达 60.7%，成本将降低到年均 1000 亿元。

完善立法与提高法治水平。南京市鼓楼区、无锡市江阴市基层司法体制改革试点取得初步成果，推动了苏南地区构建覆盖城乡的公共法律服务体系。苏州市推动"法尚苏州"建设，完成了生态保护补偿、古村落保护等立法工作。南京市建立了市级统一的公共资源交易管理服务平台。无锡市出台了全国首部社区戒毒地方性法规，社区戒毒康复工作的经验做法在全国推广。

大力推进社会治理创新。苏南五市重点培育和发展经济类、科技类、公益慈善类、社区服务类社会组织。南京市全面推进"街道去机关化、社区去行政化"，制订实施街道办事处工作职责清单，淡化街道经济发展主体责任。

平安苏南建设特色鲜明。苏南地区大力推进平安建设信息化、智能化。南京市公安局搭建了专业信息系统；无锡市探索将物联网技术运用于治安防控和安全管理；苏州市通过智能模型测算违法犯罪警情发生的概率，科学引导警力投放和针对性防控。苏南地区大力推进平安建设协同化、社会化。南京市秦淮区建立覆盖面大的治安信息员队伍，在维护治安中发挥了重要作用。

第十二章
苏南现代化建设示范区的主要特色

第一节　南京市推进科技体制综合改革的特色

科技立法和科技政策先行。南京市先后出台了关于科技人才创业特别社区、众创空间、知识产权、战略性新兴产业创新中心等方面的法规与政策文件。南京市积极落实科技税收政策，2015年，全市减免税额累计达70.76亿元，同比增加10.1%。

加强知识产权强市建设。南京市出台了《南京市知识产权促进和保护条例》《关于加快知识产权服务业和检验检测服务业发展的意见》等文件。截至2016年4月，全市专利申请总量同比增长29.37%，位居全省第二，其中发明专利申请量同比增长23.87%，位居全省第二、全国同类城市第五；每万人发明专利拥有量达36.19件，位居全省第一。

建设科技创新创业平台，促进科技成果转化。南京市现有国家级高新开发区3家、国家级科技企业孵化器20家、国家级农业科技园1家、国家级特色产业基地10家；市级以上科技企业孵化器总数达到158家，孵化总面积为532万平方米，在孵企业总数达到7867家；科技公共服务平台数量为123家，其中国家级为3家，省级为86家。目前，全市共建设重大公共技术服务平台19家、战略性新兴产业创新中心45家、大学科技园31家。

加强科技人才队伍建设。截至2015年年底，南京市引进的海外高层次创新创业人才总数达3752人，自主培养的入选国家"千人计划"人数累计达258人。

推进科技金融融合发展。南京市建立了联合产权（科技）交易所，组建了科技创新创业金融服务中心，成立了11家科技银行、2家科技保险公司和 19 家科技小额贷款公司。

第二节　无锡市推进"两型社会"建设的特色

构建能源资源节约利用新机制。无锡市被相继评为国家首批"工业能耗在线监控试点城市""国家可再生能源建筑应用示范城市""国家光伏分布式能源示范区""全国绿色低碳交通运输体系区域性试点城市""省绿色建筑示范市"。无锡市大力推进节约集约用地，被国土资源部授予"全国国土资源节约集约模范市"。

构建生态建设和环境综合整治新模式。调整后生态红线区域占全市土地面积的28.69%。无锡市从生产和生活两端抓，推动太湖和河道水质持续改善、流域水生态环境持续修复；实现生活垃圾无害化处理100%的目标；全面推行排污许可及有偿使用和交易制度；探索多元化生态补偿方式，重点补偿基本农田、自然保护区等12类生态保护区域。

构建产业转型升级新机制。无锡市对"两型社会"建设中的共性技术、关键技术进行研究开发，支持和引导相关科技成果的转化应用；推动形成以高新技术和现代服务业为主体的"两型产业"；建立低投入、低消耗、低排放和高效率的循环经济体系，全面推进园区循环化改造。

构建城乡综合改革新体制。无锡市不断加大城乡"六个一体化"统筹推进力度，推动公共财力向农村更多倾斜、基础设施向农村加快延伸、基本公共服务向农村全面覆盖，进一步缩小城乡差距；推进农村土地确权、农村产权流转交易市场建设和家庭农场认定登记工作，开展土地确权试点村比例超过70%，建成运行了31个镇级产权流转交易服务中心。

第三节　常州市推进产城融合综合改革的特色

区域空间格局进一步优化。常州市以乡镇（街道）为单元，将全市划分为优化提升、适度发展、重点拓展、限制开发、禁止开发五类功能区域；开展市级产城融合示范区试点工作，培育产城融合发展的典型。

产业转型升级步伐加快。常州市大力推进以智能装备制造为重点的十大产业链建设，通过"建链""补链""强链"等途径，促进产业集聚高效发展；大力推进传统优势产业转型升级，每年实施100项左右重点技改项目，培育100家左右龙头企业。

城乡建设管理稳步提升。常州市开展城市环境综合整治，城市精细化管理水平得到提高，成为首批"江苏省优秀管理城市"；深入开展村庄环境综合整治，建成了一批美丽乡村示范村。全市饮用水水源地水质达标率稳定保持在100%，成功创建国家级节水型城市。

基本公共服务持续改善。养老、医疗、失业三大保险综合覆盖率稳定在98%以上。常州市实现中心城区中低收入住房困难家庭应保尽保，成为江苏省住房保障体系建设示范市；建成15分钟社区医疗卫生服务体系和江苏省首批公共体育服务体系示范区，实现社区居家养老服务中心（站）全覆盖；加快推进法治建设，荣获全国社会治安综合治理最高奖"长安杯"。

体制机制改革有序推进。常州市率先公布部门权力清单和职责清单；启动实施不动产统一登记制度改革；推进武进区农村宅基地使用制度改革试点工作，加快农村产权交易平台和市场建设；探索工业用地长期租赁、先租后让、租让结合等供地方式。

第四节　苏州市推进城乡发展一体化的特色

统筹城乡基本公共服务。苏州市初步形成了广覆盖的公共服务体系。全市城乡低保、养老、医疗保障制度实现"三大并轨"，城乡居民养老保险和医疗保险覆盖率均保持在99%以上。

强化规划引领和土地资源节约集约利用。城乡网络空间结构和布局更加优化，城镇化率已达到74.8%。苏州市稳步推进"三集中""三置换"，实现了农民持股、带保、换房、就业和进入城镇。

实施经济发达镇行政管理体制改革。7个国家级、省级、市级的试点镇均按要求整体推进改革工作，扁平高效的新型镇级政府框架已形成并运行。

深化农村集体产权制度改革。苏州市建立了农村产权交易中心，深入推进农村集体资产股权固化和"政经分离"改革。目前，全市社区股份合作社股权固化改革试点村（社区）累计达到777个，累计建成"政经分离"改革试点村（社区）158个。

逐步建设城乡一体化的投融资机制。苏州市推出了总投资 951.5 亿元的 60 个鼓励社会资本参与投资、建设和运营的项目。

健全多元参与的新型社会治理机制。由各类社会组织和社区居民广泛参与的新型社区服务管理模式覆盖了全市城乡社区。苏州市加快推进县镇村三级社会管理综合服务平台体系规范化建设。

基本构建富民强村长效机制。苏州市积极探索村级集体经济发展的新渠道，重点开发创新创业楼宇、科技孵化平台、现代服务业综合体和政府实事载体，切实强化薄弱村帮扶机制。全面启动"美丽镇村"示范点建设，目前累计创建美丽村庄示范村 85 个、省级三星级康居乡村 369 个。

第五节　镇江市推进生态文明建设的特色

低碳城市建设走在全国前列。镇江市在全国率先推行固定资产投资项目碳排放影响评估制度，让碳考核发挥指挥棒导向作用；以县域为单位实施碳排放总量和强度的双控考核。2014 年，镇江市获得中国人居环境奖授牌，成为全国第 5 个国家生态市、全国首批生态文明先行示范区。

绿色发展成效更加彰显。镇江市规划建设 20 个先进制造业特色园区、30 个现代服务业集聚区和 30 个现代农业园区。全市高新技术产业产值占规模以上工业产值比重达 48.6%，连续四年保持全省第一，成为全省唯一的全国工业绿色转型试点城市。镇江市基本完成了镇江新区国家级循环化园区和丹阳、句容、丹徒三家省级循环化试点园区的改造任务，实现了省级以上开发区园区循环化改造全覆盖。丹阳市被评为国家级循环经济示范市。

探索创新生态文明建设体制机制。在镇江市，生态文明和低碳建设的五大类 22 项体制机制创新，已经有 17 项形成制度文件。镇江市在全国首创了生态文明建设管理与服务云平台，生态文明类指标数量增加到 10 项。镇江市建立了环境成本合理负担机制和污染减排激励约束机制，推进排污权交易；设立了生态补偿资金池，以辖市（区）、乡镇（街道）作为补偿对象，实行"重点性补偿"、"基础性补偿"和"激励性补偿"三种补偿方式，用于主体功能区生态补偿。

　　推动生态环境质量不断改善。镇江市通过抓好重点区域治理，强化工业污染治理，强化水污染治理，基本消除了城市河道黑臭现象。镇江市通过强化大气污染治理，强化城乡环境治理，建成了 2 个美丽宜居镇、20 个美丽宜居村，创建了 65 个省级三星级康居示范村。

第十三章
推进苏南现代化示范区建设的主要经验

第一节 目标引领，推进规划实施

经国务院批准的《苏南现代化建设示范区规划》提出，到2020年建成全国现代化建设示范区，到2030年全面实现区域现代化、经济发展和社会事业达到主要发达国家水平，重点推进经济现代化、城乡现代化、社会现代化、生态文明和政治文明建设，促进人的全面发展，努力将苏南地区建成自主创新先导区、现代产业集聚区、城乡发展一体化先行区、开放合作引领区、富裕文明宜居区。

为了全面贯彻落实这一规划，江苏省委、省政府出台了《关于贯彻落实〈苏南现代化建设示范区规划〉的实施意见》《苏南现代化建设示范区"十二五"期间推进计划》《省有关部门和单位支持苏南现代化示范区建设的目标任务》以及一系列配套文件，明确目标、分解任务，为苏南发展提供相关政策支撑。苏南五市均结合自身实际，制订出台了具体的实施计划，细化落实《苏南现代化建设示范区规划》中提出的目标任务。江苏省和苏南各国家高新区均建立了示范区"一站式服务中心"，形成了上下联动、有机衔接的工作推进机制。

第二节 增强动能，推进自主创新

苏南各地始终把创新驱动作为现代化建设的中心环节，坚持以创新驱动为主引擎，制定实施了一系列创新政策措施，加快构建区域创新体系，加速集聚创新创业资源，大力培养和引进高层次创新创业人才，构筑国际化人才高地，全面提升自主创新能力。

构建创新驱动发展体制机制。无锡全面落实国家科技创新政策，推动金融与科技融合，充分激发各类创新主体活力。苏州加快培育创新型企业集群。南京强化"政产学研金介"协同创新。常州推进创新载体建设，科教城连续三年荣获中国最佳创业园区第二名。

第三节　优化发展，推进产业转型

坚持高端引领，主攻高端技术，突破高端环节，在扩大国内市场应用、关键技术攻关、领军企业培育上实现新突破，推进战略性新兴产业健康发展，努力抢占产业制高点。苏南地区战略性新兴产业产值年均增长15%以上。

坚持生产性服务业与先进制造业融合发展，生活性服务业与扩大居民消费相互促进，提升服务业整体实力。苏南地区第三产业比重超过51%，高于江苏省3个百分点，年均提升1.3%。

第四节　先行先试，推进改革开放

率先深化行政管理体制改革。建立政府"权力清单"制度，优化行政审批运行机制，逐年减少行政许可和非行政许可审批事项，率先推进监督执法体制改革。

扎实推进重大改革试点。南京作为国家科技体制综合改革试点，在科技评价创新机制、资金支持方式等方面，形成了一些可复制的成功经验做法；苏州作为国家城乡发展一体化综合改革试点，探索推出了"三大合作""三优三保"等一批改革举措；无锡作为江苏省"两型社会"建设综合配套改革试点，积极探索能源和资源节约利用、循环经济、生态补偿、污染治理新机制，逐步释放生态红利。常州的产城融合、镇江的生态文明建设综合改革试点工作正有序推进。

第五节　生态导向，推进绿色发展

统筹经济社会发展与生态文明建设，大力发展绿色低碳经济。苏州积极开展"能效之星"创建活动和"万企节能"低碳行动；镇江在全国率先创立城市碳峰值、碳平台、碳评估、碳考核的"四碳"创新机制，首创低碳城市建设管理云平台；南京成功创建国家森林城市；无锡在全国率先探索实践"产能置换指标交易"；常州率先出台土壤环境调查与修复管理办法，同时积极开展水环境治理、大气治理等。

第六节 民生优先，推进共享发展

以习近平总书记视察江苏重要讲话精神为指导，将保障与改善民生作为建设"经济强、百姓富、环境美、社会文明程度高的新江苏"的出发点与落脚点。围绕习近平总书记提出的"七个更"的民生工作要点，持续加大民生投入力度，扎实办好民生实事。努力增加城乡居民收入，实施居民收入倍增计划。

深入推进苏南教育现代化示范区建设。苏南教育现代化整体达成度为87.1%，学前三年教育毛入园率为99.4%，义务教育巩固率、高中阶段教育毛入学率均达到100%，高等教育毛入学率达到60.35%，主要劳动年龄人口平均受教育年限达到11.64年，各项指标均高于全省、全国平均水平。

完善城乡社会保障体系。苏南五市全部实现城乡低保标准一体化，南京、苏州两市实现同城同标。苏南地区深入推进平安社会建设，率先推进平安建设信息化、智能化、法治化、规范化、协同化、社会化，全力打造领域更广、基础更牢、标准更高、群众更满意的平安苏南。

第十四章
苏南地区现代化建设进程测评

我们使用国务院批准的《苏南现代化建设示范区规划》发布的"苏南地区现代化建设指标体系（试行）"、联合国开发计划署发布的人类发展指数，对苏南地区现代化进程进行测评。

第一节 测评一：苏南地区现代化指标达标率

首先，我们对"苏南地区现代化建设指标体系（试行）"进行测评。在"经济现代化、城乡现代化、社会现代化、生态文明、政治文明"五个一级指标中，各选取一个二级指标，即"人均地区生产总值、居民收入水平、主要劳动年龄人口平均受教育年限、单位地区生产总值能耗、法治和平安建设水平"，作为核心指标，权重均为6；其余25个二级指标的权重均为2.8。江苏省统计局和省委研究室在苏南基本现代化评价中，给"人均地区生产总值、居民收入水平、主要劳动年龄人口平均受教育年限、单位地区生产总值能耗"四个指标赋予较高权重，与我们选取的核心指标基本一致。我们采用江苏省统计局提供的2015年数据，对苏南现代化建设进程进行测评。

分市来看，苏州、无锡有26个三级指标已达标，达标率为59.09%；南京和常州有25个三级指标已达标，达标率为56.82%；镇江有19个三级指标达标，达标率为43.18%。

从整个苏南地区来看，44个三级指标中有29个三级指标已达标，达标率为65.91%；7个三级指标实现程度在90%以上，接近达标，与目标差距较小；2个三级指标实现程度为80%~90%；6个三级指标实现程度在80%以下,与目标差距较大。其中,人均地区生产总值实现程度为67.53%,农业劳动生产率实现程度为60.55%,城镇居民人均纯收入实现程度为53.77%,农村居民人均纯收入实现程度为51.84%,城市空气质量达到或优于二级标准的天数比例实现程度为72.00%,Ⅲ类及以上地表水占比实现程度为73.00%。

第二节 测评二:苏南现代化建设示范区实现程度

经对"苏南地区现代化建设指标体系(试行)"的测评,2015年,苏南地区现代化总实现程度为90.15%。分类来看,2015年,苏南地区经济现代化实现程度为86.54%,城乡现代化实现程度为83.54%,社会现代化实现程度为97.69%,生态文明实现程度为85.23%,政治文明群众满意度达到90.15%。

分市来看,南京现代化总实现程度为89.27%,无锡现代化总实现程度为89.25%,常州现代化总实现程度为88.37%,苏州现代化总实现程度为91.00%,镇江现代化总实现程度为87.38%(见表14-1)。

表14-1 苏南现代化建设示范区总体实现程度

单位:%

类别	苏南	南京	无锡	常州	苏州	镇江
总实现程度	90.15	89.27	89.25	88.37	91.00	87.38
经济现代化实现程度	86.54	86.37	83.76	83.89	90.00	83.89
城乡现代化实现程度	83.54	81.64	83.89	81.19	85.51	77.59
社会现代化实现程度	97.69	99.33	94.27	95.15	96.32	94.58
生态文明实现程度	85.23	79.60	89.95	85.81	84.89	84.61
政治文明群众满意度	90.15	90.03	90.52	90.33	89.46	90.73

分市分类来看,南京社会现代化实现程度(99.33%)、经济现代化实现程度(86.37%)相对较高,生态文明实现程度(79.60%)、城镇居民人均纯收入与农民人均纯收入等城乡现代化指标的实现值相对较低(见附表3)。

无锡生态文明实现程度(89.95%)相对较高;服务业增加值占地区生产总值比重、高新技术产业占规模以上工业产值比重、自主品牌企业增加值占地区生产总值比重、文化产业增加值占地区生产总值比重等经济现代化指标实现程度相对较低；主要劳动年龄人口平均受教育年限、每万人社会组织数、人均拥有公共文化体育设施面积等社会现代化指标实现程度相对较低（见附表4）。

常州总体实现程度低于苏州、南京、无锡三市。人均地区生产总值、农业劳动生产率等经济现代化指标的实现程度，城镇居民人均纯收入、农民居民人均纯收入等城乡现代化指标的实现程度相对较低（见附表5）。

苏州现代化总体实现程度领先，经济现代化和社会现代化实现程度相对较高，生态文明实现程度相对较低，主要原因是单位地区生产总值能耗还较高、森林（林木）覆盖率较低（见附表6）。

镇江城乡现代化实现程度相对较低，镇江有8个指标的实现程度低于80%：人均地区生产总值实现程度为60.03%，服务业增加值占地区生产总值比重实现程度为78.17%，农业劳动生产率实现程度为57.16%，城镇居民人均纯收入实现程度为45.33%，农村居民人均纯收入实现程度为43.76%，人均拥有公共文化体育设施面积实现程度为79.00%，城市空气质量达到或优于二级标准的天数比例实现程度为68.67%，Ⅲ类及以上地表水占比实现程度为72.00%（见附表7）。

第三节　测评三：苏南地区人类发展指数及其国际比较

人类发展指数（HDI）是联合国对人类发展情况的总体衡量尺度，从生活水平、知识的获取以及健康长寿三个基本维度衡量一个国家或地区取得的平均成就。

一　人类发展指数的计算方法

人类发展指数（HDI）是对人类发展情况的总体衡量尺度，从人类发展的三个基本维度衡量一个国家或地区取得的平均成就。2009年以前，在联合国开发计划署使用的计算方法中，三个维度分别是：健康长寿、知识的获取以及生活水平。

HDI是衡量每个维度取得成就的标准化指数的几何平均数。其中，健康长寿：用出生时预期寿命度量。知识的获取：用成人识字率（占2/3权重)和小学、中学和大学综合毛入学率(占1/3权重)度量。生活水平:用人均国内生产总值(美元购买力平价)度量。

在计算人类发展指数本身之前,必须为人类发展指数每一维度创建一个指数。为了计算这些维度,即预期寿命、教育和国内生产总值的指数,必须为上述指标选定极小值和极大值(阈值)。2009年以前的《人类发展报告》使用的阈值如表14-2所示。

表14-2 计算HDI的阈值

指标	极大值	极小值
出生时预期寿命(岁)	85	25
成人识字率(%)	100	0
综合毛入学率(%)	100	0
人均国内生产总值(美元购买力平价)	40000	100

每一维度的业绩表现为0和1之间的一个值,可用以下通用公式计算:

$$维度指数 = \frac{实际值 - 最小值}{极大差 - 最小值}$$

人类发展指数可由计算这些维度指数的简单平均值而获得。一个国家的HDI的计算步骤如下。

1. 计算预期寿命指数

预期寿命指数用于测度一个国家在出生时预期寿命方面所取得的相对成就。

$$预期寿命指数 = \frac{LE - 25}{85 - 25}, LE = 预期寿命(岁)$$

2. 计算教育指数

教育指数衡量的是一个国家在成人识字及初、中、高综合毛入学率两方面所取得的相对成就。先计算成人识字指数和综合毛入学指数,然后取2/3的成人识字指数值和1/3的综合毛入学指数值求和,即为教育指数的值。成人识字率为15岁以上识字者占15岁以上人口的比重,综合入学率指学生人数占6岁至21岁人口的比重(依各国教育系统的差异而有所不同)。

$$成人识字指数 = \frac{ALR - 0}{100 - 0}, \quad ALR = 成人识字率 \cdot 100。$$

$$毛入学指数 = \frac{CGER - 0}{100 - 0}, \quad CGER = 毛入学率 \cdot 100。$$

教育指数 = 2/3（成人识字指数）+ 1/3（毛入学指数）

3. 计算 GDP 指数

GDP 指数用按美元购买力平价的人均国内生产总值计算。在人类发展指数中，收入是未被健康长寿和知识反映出来的所有人类发展维度的代用指标。然而要想取得状况良好的人类发展并不需要无限多的收入，所以对收入进行了调整并相应地采用了收入的对数。

$$\text{GDP 指数} = \frac{\log[GDP_{pc}] - \log(100)}{\log(40000) - \log(100)}, \quad GDP_{pc} = 人均 GDP（按美元购买力平价）$$

4. 计算人类发展指数（HDI）

HDI 是三个维度指数的简单平均值，即：

人类发展指数（HDI）= 1/3（预期寿命指数）+ 1/3（教育指数）+ 1/3（GDP 指数）

二　苏南地区的人类发展指数

（一）指标取值及说明

江苏省及下辖各市的指标数据通过以下来源获得。人均预期寿命的数据源于人口统计年鉴。教育类指标（成人识字率、文盲率、2015 年普及率）的数据，为江苏省教育厅提供。其中，教育普及率权重按照义务教育阶段 9 年、高中 3 年和大学 3 年赋权。人均 GDP（元）数据源于江苏统计年鉴。在以 2014 年人均 GDP（美元）为基础，计算 GDP 指数时，购买力平价采用世界银行数据库的 PPP 转换因子。

苏南地区的数据，主要通过加权计算获得。因苏南地区数据无法通过权威来源获得，只好以"各市人口占苏南人口比重"为权重标准，通过加权计算获得。人均 GDP（元）、人均预期寿命数据除外。

（二）苏南地区人类发展指数的测算及比较

按照联合国人类发展指数计算方法，人均 GDP 以美元购买力平价测算。根据世界银行公布的数据，2014年人民币对美元的购买力平价为 3.528。按照联合国2009年以前使用的计算方法与指标口径，可测算得出苏南地区人类发展指数（见表14-3）。

表14-3 2015年苏南地区人类发展指数

指标	苏南	南京	无锡	常州	苏州	镇江
GDP指数	0.975	0.951	0.991	0.956	0.995	0.955
教育指数	0.957	0.958	0.960	0.951	0.959	0.952
预期寿命指数	0.873	0.873	0.877	0.876	0.881	0.863
人类发展指数	0.935	0.927	0.943	0.928	0.945	0.923

联合国曾根据人类发展指数将世界各国分为四类：极高人类发展水平（0.900及以上）、高人类发展水平（0.800~0.899）、中等人类发展水平（0.500~0.799）、低人类发展水平（低于0.500）。2005年，部分极高人类发展水平国家与地区排名见表14-4。

表14-4 部分极高人类发展水平国家或地区排名

排名	国家或地区	HDI数值（2005年）	排名	国家或地区	HDI数值（2005年）
1	冰岛	0.968	14	丹麦	0.949
2	挪威	0.968	15	奥地利	0.948
3	澳大利亚	0.962	16	英国	0.946
4	加拿大	0.961	17	比利时	0.946
5	爱尔兰	0.959	18	卢森堡	0.944
6	瑞典	0.956	19	新西兰	0.943
7	瑞士	0.955	20	意大利	0.941
8	日本	0.953	21	中国香港	0.937
9	荷兰	0.953	22	德国	0.935
10	法国	0.952	23	以色列	0.932
11	芬兰	0.952	24	希腊	0.926
12	美国	0.951	25	新加坡	0.922
13	西班牙	0.949	26	韩国	0.921

2015年，苏南地区总体人类发展指数为0.935，属于极高人类发展水平（0.900及以上），相当于2005年德国的发展水平（第22位）。2015

年，苏南五市人类发展指数分布在 0.923~0.945，即相当于 2005 年新加坡（第 25 位）至卢森堡（第 18 位）的发展水平。这一区间还包括希腊、以色列、德国、中国香港、意大利、新西兰。

我们测算使用的预期寿命数据是 2010 年的人口普查数据，因此 2015 年苏南地区人类发展水平与 2005 年世界极高人类发展水平的国家与地区相比，实际差距没有 10 年。

到 2030 年，苏南地区人类发展指数进行当年国际比较时，将出现较大幅度进位，有望达到主要发达国家的发展水平。

第十五章
推进苏南现代化建设示范区上新台阶

第一节 苏南现代化示范区建设面临的短板与难点

一 经济实力有待进一步增强

《苏南现代化建设示范区规划》提出，到2020年，在全面建成小康社会的基础上，基本实现区域现代化，目标之一是人均地区生产总值达到18万元。2015年，苏南地区"人均地区生产总值"实现程度为67.51%。以省定预期年增速7.5%测算，2020年有望接近目标值。这是苏南现代化示范区建设面临的短板之一，"十三五"期间苏南地区需要保持经济较快持续增长。同时，产业结构有待优化，特别是传统产业转型压力较大，这些产业大多处于产业链、价值链低端。

二 人民生活水平与质量有待进一步改善

2015年，苏南地区城镇居民人均可支配收入、农村居民人均可支配收入实现程度分别为63.77%、51.84%，与目标存在较大差距。以经济发展相近的增速（7.5%）或者略高于此增速测算，2020年有望接近目标值。城乡居民收入是民生保障与改善的基础，目前农村居民收入与目标值的差距尤其显著，实现目标面临的困难较大。

三 生态环境质量有待进一步改善

资源环境约束趋紧。苏南部分地区开发强度已超过国际公认的30%的临界点，2015年单位土地面积氨氮、SO_2、氮氧化合物排放强度分别是江苏省平均水平的 1.2 倍、1.9 倍、2.1 倍；化工、冶金、石化等高污染行业仍占据相当高的比重，水气污染防治任务艰巨。2015 年，地表水好于Ⅲ类水质的比例为 73.0%，空气质量达到二级标准的天数比例为 72.0%，与目标尚有较大差距。对此，苏南地区必须高度重视环境问题，持续努力加快污染治理。

四 区域发展有待进一步协调

苏南地区发展仍不平衡。从人均地区生产总值来看，2015 年五市实现程度的最大差距达 17.75 个百分点。各市经济密度差异突出，昆山经济密度达 0.53 亿美元/平方公里，江阴达 0.46 亿美元/平方公里，有的县（市）则每平方公里不足 0.2 亿美元。因此，需要推动地方区域之间协调发展。

五 自主创新能力有待进一步提升

创新创业人才资源仍然不足，高端人才的集聚效应亟须增强。体现企业自主创新能力和核心竞争力的发明专利在专利中的比重偏低，拥有核心自主知识产权、处于市场主导地位的地标型大企业数量偏少。有些地区存在全社会科技投入偏低、公共科研机构较少、各类创新人才短缺、企业研发能力薄弱等问题。支柱产业、战略性新兴产业拥有的自主核心技术与关键技术不足，需要整合区域资源，加大力度联合攻关、共享科技成果。

第二节 进一步推进苏南现代化建设示范区的建议

一 加强苏南现代化建设的省级协调统筹

苏南示范区建设规划涉及苏南地区各市的政策近 60 项，每项政策的落地均需多部门协调。建议加强省级协调统筹，推动多部门联动，加强对苏南自主创新示范区新型城镇化综合试点等重点任务的指导，及时传递与公布国家相关部委工作动态。

二 有效精准补齐苏南现代化建设的短板

苏南发展现状与苏南现代化示范区建设的目标要求相比,在经济发展、资源环境、民生保障、城乡区域等领域存在短板和薄弱环节,亟须进一步谋划,通过有效路径与精准措施实现重点突破,扬长补短,提升苏南现代化建设的示范意义。

三 完善苏南区域创新体系

苏南地区是跨区域的国家自主创新示范区,建议进一步打破市、县(区)行政区划界限,完善苏南地区创新体系。全面提升苏南自主创新能力,培育发展新动力新动能。加快形成以创新为主要引领和支撑的经济体系、发展方式,充分发挥苏南的示范引领作用。

四 创建国家级制造业创新中心

依托产业链突破产业核心共性技术,依托体制优势突破技术成果转化瓶颈,争取承担国家级首批制造业创新中心建设任务。"中国制造2025"明确的10个重点领域,在苏南均有良好的发展基础。建议国家将相关重大专项的更多项目布局在苏南地区,争取尽快取得突破、缩小与国际先进水平的差距,加快形成新的竞争优势。

五 支持苏南开放型经济的重要载体建设

做大做强苏州工业园区国际进口创新示范区、中国(昆山)品牌产品进口交易会、省级进口商品交易中心及张家港整车进口口岸等载体平台。加快常熟、吴江等专业市场国际化,争取开展国家市场采购贸易方式试点,推进中国(苏州)跨境电子商务综试区建设。加快境外经贸合作载体建设,推动柬埔寨西港特区和埃塞东方工业园区形成更大的规模产出效应。完善苏州自贸试验区申报方案。依托开放平台积极争取先行先试,依托苏州工业园区、昆山深化两岸产业合作试验区、南京江北新区、中韩(无锡)科技金融服务合作区、中德太仓国际创新园等开放平台,打造江苏开放型经济发展的新引擎。

六　支持苏南地区重大基础设施建设

按照《苏南现代化建设示范区规划》《江苏省新型城镇化和城乡发展一体化规划（2014~2020）》要求，以国务院审议通过长三角城市群规划为契机，加大对苏锡常都市圈、南京都市圈与宁镇扬一体化发展支持力度，统筹规划重大交通基础设施建设，建设苏南各市之间与苏中、苏北、长三角联动的现代化大交通体系。

七　调整完善人员机构编制等公共资源的配置标准

苏南外来人口规模大，公共服务承受着巨大压力，县级市镇的行政能级较低，人员机构编制根据规定按照县的标准来配置，导致人员编制数量与实际工作量严重不符。建议根据人口规模，适当调整行政管理人员的编制。针对苏南随迁子女较多、教育资源供给压力较大等问题，建议增加与调整教师编制，支持苏南通过政府购买服务等办法，解决义务教育阶段师资不足问题，加大对苏南义务教育的综合奖补力度，适当在小学建设用地指标上给予苏南特殊政策。

八　建立生态补偿转移支付机制

建议加大对禁止或限制开发区域的财政转移支付，继续完善太湖区域环境资源补偿制度，鼓励各地区开展多种形式的生态补偿工作。加大对苏南丘陵地区的财政转移支付力度，鼓励特色产业发展、公共服务设施建设，支持苏南丘陵地区加强生态建设。

九　积极培育两大国家战略的叠加效应

自主创新是经济现代化的主要引擎，苏南自主创新示范区建设是苏南现代化示范区建设的重要基础与强大动力。建议加强统筹协调，加快培育两大国家战略的叠加效应。一是聚集制度创新，把深化科技体制改革作为最重要的抓手，加快形成有利于多出创新成果、有利于创新成果更快产业化的新机制。二是以区域创新一体化为着力点，加快构建协同高效的区域创新体系，着力打破创新资源配置的条块分割，赋予省属高校和科研院所更大的自主权，鼓励它们与地方协同创新，鼓励地方与地方协同创新。三是努力实现自主创新示范区建设新突破,在"一中心""一基地"建设中发挥引领作用,为苏南和江苏省加快转换发展动力机制提供有力支撑和保障。

十 支持南京江北新区与区域航运中心建设

南京江北新区应成为苏南现代化示范区与苏南自主创新示范区建设的先导区。建议加强对江北新区工作的全面指导与政策支持,争取国家层面的发展资源,支持江北新区率先复制上海自贸区等的试点经验,为江北新区建设提供更有力的支撑。南京作为全国综合交通枢纽城市、南京都市圈核心城市,具备较强的要素集聚、创新引领、产业辐射功能。建议推进南京在长江经济带中的区域航运中心建设以及国家中心城市建设,推动南京在更大的发展格局中发挥更大的作用。

附表1 苏南地区现代化建设指标体系（试行）

类别	序号	指标名称		单位	目标值	权重
经济现代化	1	人均地区生产总值		万元	18	6
	2	服务业增加值占地区生产总值比重		%	60	2.8
	3	现代农业发展水平	农业劳动生产率	万元/人	10	1.4
			耕种收综合机械化水平	%	68	1.4
	4	科技进步贡献率		%	65	2.8
	5	研发经费支出占地区生产总值比重		%	3	2.8
	6	高新技术产业产值占规模以上工业产值比重		%	50	2.8
	7	自主品牌企业增加值占地区生产总值比重		%	16	2.8
	8	每万人发明专利拥有量		件	13	2.8
	9	文化产业增加值占地区生产总值比重		%	6	2.8
城乡现代化	10	城镇化率		%	75	2.8
	11	公共交通服务	城市居民公共交通出行分担率	%	28	1.4
			镇村公共交通开通率	%	100	1.4
	12	居民收入水平	城镇居民人均纯收入	万元	7.5	3
			农村居民人均纯收入	万元	3.8	3
	13	居民住房水平	城镇家庭住房成套率	%	95	1.4
			农村家庭住房成套率	%	90	1.4
	14	村庄环境整治达标率		%	95	2.8

续表

类别	序号	指标名称		单位	目标值	权重
社会现代化	15	人均预期寿命		岁	80	2.8
	16	互联网普及率		%	90	2.8
	17	基本社会保障	城乡基本养老保险覆盖率	%	98	0.56
			城乡基本医疗保险覆盖率	%	98	0.56
			失业保险覆盖率	%	98	0.56
			城镇保障性住房覆盖率	%	98	0.56
			每千名老人拥有机构养老床位数	张	35	0.56
	18	每千人拥有执业（助理）医师数		人	2.3	2.8
	19	主要劳动年龄人口平均受教育年限		年	13	6
	20	人力资源水平	每万名劳动力中研发人员数	人	120	1.4
			每万名劳动力中高技能人员数	人	650	1.4
	21	基尼系数		—	<0.4	2.8
	22	每万人社会组织数		个	8.8	2.8
	23	人均拥有公共文化体育设施面积		平方米	3	2.8

续表

类别	序号	指标名称		单位	目标值	权重
生态文明	24	单位地区生产总值能耗		吨标准煤/万元	<0.45	6
	25	主要污染物排放量	单位地区生产总值化学需氧量排放量	千克/万元	<2.0	0.7
			单位地区生产总值二氧化硫排放量	千克/万元	<1.2	0.7
			单位地区生产总值氨氮排放量	千克/万元	<0.2	0.7
			单位地区生产总值氮氧化物排放量	千克/万元	<1.5	2.8
	26	城市空气质量达到或优于二级标准的天数比例		%	90	2.8
	27	Ⅲ类及以上地表水占比		%	80	1.4
	28	绿化水平	森林（林木）覆盖率	%	25	1.4
			城镇绿化覆盖率	%	40	2.8
政治文明	29	党风廉政建设满意度		%	80	3
	30	法治和平安建设水平	法治建设满意度	%	90	3
			公众安全感	%	90	

注：①森林（林木）覆盖率，为林木覆盖率；②人均预期寿命，是2010年的普查数据；③人均地区生产总值和城乡居民人均纯收入，均按照2010年不变价测算；④"城镇居民人均纯收入"为"城镇居民人均可支配收入"，"农村居民人均纯收入"为"农村居民人均可支配收入"；⑤"耕种综合机械化水平"用"农业综合机械化水平"代替；⑥表中数据均为初步统计数据。

附表 2 2015年苏南地区现代化建设进程测评

类别	序号	指标名称		单位	目标值	实现值	权重	实现程度（%）	得分
经济现代化	1	人均地区生产总值		元	180000	121545	6	67.53	4.05
	2	服务业增加值占地区生产总值比重		%	60	51.20	2.8	85.33	2.39
	3	现代农业发展水平	农业劳动生产率	万元/人	10	6.06	1.4	60.60	0.85
			耕种收综合机械化水平	%	68	85.10	1.4	100.00	1.40
	4	科技进步贡献率		%	65	61.70	2.8	94.92	2.66
	5	研发经费支出占地区生产总值比重		%	3	2.75	2.8	91.67	2.57
	6	高新技术产业产值占规模以上工业产值比重		%	50	45.08	2.8	90.16	2.52
	7	自主品牌企业增加值占地区生产总值比重		%	16	15.99	2.8	99.94	2.80
	8	每万人发明专利拥有量		件	13	26.55	2.8	100.00	2.80
	9	文化产业增加值占地区生产总值比重		%	6	5.45	2.8	90.83	2.54
城乡现代化	10	城镇化率		%	75	75.25	2.8	100.00	2.80
	11	公共交通服务	城市居民公共交通出行分担率	%	28	30.90	1.4	100.00	1.40
			镇村公共交通开通率	%	100	100.00	1.4	100.00	1.40
	12	居民收入水平	城镇居民人均纯收入	元	75000	40328.00	3	53.77	1.61
			农村居民人均纯收入	元	38000	19700.00	3	51.84	1.56
	13	居民住房水平	城镇家庭住房成套率	%	95	95.27	1.4	100.00	1.40
			农村家庭住房成套率	%	90	90.01	1.4	100.00	1.40
	14	村庄环境整治达标率		%	95	100.00	2.8	100.00	2.80

续表

类别	序号	指标名称		单位	目标值	实现值	权重	实现程度（%）	得分
社会现代化	15	人均预期寿命		岁	80	77.36	2.8	96.70	2.71
	16	互联网普及率		%	90	143.48	2.8	100.00	2.80
	17	基本社会保障	城乡基本养老保险覆盖率	%	98	98.32	0.56	100.00	0.56
			城乡基本医疗保险覆盖率	%	98	98.30	0.56	100.00	0.56
			失业保险覆盖率	%	98	98.70	0.56	100.00	0.56
			城镇保障性住房覆盖率	%	98	100.00	0.56	100.00	0.56
			每千名老人拥有机构养老床位数	张	35	46.25	0.56	100.00	2.80
	18	每千人拥有执业（助理）医师数		人	2.3	2.55	2.8	100.00	2.80
	19	主要劳动年龄人口平均受教育年限		年	13	11.78	6	90.62	5.44
	20	人力资源水平	每万名劳动力中研发人员数	人	120	170.12	1.4	100.00	1.40
			每万名劳动力中高技能人员数	人	650	737.68	1.4	100.00	1.40
	21	基尼系数		—	<0.4	<0.4	2.8	100.00	2.80
	22	每万人社会组织数		个	8.8	10.55	2.8	100.00	2.80
	23	人均拥有公共文化体育设施面积		平方米	3	3.08	2.8	100.00	2.80
生态文明	24	单位地区生产总值能耗		吨标准煤/万元	<0.45	0.54	6	83.33	5.00
	25	主要污染物排放量	单位地区生产总值化学需氧量排放量	千克/万元	<2.0	0.68	0.7	100.00	0.70
			单位地区生产总值二氧化硫排放量	千克/万元	<1.2	1.02	0.7	100.00	0.70
			单位地区生产总值氨氮排放量	千克/万元	<0.2	0.11	0.7	100.00	0.70
			单位地区生产总值氮氧化物排放量	千克/万元	<1.5	1.45	0.7	100.00	0.70

续表

类别	序号	指标名称	单位	目标值	实现值	权重	实现程度（%）	得分
生态文明	26	城市空气质量达到优于二级标准的天数比例	%	90	64.80	2.8	72.00	2.02
	27	Ⅲ类及以上地表水占比	%	80	58.40	2.8	73.00	2.04
	28	绿化水平	森林（林木）覆盖率	%	25	25.50	1.4	100.00	1.40
			城镇绿化覆盖率	%	40	40.15	1.4	100.00	1.40
政治文明	29	党风廉政建设满意度	%	80	80.35	2.8	100.00	2.80
	30	法治和平安建设水平	法治建设满意度	%	90	96.20	3	100.00	3.00
			公众安全感	%	90	93.92	3	100.00	3.00
综合得分						100		90.16

附表 3 2015 年南京现代化建设进程测评

类别	序号	指标名称	单位	目标值	实现值	权重	实现程度（%）	得分
经济现代化	1	人均地区生产总值	元	180000	105037	6	58.35	3.50
	2	服务业增加值占地区生产总值比重	%	60	57.30	2.8	95.50	2.67
	3	现代农业发展水平	农业劳动生产率	万元/人	10	4.94	1.4	49.39	0.69
			耕种收综合机械化水平	%	68	84.00	1.4	100.00	1.40
	4	科技进步贡献率	%	65	61.90	2.8	95.23	2.67
	5	研发经费支出占地区生产总值比重	%	3	2.99	2.8	99.67	2.79
	6	高新技术产业产值占规模以上工业产值比重	%	50	45.30	2.8	90.60	2.54

续表

类别	序号	指标名称		单位	目标值	实现值	权重	实现程度（%）	得分
经济现代化	7	自主品牌企业增加值占地区生产总值比重		%	16	15.54	2.8	97.13	2.72
	8	每万人发明专利拥有量		件	13	33.01	2.8	100.00	2.80
	9	文化产业增加值占地区生产总值比重		%	6	5.89	2.8	98.17	2.75
城乡现代化	10	城镇化率		%	75	81.40	2.8	100.00	2.80
	11	公共交通服务	城市居民公共交通出行分担率	%	28	34.20	1.4	100.00	1.40
			镇村公共交通开通率	%	100	100.00	1.4	100.00	1.40
	12	居民收入水平	城镇居民人均纯收入	元	75000	39632.00	3	52.84	1.59
			农村居民人均纯收入	元	38000	16863.00	3	44.38	1.33
	13	居民住房水平	城镇家庭住房成套率	%	95	94.02	1.4	98.97	1.39
			农村家庭住房成套率	%	90	86.12	1.4	95.69	1.34
	14	村庄环境整治达标率		%	95	100.00	2.8	100.00	2.80
	15	人均预期寿命		岁	80	77.36	2.8	96.70	2.71
	16	互联网普及率		%	90	149.90	2.8	100.00	2.80
社会现代化	17	基本社会保障	城乡基本养老保险覆盖率	%	98	98.40	0.56	100.00	0.56
			城乡基本医疗保险覆盖率	%	98	98.31	0.56	100.00	0.56
			失业保险覆盖率	%	98	98.63	0.56	100.00	0.56
			城镇保障性住房覆盖率	%	98	96.97	0.56	98.95	0.55
			每千名老人拥有机构养老床位数	张	35	48.97	0.56	100.00	0.56
	18	每千人拥有执业（助理）医师数		人	2.3	2.71	2.8	100.00	2.80

续表

类别	序号	指标名称		单位	目标值	实现值	权重	实现程度(%)	得分
社会现代化	19	主要劳动年龄人口平均受教育年限		年	13	12.80	6	98.46	5.91
	20	人力资源水平	每万名劳动力中研发人员数	人	120	178.51	1.4	100.00	1.40
			每万名劳动力中高技能人员数	人	650	728.35	1.4	100.00	1.40
	21	基尼系数		—	<0.4	<0.4	2.8	100.00	2.80
	22	每万人社会组织数		个	8.8	15.73	2.8	100.00	2.80
	23	人均拥有公共文化体育设施面积		平方米	3	3.21	2.8	100.00	2.80
生态文明	24	单位地区生产总值能耗		吨标准煤/万元	<0.45	0.62	6	72.58	4.35
	25	主要污染物排放量	单位地区生产总值化学需氧量排放量	千克/万元	<2.0	1.11	0.7	100.00	0.70
			单位地区生产总值二氧化硫排放量	千克/万元	<1.2	1.19	0.7	100.00	0.70
			单位地区生产总值氨氮排放量	千克/万元	<0.2	0.18	0.7	100.00	0.70
			单位地区生产总值氮氧化物排放量	千克/万元	<1.5	1.51	0.7	99.34	0.70
	26	城市空气质量达到或优于二级标准的天数比例		%	90	64.00	2.8	71.11	1.99
	27	Ⅲ类及以上地表水占比		%	80	50.00	2.8	62.50	1.75
	28	绿化水平	森林(林木)覆盖率	%	25	29.60	1.4	100.00	1.40
			城镇绿化覆盖率	%	40	41.19	1.4	100.00	1.40

续表

类别	序号	指标名称		单位	目标值	实现值	权重	实现程度（%）	得分
政治文明	29	党风廉政建设满意度		%	80	81.01	2.8	100.00	2.80
	30	法治和平安建设水平	法治建设满意度	%	90	96.09	3	100.00	3.00
			公众安全感	%	90	93.00	3	100.00	3.00
综合得分							100		89.28

附表4 2015年无锡现代化建设进程测评

类别	序号	指标名称		单位	目标值	实现值	权重	实现程度（%）	得分
经济现代化	1	人均地区生产总值		元	180000	133496	6	74.16	4.45
	2	服务业增加值占地区生产总值比重		%	60	49.10	2.8	81.83	2.29
	3	现代农业发展水平	农业劳动生产率	万元/人	10	7.78	1.4	77.80	1.09
			耕种收综合机械化水平	%	68	87.00	1.4	100.00	1.40
	4	科技进步贡献率		%	65	62.20	2.8	95.69	2.68
	5	研发经费支出占地区生产总值比重		%	3	2.77	2.8	92.33	2.59
	6	高新技术产值占规模以上工业产值比重		%	50	42.26	2.8	84.52	2.37
	7	自主品牌企业增加值占地区生产总值比重		%	16	12.31	2.8	76.94	2.15
	8	每万人发明专利拥有量		件	13	25.41	2.8	100.00	2.80
	9	文化产业增加值占地区生产总值比重		%	6	4.23	2.8	70.50	1.97

续表

类别	序号		指标名称	单位	目标值	实现值	权重	实现程度（%）	得分
城乡现代化	10		城镇化率	%	75	75.40	2.8	100.00	2.80
	11	公共交通服务	城市居民公共交通出行分担率	%	28	28.10	1.4	100.00	1.40
			镇村公共交通开通率	%	100	100.00	1.4	100.00	1.40
	12	居民收入水平	城镇居民人均纯收入	元	75000	39441.00	3	52.59	1.58
			农村居民人均纯收入	元	38000	20907.00	3	55.02	1.65
	13	居民住房水平	城镇家庭住房成套率	%	95	95.77	1.4	100.00	1.40
			农村家庭住房成套率	%	90	91.78	1.4	100.00	1.40
	14		村庄环境整治达标率	%	95	100.00	2.8	100.00	2.80
	15		人均预期寿命	岁	80	77.62	2.8	97.03	2.72
	16		互联网普及率	%	90	141.27	2.8	100.00	2.80
社会现代化	17	基本社会保障	城乡基本养老保险覆盖率	%	98	98.37	0.56	100.00	0.56
			城乡基本医疗保险覆盖率	%	98	98.30	0.56	100.00	0.56
			失业保险覆盖率	%	98	98.66	0.56	100.00	0.56
			城镇保障性住房覆盖率	%	98	100.00	0.56	100.00	0.56
			每千名老人拥有机构养老床位数	张	35	41.75	0.56	100.00	0.56
	18		每千人拥有执业（助理）医师数	人	2.3	2.55	2.8	100.00	2.80
	19		主要劳动年龄人口平均受教育年限	年	13	11.28	6	86.77	5.21
	20	人力资源水平	每万名劳动力中研发人员数	人	120	159.58	1.4	100.00	1.40
			每万名劳动力中高技能人员数	人	650	731.03	1.4	100.00	1.40

续表

类别	序号	指标名称	单位	目标值	实现值	权重	实现程度（%）	得分
社会现代化	21	基尼系数	—	<0.4	<0.4	2.8	100.00	2.80
	22	每万人社会组织数	个	8.8	7.87	2.8	89.43	2.50
	23	人均拥有公共文化体育设施面积	平方米	3	2.51	2.8	83.67	2.34
	24	单位地区生产总值能耗	吨标准煤/万元	<0.45	0.44	6	100.00	6.00
生态文明	25	主要污染物排放量	单位地区生产总值化学需氧量排放量	千克/万元	<2.0	0.41	0.7	100.00	0.70
			单位地区生产总值二氧化硫排放量	千克/万元	<1.2	0.88	0.7	100.00	0.70
			单位地区生产总值氨氮排放量	千克/万元	<0.2	0.04	0.7	100.00	0.70
			单位地区生产总值氮氧化物排放量	千克/万元	<1.5	1.44	0.7	100.00	0.70
	26	城市空气质量达到或优于二级标准的天数比例	%	90	64.10	2.8	71.22	1.99
	27	Ⅲ类及以上地表水占比	%	80	53.70	2.8	67.13	1.88
	28	绿化水平	森林（林木）覆盖率	%	25	26.80	1.4	100.00	1.40
			城镇绿化覆盖率	%	40	39.91	1.4	99.78	1.40
政治文明	29	党风廉政建设满意度	%	80	79.72	2.8	99.65	2.79
	30	法治和平安建设水平	法治建设满意度	%	90	96.67	3	100.00	3.00
			公众安全感	%	90	95.17	3	100.00	3.00
综合得分						100		89.25

附表 5　2015年常州现代化建设进程测评

类别	序号	指标名称		单位	目标值	实现值	权重	实现程度（%）	得分
经济现代化	1	人均地区生产总值		元	180000	108163	6	60.09	3.61
	2	服务业增加值占地区生产总值比重		%	60	49.50	2.8	82.50	2.31
	3	现代农业发展水平	农业劳动生产率	万元/人	10	4.77	1.4	47.70	0.67
			耕种收综合机械化水平	%	68	86.00	1.4	100.00	1.40
	4	科技进步贡献率		%	65	60.80	2.8	93.54	2.62
	5	研发经费支出占地区生产总值比重		%	3	2.66	2.8	88.67	2.48
	6	高新技术产业产值占规模以上工业产值比重		%	50	43.44	2.8	86.88	2.43
	7	自主品牌企业增加值占地区生产总值比重		%	16	19.72	2.8	100.00	2.80
	8	每万人发明专利拥有量		件	13	18.76	2.8	100.00	2.80
	9	文化产业增加值占地区生产总值比重		%	6	5.80	2.8	96.67	2.71
城乡现代化	10	城镇化率		%	75	70.00	2.8	93.33	2.61
	11	公共交通服务	城市居民公共交通出行分担率	%	28	29.20	1.4	100.00	1.40
			镇村公共交通开通率	%	100	100.00	1.4	100.00	1.40
	12	居民收入水平	城镇居民人均纯收入	元	75000	37363.00	3	49.82	1.49
			农村居民人均纯收入	元	38000	18966.00	3	49.91	1.50
	13	居民住房水平	城镇家庭住房成套率	%	95	95.05	1.4	100.00	1.40
			农村家庭住房成套率	%	90	87.36	1.4	97.07	1.36
	14	村庄环境整治达标率		%	95	100.00	2.8	100.00	2.80

续表

类别	序号	指标名称	单位	目标值	实现值	权重	实现程度（%）	得分
社会现代化	15	人均预期寿命	岁	80	77.55	2.8	96.94	2.71
	16	互联网普及率	%	90	135.65	2.8	100.00	2.80
	17	基本社会保障	城乡基本养老保险覆盖率	%	98	98.35	0.56	100.00	0.56
			城乡基本医疗保险覆盖率	%	98	98.30	0.56	100.00	0.56
			失业保险覆盖率	%	98	98.63	0.56	100.00	0.56
			城镇保障性住房覆盖率	%	98	100.00	0.56	100.00	0.56
			每千名老人拥有机构养老床位数	张	35	47.99	0.56	100.00	0.56
	18	每千人拥有执业（助理）医师数	人	2.3	2.55	2.8	100.00	2.80
	19	主要劳动年龄人口平均受教育年限	年	13	11.17	6	85.92	5.16
	20	人力资源水平	每万名劳动力中研发人员数	人	120	161.95	1.4	100.00	1.40
			每万名劳动力中高技能人员数	人	650	826.33	1.4	100.00	1.40
	21	基尼系数	—	<0.4	<0.4	2.8	100.00	2.80
	22	每万人社会组织数	个	8.8	11.75	2.8	100.00	2.80
	23	人均拥有公共文化体育设施面积	平方米	3	2.52	2.8	84.00	2.35
生态文明	24	单位地区生产总值能耗	吨标准煤/万元	<0.45	0.55	6	81.82	4.91
	25	主要污染物排放量	单位地区生产总值化学需氧量排放量	千克/万元	<2.0	0.68	0.7	100.00	0.70
			单位地区生产总值二氧化硫排放量	千克/万元	<1.2	0.68	0.7	100.00	0.70
			单位地区生产总值氨氮排放量	千克/万元	<0.2	0.10	0.7	100.00	0.70
			单位地区生产总值氮氧化物排放量	千克/万元	<1.5	1.51	0.7	99.34	0.70

续表

类别	序号	指标名称	单位	目标值	实现值	权重	实现程度（%）	得分
生态文明	26	城市空气质量达到或优于二级标准的天数比例	%	90	67.30	2.8	74.78	2.09
	27	Ⅲ类及以上地表水占比	%	80	62.90	2.8	78.63	2.20
	28	绿化水平	森林（林木）覆盖率	%	25	25.50	1.4	100.00	1.40
			城镇绿化覆盖率	%	40	38.82	1.4	97.05	1.36
政治文明	29	党风廉政建设满意度	%	80	80.33	2.8	100.00	2.80
	30	法治和平安建设水平	法治建设满意度	%	90	96.36	3	100.00	3.00
			公众安全感	%	90	94.29	3	100.00	3.00
综合得分						100		88.37

附表6 2015年苏州现代化建设进程测评

类别	序号	指标名称	单位	目标值	实现值	权重	实现程度（%）	得分
经济现代化	1	人均地区生产总值	元	180000	136976	6	76.10	4.57
	2	服务业增加值占地区生产总值比重	%	60	49.90	2.8	83.17	2.33
	3	现代农业发展水平	农业劳动生产率	万元/人	10	8.93	1.4	89.30	1.25
			耕种收综合机械化水平	%	68	87.00	1.4	100.00	1.40
	4	科技进步贡献率	%	65	62.00	2.8	95.38	2.67
	5	研发经费支出占地区生产总值比重	%	3	2.66	2.8	88.67	2.48
	6	高新技术产业产值占规模以上工业产值比重	%	50	45.71	2.8	91.42	2.56
	7	自主品牌企业增加值占地区生产总值比重	%	16	16.73	2.8	100.00	2.80
	8	每万人发明专利拥有量	件	13	27.45	2.8	100.00	2.80
	9	文化产业增加值占地区生产总值比重	%	6	5.79	2.8	96.50	2.70

续表

类别	序号		指标名称	单位	目标值	实现值	权重	实现程度（%）	得分
城乡现代化	10		城镇化率	%	75	74.90	2.8	99.87	2.80
	11	公共交通服务	城市居民公共交通出行分担率	%	28	29.20	1.4	100.00	1.40
			镇村公共交通开通率	%	100	100.00	1.4	100.00	1.40
	12	居民收入水平	城镇居民人均纯收入	元	75000	44086.00	3	58.78	1.76
			农村居民人均纯收入	元	38000	22140.00	3	58.26	1.75
	13	居民住房水平	城镇家庭住房成套率	%	95	95.66	1.4	100.00	1.40
			农村家庭住房成套率	%	90	93.25	1.4	100.00	1.40
	14		村庄环境整治达标率	%	95	100.00	2.8	100.00	2.80
	15		人均预期寿命	岁	80	77.88	2.8	97.35	2.73
	16		互联网普及率	%	90	153.58	2.8	100.00	2.80
社会现代化	17	基本社会保障	城乡基本养老保险覆盖率	%	98	98.35	0.56	100.00	0.56
			城乡基本医疗保险覆盖率	%	98	98.42	0.56	100.00	0.56
			失业保险覆盖率	%	98	98.93	0.56	100.00	0.56
			城镇保障性住房覆盖率	%	98	100.00	0.56	100.00	0.56
	18		每千名老人拥有机构养老床位数	张	35	47.99	2.8	100.00	2.80
	19		每千人拥有执业（助理）医师数	人	2.3	2.47	6	90.08	5.40
	20	人力资源水平	主要劳动年龄人口平均受教育年限	年	13	11.71	1.4	100.00	1.40
			每万名劳动力中研发人员数	人	120	178.88	1.4	100.00	1.40
			每万名劳动力中高技能人员数	人	650	711.46			

续表

类别	序号	指标名称	单位	目标值	实现值	权重	实现程度（%）	得分
社会现代化	21	基尼系数	—	<0.4	<0.4	2.8	100.00	2.80
	22	每万人社会组织数	个	8.8	7.63	2.8	86.70	2.43
	23	人均拥有公共文化体育设施面积	平方米	3	3.31	2.8	100.00	2.80
	24	单位地区生产总值能耗	吨标准煤/万元	<0.45	0.54	6	83.33	5.00
生态文明	25	单位地区生产总值化学需氧量排放量	千克/万元	<2.0	0.47	0.7	100.00	0.70
		单位地区生产总值二氧化硫排放量	千克/万元	<1.2	1.04	0.7	100.00	0.70
		单位地区生产总值氨氮排放量	千克/万元	<0.2	0.10	0.7	100.00	0.70
		单位地区生产总值氮氧化物排放量	千克/万元	<1.5	1.37	0.7	100.00	0.70
	26	城市空气质量达到或优于二级标准的天数比例	%	90	66.90	2.8	74.33	2.08
	27	Ⅲ类及以上地表水占比	%	80	61.90	2.8	77.38	2.17
	28	绿化水平	森林（林木）覆盖率	%	25	20.60	1.4	82.40	1.15
			城镇绿化覆盖率	%	40	41.17	1.4	100.00	1.40
政治文明	29	党风廉政建设满意度	%	80	79.42	2.8	99.28	2.78
	30	法治和平安建设水平	法治建设满意度	%	90	95.30	3	100.00	3.00
			公众安全感	%	90	93.50	3	100.00	3.00
综合得分						100		91.01

附表7 2015年镇江现代化建设进程测评

类别	序号	指标名称		单位	目标值	实现值	权重	实现程度（%）	得分
经济现代化	1	人均地区生产总值		元	180000	108059	6	60.03	3.60
	2	服务业增加值占地区生产总值比重		%	60	46.90	2.8	78.17	2.19
	3	现代农业发展水平	农业劳动生产率	万元/人	10	5.72	1.4	57.20	0.80
			耕种收综合机械化水平	%	68	81.50	1.4	100.00	1.40
	4	科技进步贡献率		%	65	60.60	2.8	93.23	2.61
	5	研发经费支出占地区生产总值比重		%	3	2.55	2.8	85.00	2.38
	6	高新技术产业产值占规模以上工业产值比重		%	50	49.39	2.8	98.78	2.77
	7	自主品牌企业增加值占地区生产总值比重		%	16	17.52	2.8	100.00	2.80
	8	每万人发明专利拥有量		件	13	20.63	2.8	100.00	2.80
	9	文化产业增加值占地区生产总值比重		%	6	5.30	2.8	88.33	2.47
城乡现代化	10	城镇化率		%	75	67.93	2.8	90.57	2.54
	11	公共交通服务	城市居民公共交通出行分担率	%	28	23.50	1.4	83.93	1.18
			镇村公共交通开通率	%	100	100.00	1.4	100.00	1.40
	12	居民收入水平	城镇居民人均纯收入	元	75000	33997.00	3	45.33	1.36
			农村居民人均纯收入	元	38000	16630.00	3	43.76	1.31
	13	居民住房水平	城镇家庭住房成套率	%	95	95.70	1.4	100.00	1.40
			农村家庭住房成套率	%	90	87.52	1.4	97.24	1.36
	14	村庄环境整治达标率		%	95	100.00	2.8	100.00	2.80

续表

类别	序号		指标名称	单位	目标值	实现值	权重	实现程度（%）	得分
社会现代化	15	人均预期寿命		岁	80	76.78	2.8	95.98	2.69
	16	互联网普及率		%	90	109.15	2.8	100.00	2.80
	17	基本社会保障	城乡基本养老保险覆盖率	%	98	97.84	0.56	99.84	0.56
			城乡基本医疗保险覆盖率	%	98	97.99	0.56	99.99	0.56
			失业保险覆盖率	%	98	97.81	0.56	99.81	0.56
			城镇保障性住房覆盖率	%	98	94.42	0.56	96.35	0.54
			每千名老人拥有机构养老床位数	张	35	41.83	0.56	100.00	0.56
	18	每千人拥有执业（助理）医师数		人	2.3	2.41	2.8	100.00	2.80
	19	主要劳动年龄人口平均受教育年限		年	13	11.23	6	86.39	5.18
	20	人力资源水平	每万名劳动力中研发人员数	人	120	152.15	1.4	100.00	1.40
			每万名劳动力中高技能人员数	人	650	737.96	1.4	100.00	1.40
	21	基尼系数		—	<0.4	<0.4	2.8	100.00	2.80
	22	每万人社会组织数		个	8.8	10.60	2.8	100.00	2.80
	23	人均拥有公共文化体育设施面积		平方米	3	2.37	2.8	79.00	2.21
生态文明	24	单位地区生产总值能耗		吨标准煤/万元	<0.45	0.51	6	88.24	5.29
	25	主要污染物排放量	单位地区生产总值化学需氧量排放量	千克/万元	<2.0	1.17	0.7	100.00	0.70
			单位地区生产总值二氧化硫排放量	千克/万元	<1.2	1.42	0.7	84.51	0.59
			单位地区生产总值氨氮排放量	千克/万元	<0.2	0.14	0.7	100.00	0.70
			单位地区生产总值氮氧化物排放量	千克/万元	<1.5	1.58	0.7	94.94	0.66

续表

类别	序号	指标名称		单位	目标值	实现值	权重	实现程度（%）	得分
生态文明	26	城市空气质量达到或优于二级标准的天数比例		%	90	61.80	2.8	68.67	1.92
	27	Ⅲ类及以上地表水占比		%	80	57.60	2.8	72.00	2.02
	28	绿化水平	森林（林木）覆盖率	%	25	25.00	1.4	100.00	1.40
			城镇绿化覆盖率	%	40	36.09	1.4	90.23	1.26
政治文明	29	党风廉政建设满意度		%	80	81.25	2.8	100.00	2.80
	30	法治和平安建设水平	法治建设满意度	%	90	96.93	3	100.00	3.00
			公众安全感	%	90	94.00	3	100.00	3.00
综合得分							100		87.37

附表 8　苏南地区人类发展指数基本指标及数值

	指标	苏南	南京	无锡	常州	苏州	镇江
生活水平	2015 年人均 GDP（元）	121545	105037	133496	108163	136976	108059
	2015 年人均 GDP（美元） （2014 年购买力平价 3.528）	34451.53	29772.39	37839.00	30658.45	38825.40	30628.97
	2015 年人均 GDP（美元） （2015 年人民币汇率中间价 6.4936）	18717.66	16175.47	20558.09	16656.86	21094.00	16640.85

续表

指标			苏南	南京	无锡	常州	苏州	镇江
知识获取	文盲率(%)	成人识字率(%)	97.46	97.36	98.02	96.70	97.62	97.11
		(2010年第六次全国人口普查数据)	2.55	2.64	1.98	3.30	2.38	2.89
	2015年普及率	义务教育巩固率(%)(权重9/15)	100.00	100.00	100.00	100.00	100.00	100.00
		高中阶段教育毛入学率(%)(权重3/15)	99.10	100.00	100.00	100.00	100.00	100.00
		高等教育毛入学率(%)(权重3/15)	52.30	63.24	60.48	59.00	62.06	56.98
	2015年综合粗入学率(%)		92.23	92.65	92.10	91.80	92.41	91.40
健康长寿	人口预期寿命(岁)(2010年第六次全国人口普查数据)		77.36	77.36	77.62	77.55	77.88	76.78
加权标准	2014年常住人口(万人)		3318.80	821.61	650.01	469.64	1060.40	317.14
	各市人口占苏南地区总人口比重(%)		5.0/5	1.24/5	0.97/5	0.71/5	1.60/5	0.48/5

注：知识获取类指标苏南地区数据，通过以"各市人口占苏南地区总人口比重"为权重标准计算得来。

后 记

江苏苏南地区包括南京、无锡、常州、苏州和镇江五市，地处长江三角洲核心区，是近代我国民族工业发祥地之一，也是我国改革开放以来经济社会最发达的地区之一。当前，苏南地区全面建成更高水平的小康社会，率先推进基本实现现代化的进程。苏南现代化建设示范区是我国第一个现代化示范区，全面推进苏南现代化示范区建设，是党中央、国务院的重大战略决策。

2015年12月10日，常州大学苏南现代化研究协同创新中心揭牌成立。江苏省发展和改革委员会、江苏省经济和信息化委员会、江苏省住房和城乡建设厅、江苏省人民政府研究室、江苏省人民政府参事室、南京大学、苏州大学、江南大学、江苏大学共同参与组建。该中心对国务院同意、国家发改委颁布的《苏南现代化建设示范区规划》近年来的实施情况开展了跟踪研究，委托专家学者撰写了"苏南现代化研究丛书"第一辑（六卷本）。

本书分三编，第一编（第一章至第五章），分别阐述了苏南现代化示范区建设主要进展。第二编（第六章至第十章），分别描述了苏南现代化示范区建设的主要特色。第三编（第十一章至第十五章），对苏南现代化示范区建设进展进行了评估。具体章节写作分工如下：第一章，岳少华（江苏省社科院）；第二章，马继迁（常州大学）；第三章，孙运宏（江苏省社科院）；第四章，蒋昭乙（江苏省社科院）；第五章，翟进（常州大学）；第六章，王振卯（江苏省社科院）；第七章，李向健（常州大学）；第八章，刘玉兰（常州大学）；第九章，陈建兰（苏州科技大学）；第十章，万玉山（常州大学）；第十一章、第十二章、第十三章、

第十四章、第十五章，宋林飞。全书由主编宋林飞统稿。

　　苏南地区各市政府分别向我们提供了有关情况，江苏省统计局、江苏省教育厅向我们提供了苏南地区有关统计数据。江苏省人民政府参事赵永贤、盛克勤、费伟康、严少华参加了部分调研活动。在此，致以感谢！

编者
2016 年 12 月

图书在版编目(CIP)数据

苏南现代化建设示范区进展评估 / 宋林飞主编. -- 北京：社会科学文献出版社，2017.6
（苏南现代化研究丛书）
ISBN 978-7-5201-0607-8

Ⅰ.①苏… Ⅱ.①宋… Ⅲ.①现代化建设 - 研究 - 江苏 Ⅳ.①D675.3

中国版本图书馆 CIP 数据核字（2017）第 070843 号

·苏南现代化研究丛书·
苏南现代化建设示范区进展评估

主　　编 / 宋林飞

出 版 人 / 谢寿光
项目统筹 / 谢蕊芬　童根兴
责任编辑 / 谢蕊芬　吴　鑫

出　　版 / 社会科学文献出版社·社会学编辑部（010）59367159
　　　　　 地址：北京市北三环中路甲29号院华龙大厦　邮编：100029
　　　　　 网址：www.ssap.com.cn

发　　行 / 市场营销中心（010）59367081　59367018
印　　装 / 北京季蜂印刷有限公司

规　　格 / 开　本：787mm × 1092mm　1/16
　　　　　 印　张：20　字　数：324千字
版　　次 / 2017年6月第1版　2017年6月第1次印刷
书　　号 / ISBN 978-7-5201-0607-8
定　　价 / 89.00元

本书如有印装质量问题，请与读者服务中心（010-59367028）联系

▲ 版权所有 翻印必究